Schule ohne Gewalt ist möglich!

Was tun gegen Gewalt unter Kindern und Jugendlichen?

Analyse · Konzept · Hilfen

von
Ralf Schmidt

2. vollständig neu bearbeitete Auflage

Schlagworte: Schulkonzept
Schulorganisation
Pädagogik

Quellennachweise:

„Schüler", Seite 35
© by Erhard Friedrich Verlag, 30917 Seelze

Titelphoto
© by VOLLMER/present, foto-present, 45127 Essen

© 1997 by Verlag für Wirtschaft und Verwaltung Hubert Wingen GmbH+Co
Alfredistraße 32 · 45127 Essen
Tel.: 0201/222541   FAX: 0201/259660
ISBN 3-8028-0454-6   Art.-Nr. 281021

Herstellung: Druckerei Runge GmbH, Cloppenburg

Inhalt

Vorwort zur 2. Auflage 7

Einleitung 9

TEIL A:
Risikofaktoren – Entstehung von Aggressionen und Gewalt –

1. Gewalt unter Kindern und Jugendlichen 11
   Definition · Formen im Schulbereich · Wie kommt es zur Aggressivität, Gewalt? · Tendenz

2. Risikofaktoren 19

   2.1 Familie 19
   Inkonsistente Erziehungsziele und -stile · Vernachlässigte Kinder · Verplante Kinder · Fehlende Vorbilder · Verwöhnte Kinder · Überforderte Kinder · Konflikträchtige Familienbeziehungen · Drei Formen lebenslang wirkender Verletzungen · Unruhige Kindheit – unruhige Kinder

   2.2 Schule 28
   Stätten der Erziehung und der Wissensvermittlung? · Inkonsistente Erziehungsziele, -stile und Erwartungen · Konkurrenzlernen und Schulangst · Leistungsbeurteilungen · Leistungsversagen · Erzwungener Schulwechsel · Niveauverlust · Hochbegabtenförderung vernachlässigt · Übergang nach der Grundschule · Kurssystem · Personenneutrale Curricula · Verlorene Muße · Rituale · Burn-Out-Syndrom · Monotone Räume · Schulgröße · Auflösung kleiner Schulen

   2.3 Gesellschaft 47
   Werte unserer Jugendlichen · Falsche Prioritäten? · Politiker als Modell? · Gewalt in der Öffentlichkeit · Verlust des Common-Sense · Übertriebener Individualismus · Medien · Ängste · Gewalt gegen die Hauptschule · Kindesmißbrauch · Jugendliche Cliquen · Arbeitslosigkeit · Fremdenfeindlichkeit (Ausländer, Aussiedler) · Was die Not „wenden" würde

3. „Signale" interpretieren 69

4. Zusammenfassung 71

TEIL B:
Maßnahmen gegen Aggressivität und Gewalt

5. Was kann Schule tun? 73
   Keine Suche nach Schuldigen · Einzelmaßnahmen nicht sinnvoll · Abbau struktureller Gewalt · Auf dem Wege zu einem Konzept · Die zentrale Rolle des Schulleiters

Inhalt

Die vier zentralen Maßnahmen

5.1 Souveräne Wahrnehmung des Erziehungsauftrages 80
Erziehungsauftrag der Verfassung · Erziehung zur Persönlichkeit · Kollegiale Konsensfindung · Schulischer Erziehungsplan · Beratungsteam für Lehrer und Schüler · Nachholende Erziehung · Mut zur Erziehung · Freiräume, Regeln und Grenzen · Regeln durchsetzen · Konsequenz in der Erziehung · Die „Broken-Windows-Theorie" · Was aus Nachgeben werden kann · Rücksichtslosigkeit nicht dulden · Kinder sollen nicht lernen, daß sie „alles tun dürfen" · Gute Schüler-Lehrer-Beziehungen · Schule als Lebensraum · Da sein für Kinder und Jugendliche · Identifikation mit der Schule fördern · Interkulturelle Erziehung, Beispiele

5.2 Stärkung der Verantwortung von Lehrern und Schülern 103
Selbstverantwortung fördern · Rolle der Schulaufsicht · Beispiele – Freiräume · Mitbeteiligung und Delegation · Freiräume nutzen

5.3 Aufbau von Beziehungen 111
Beziehung als Voraussetzung von Erziehung · Aufnahme von Beziehungen – erste Schritte · Beziehungen pflegen · Erziehungsbeziehungen anbieten · Schlüsselstellung der Grundschule · Hierarchie der Bedürfnisse · Defizit- und Aktivmotive · Personaler Bezug und Emotionalität · Handlungsfähigkeit fördern · Folgen guter Beziehungen · Bestätigen · Positive Aktivitäten auszeichnen · Ermutigung praktizieren · Zwei Beispiele · Wege, um Lernen zu Ermutigungsfeldern zu machen · Was zu vermeiden ist · Entmutigungen vermeiden · Ich-Kann-Es-Schulen

5.4 Kooperation und Vernetzung 127
Schule braucht Bündnispartner · Elternarbeit · Beratung und Kooperation · Gemeinsame Fortbildung · Kontaktpflege · Hausbesuche · Gesunde Ernährung · Beratende Dienste · Kooperation in Schulzentren · Sonstige Partner · Arbeitskreise · Öffentlichkeit · Zusammenarbeit mit dem Jugendamt und der Polizei · Zusammenarbeit mit den Medien

5.5 Unterricht und Lernen 134
Lernen „vernetzen" · Identität fördern · Personen- und Schülerorientierung · Kooperation der Schüler fördern · Klassenlehrerprinzip und holistisches Lernen · Lern- und Lebensbedürfnisse verschiedener Jahrgänge · Spezialisierung vermeiden · Lernbiologie · Handlungsorientierung · Alternative Vermittlungsformen · Suggestopädisches Lernen · Projekt- und erfahrungsorientierter Unterricht · Beiträge der einzelnen Fächer · Deutschunterricht · Musisch-künstlerische Erziehung · Sportunterricht · Sexualerziehung · Leistungsprinzip · Mißerfolgsbetreuung · Fördern · Planvolles Fördern · Frühabgänger fördern · Sonderpädagogische Förderung – Gemeinsamer Unterricht · Förderung Hochbegabter · Üben und Wiederholen · EBA-Schulen · Zeitbudget für besondere Aufgaben · Betreuung sichern – Ganztagsschulen · Gemeinwesenorientierung – Stadtteilschule · Mammutschulen vermeiden · Kurssystem

Inhalt

5.6 Entwicklung einer Schulkultur 162

„Die Menschen stärken, die Sachen klären" · Schüler-Orientierung · Lehrer-Orientierung · Extra-curriculare Aktivitäten · Danken lernen · Konfliktkultur erwerben · Mit Konflikten umgehen lernen · Sprachlosigkeit überwinden · Schritte einer konstruktiven Konfliktlösung · Lehrer als Lern-Modell · Frieden als zivilisatorische und kulturelle Leistung · Frieden als Vertrag · Die Friedenstheorie Martin Luther Kings · „Do not bully the bully!" · Feindbilder vermeiden · Täter integrieren · Politische Fragen · Aktionen gegen Gewalt – Netze und Einstiege · Opferschutz · Raumgestaltung · Raumkonstanz · Pausengestaltung · Tägliche Bewegungsangebote

5.7 Das Schulprogramm – das Schulprofil 187

6. Interventive Maßnahmen 191

Kinder vor Gewalt schützen · „Abrüsten" in der Schule · Pädagogische Sondersituationen · Erziehungs- und Ordnungsmaßnahmen · Strafanzeige · Jugendgerichtsgesetz · Bedrohungssituationen beherrschen

7. Zusammenarbeit mit dem Schulträger 200

8. Lehrerfortbildung 201

Themenvorschläge · Lehrer-Selbsthilfegruppen · Hinweise zu den einzelnen Themenvorschlägen

9. Schlußwort 205

Anhang

1. Saarbrücker Erklärung der Kultusministerkonferenz zu Toleranz und Solidarität 207

2. Netzwerke gegen Gewalt an Schulen und im schulischen Umfeld 208

3. Empfehlenswerte Literatur, Handreichungen und Materialien 210

4. Rechtliche Fragen 215

Verzeichnis der Abbildungen 218

Vorwort zur 2. Auflage

Ermutigt durch die Resonanz, die mein Buch gefunden hat, habe ich es völlig neu bearbeitet und aktualisiert und um zahlreiche Beispiele erweitert.

Es würde mich freuen, wenn es einen Beitrag zur Entwicklung einer Schulkultur leisten könnte, damit Schülerinnen und Schüler, Lehrerinnen und Lehrer friedlich miteinander in der Schule leben und lernen können und Gewalt – jegliche Gewalt – keine Chance hat. Frieden, allerdings, ist kein Produkt, sondern ein Prozeß und muß täglich neu errungen werden. In einer kultivierten Schule gelingt dies am ehesten.

Dort, wo ich zu politischen, schul- oder bildungspolitischen Fragen Stellung nehme, geschieht dies ausschließlich in der Absicht, auf negative Folgen von Entwicklungen aufmerksam zu machen.

Wenn Sie eine Frage haben oder mir eine Mitteilung zusenden wollen, dann können Sie mich über meine homepage erreichen:

http://ourworld.compuserve.com/homepages/Ralf_Schmidt/

Eine E-Mail können Sie mir auch zusenden über T-Online:

RaSchmi@t-online.de

EINLEITUNG

„Was tun gegen Gewalt bei Kindern und Jugendlichen?" – Das von mir entwickelte Beratungskonzept der Bezirksregierung Düsseldorf stieß auf eine sehr hohe Akzeptanz, und Freunde und Bekannte rieten mir, dieses zu erweitern und in Buchform einem größeren Leserkreise zugänglich zu machen.

Es war ursprünglich nur für die Hand der Dezernenten konzipiert, wurde dann aber allen Schulen des Regierungsbezirks zur Verfügung gestellt.

Ich habe es gründlich überarbeitet und ergänzt.

Ich vertraue auf die pädagogischen Ressourcen in den Kollegien der verschiedensten Schulen und ermutige sie, konkrete Lösungen mit „eigenen Bordmitteln", d.h. mit pädagogischen Mitteln zu suchen und zu praktizieren.

Bei meiner Konzeption gehe ich vom Menschen als einem primär handelnden Subjekt aus, das sich kognitive Strukturen aktiv aufbaut (Jean Piaget), sich kreativ mit der Umwelt und den verschiedenen zugewiesenen Rollen auch kritisch auseinandersetzt, Sinnerfüllung, Selbstverwirklichung zielstrebig sucht und als soziales Wesen auf das DU angewiesen ist.

Damit vertrete ich eine individualpsychologische Erziehungspraxis: Das Kind ist stets Subjekt, seine Eigenaktivitäten sollen entwickelt und gefördert werden. Es soll bei seiner Erziehung mitwirken und nicht auf Einwirkungen reagieren.

Damit unterscheide ich mich – verkürzt dargestellt – vom Trieb-Instinkt-Modell Freuds, in dem der Mensch lediglich als biologisches re-aktives Wesen begriffen wird.

Die Individualität jedes einzelnen Kindes und Jugendlichen ist so einzigartig und – Gott sei Dank – so wenig „berechenbar", daß ich Patentrezepte nicht formuliere. Sie würden auch nicht helfen, weil Auffälligkeiten in der Regel multikausal verursacht sind.
Mir scheint daher nur ein umfassendes Konzept geeignet, Aggressionen und Gewalt in der Schule keine Chancen zu geben.

Der besseren Lesbarkeit wegen schreibe ich von Schulleitern, wenn ich Schulleiterinnen und Schulleiter meine; ebenso schreibe ich von Lehrern, wenn ich Lehrerinnen und Lehrer meine; ebenso schreibe ich von Schülern, wenn ich Schülerinnen und Schüler meine.
Ich bitte alle Schulleiterinnen, Lehrerinnen und Schülerinnen, mir dies nachzusehen.

TEIL A:
RISIKOFAKTOREN
– ENTSTEHUNG VON AGGRESSIONEN UND GEWALT –

1. GEWALT UNTER KINDERN UND JUGENDLICHEN

1.1 Definition

Der Begriff Aggression (aggredi, auf jemand, etwas zugehen) umfaßt ein Bündel ganz unterschiedlicher Verhaltensweisen, die als ein vitales Element des Menschen und als „normale" Aktionen bzw. Reaktionen angesehen werden können: Ich unterscheide Aggression als
○ Selbstbehauptung:
 Ein positiv einzuschätzendes Handeln, das Rechte und Ansprüche anderer respektiert und vor Vereinnahmung schützt
○ Durchsetzung eigener Interessen
 nachdem der Zusammenhang von Aggression und Erfolg gelernt wurde.
Demgegenüber stehen
○ Aggressivität[1],
 d. h. die Art und Weise, wie Aggressionen – oder besser – übersteigertes aggressives Verhalten ausgelebt werden: Eine Verhaltensform, die gelernt wurde und häufig aus Frustrationen, empfundenen Benachteiligungen, Versagens-, Ausgrenzungs- oder Entfremdungsgefühlen, einem negativen Selbstbild oder Stigmatisierungen resultiert und Defizite manifestiert.
○ Gewalt:
 Richten sich Aggressivitäten ungehemmt – gelegentlich sogar nur, um „Spaß" zu haben – und zielgerichtet gegen Menschen und Sachen, um ihnen bewußt Schmerz bzw. Schaden zuzufügen, dann spreche ich von Gewalt[2].

Was Gewalt bewirkt, wird erst deutlich, wenn wir sie aus der Opferperspektive betrachten.

---

1) Vergl. Wilhelm Arnold, H.-J. Eysenck, Richard Meili, Lexikon der Psychologie, Herder, Freiburg, 1980
2) Hier handelt es sich um eine enge Definition. Eine weite Definition finden wir bei Johan Galtung: „Gewalt liegt vor, wenn Menschen so beeinflußt werden, daß ihre aktuelle somatische und geistige Verwirklichung geringer ist als ihre potentielle".

Bei der Wortwahl müssen wir sensibel sein und uns vor einer „Entgrenzung" (Klaus-Jürgen Tillmann) des Begriffs hüten, damit der Gewaltbegriff nicht generalisierend und spektakulär mißbraucht wird.

Die Neigung zu einem inflationären Gebrauch des Begriffs „Gewalt" ist je nach Absicht groß. Wir Jungen hatten früher auch Taschenmesser, die wir in die Schule mitbrachten; leichtfertig werden sie heute als „Waffen" bezeichnet.

Wer hier unnötig dramatisiert, muß sich nicht wundern, wenn Angst und Verunsicherung zunehmen.

Die Anti-Gewalt-Kommission[3] versteht unter Gewalt nur physische Gewalt; dieser Begriff greift aber zu kurz: Wir müssen ein Problembewußtsein dafür schaffen, daß Gewalt auch psychische, strukturelle und verbale Gewalt sein kann; denn Gewalt beginnt nicht erst, wenn ein Messer gezogen wird. Anders bekommen wir Fehlhandlungen wie Ausländerhaß oder Fremdenfeindlichkeit nicht in den Griff.

1.2 Formen im Schulbereich

In unseren Schulen äußert sich Gewalt als
O verbale Gewalt:
Gebrauch einer verrohten, menschenverachtenden Sprache, zunehmend gegen Lehrkräfte gerichtet (Beleidigung, Beschimpfung), gegen Lehrerinnen (Obszönitäten). Verbale Gewalt führt häufig zu Ausgrenzungen und körperlichen Angriffen[4].
O Mobbing, Bullying[5]:
Intoleranz, Psychoterror (Angst machen, würgen, einsperren, treten), sexuelle Übergriffe (Grapschen, Anzüglichkeiten)
O Abzocken:
Wegnehmen von Marken-Kleidung („Jackenziehen"), Erpressen von Geld
O Vandalismus:
Beschmieren, beschädigen, zerstören von Schüler-, Lehrer-, Schuleigentum

---

3) Vergl. H.-D. Schwind / J.Baumann (Hrsg.), Ursachen, Prävention und Kontrolle von Gewalt, Analyse und Vorschläge der Unabhängigen Regierungskommission zur Verhinderung und Bekämpfung von Gewalt (Gewaltkommission), vier Bände, Dunker & Humblot, Berlin, 1990, künftig als Anti-Gewalt-Kommission bezeichnet.
4) Verbale Gewalt kann auch der „Neutralisierung" des anderen Menschen dienen. Er ist nicht mehr Herr Müller, der Wachtmeister, sondern „der Bulle", auf den man dann einschlägt.
5) bully = der Tyrann

○ Prügeln:
Dieses Prügeln erfolgt häufig mit dem Ziele, andere zu verletzen, zu schädigen und unterscheidet sich daher deutlich vom früher unter Jungen üblichen „kloppen".
○ Autoaggression:
Nach innen, gegen sich selbst gerichtete Aggression. Autoaggressionen können organische Krankheiten, Sprachstörungen, Depressionen verursachen, auch die Anorexie (Magersucht) oder die Bulimie (Fettsucht) fördern.

Sichtbare Gewalt ist ein Jungenphänomen. Sie neigen zwar nicht zu mehr Aggressivität als Mädchen, aber sie treten häufig aggressiv auf.

Die Risikofaktoren treffen auch auf Mädchen zu, infolge ihrer geschlechtsspezifischen Sozialisation bauen sie Aggressivität eher ab als Autoaggression, durch Leistungen, ihren Körper oder verbal als üble Nachrede oder soziale Ausgrenzung.

1.3 Wie kommt es zur Aggressivität, Gewalt?

Gefährlich sind „Einpunkt-Erklärungen" (Tassilo Knauf) oder globale Erklärungen wie: schuld sind die Medien, die hohen Scheidungsziffern, die Gesellschaft, die zu großen Klassen usw. Diese alltagstheoretische Korrelationslogik vermag das Phänomen seriös nicht zu erklären.
Monokausale Begründungen führen meist zur Formulierung von „Rezepten" oder einzelnen Aktionen, globale Erklärungen zu Beteuerungen der eigenen Ohnmacht und stellen meist Entlastungsstrategien dar.

Gewalt basiert stets auf einer langen Ursachenkette und ist multikausal verursacht.

Ich vertrete eine interdisziplinäre Modellbildung, d. h. Aggressivität, Gewalt werden durch eine Vernetzung mehrerer Risikofaktoren ausgelöst oder gefördert. Das – jedenfalls – ist gesicherte Erkenntnis auch der empirischen Forschung.

Aggressivität ist – anders als die Triebtheorie Freuds lehrt – das Ergebnis von Kommunikations- und Interaktionsprozessen. Sie kann durch Konflikte, Überforderungen, Ausgrenzungen, Identitätsverlust, problembelastete Situationen mit anderen und nicht durch irgendwelche Kräfte im Innern, quasi von sich selbst entstehen. Sie wird weder vererbt, noch kann sie auf einen Trieb zurückgeführt werden[6].

Konflikte sind es, die Aggressivität oder Gewalt auslösen; eine Umkehrung dieses Satzes gilt nicht.

Aggressives Verhalten ist gelernt
als Steuerung von außen:
○ durch Modellpersonen (Vorbilder),
○ durch Nachahmung.

als Steuerung von innen:
○ durch erlebten Erfolg, Erfahrung:

> *„Hat das Kind einmal gelernt, sein Ziel mit aggressiven Mitteln zu erreichen, wird das Verhalten mit jedem Erfolg mehr gefestigt*[7]*".*

Es gibt einen Zusammenhang zwischen Gewalterfahrung in der Kindheit und Gewaltanwendung in der Jugend:

> *„Niemand übt Gewalt aus, der nicht vorher selbst Opfer von Gewalt war*[8]*".*

> *„Gewalt hat die Tendenz, sich wiederholend fortzupflanzen. Vertikal von Generation zu Generation, horizontal von Mensch zu Mensch*[9]*".*

> *„Gewalt ist ansteckend wie Cholera; sie verdankt ihre Virulenz dem Schein der Rechtfertigung, der sie epidemisch macht*[10]*".*

Wir sprechen daher von Gewalt-Transfer-Effekten oder von Gewaltzirkeln.

Aggressivität und Gewalt entstehen vorwiegend in außerschulischen Kontexten – also vor dem Schultor. Sie werden aber in die Schule hinein und dort ausgetragen. Gewalt in der Schule ist also in der Regel importierte, mitgebrachte Gewalt.

---

6) Vergl. Albert W. Bandura, Aggression, Klett, Stuttgart, 1979
7) Udo Schmälzle, Mit Gewalt leben, Knecht, Frankfurt, 1993
8) Peter Struck, Schulreport, Rowohlt, Hamburg, 1995 .Diese Aussage ist „eines der sichersten Ergebnisse der Gewaltforschung" (Udo Schmälzle).
9) Thea Bauriedl, Wege aus der Gewalt, Herder, Freiburg, 1992.
10) Friedrich Hacker, Aggression, Molden, München, 1991

Der nordrhein-westfälischen Kultusministerin Gabriele Behler ist sicher zuzustimmen, wenn sie feststellt: „Die Schlagzeile ‚In den Schulen geht die Angst um – immer mehr Kinder bringen Waffen mit' ist gemessen an unseren Untersuchungsergebnissen – eine Falschmeldung; damit wird auch der Schule Gewalt angetan[11]".

1.4 Tendenz

Gewalt und gewalttätigen Verhalten nehmen geringfügig zu, die Vandalismusrate geht leicht zurück, möglicherweise als Ergebnis zahlreicher Initiativen der Schulen.

„Es ist davon auszugehen, daß auch an nordrhein-westfälischen Schulen in zunehmendem Maße Gewaltbereitschaft, gewalttätige Übergriffe unter Schülern und entwürdigende Angriffe auf Minderheiten zunehmen. Alle Schulen sind dieser Entwicklung ausgesetzt, wenn auch in unterschiedlicher Ausprägung und unterschiedlichem Ausmaß.
Schulen haben in der Regel Schwierigkeiten, offen über dieses Thema zu sprechen. Einerseits befürchten sie Diskriminierungseffekte. Andererseits gibt es respektable pädagogische Argumente dafür, Probleme mit einzelnen Schülern oder Schülergruppen nicht öffentlich zu erörtern[12]".

„Entdramatisierung – aber keine Entwarnung[13]"!

Sechs Tendenzen fallen auf:

1. Die Qualität gewalttätigen Verhaltens hat sich geändert.
    - ○ zunehmende Härte und ein abnehmendes Alter,
    - ○ abnehmende Hemmschwellen,
    - ○ Entritualisierung bei Prügeleien,
    - ○ zunehmende Demütigung der Opfer,
    - ○ Ladendiebstähle, Handtaschenraub, Abzocken als Mutprobe durch 10 bis 14-jährige,
    - ○ entwenden von Autos für Spritztouren oder Körperverletzungen durch 15 bis 16-jährige, die dies „kriminell gut" finden.

---

11) Rede am 20.9.1996 vor Lehrern in Neuss. – In der gleichen Veranstaltung Hans-Dieter Schwind: „Dabei fällt auf, daß sich Sensationsmeldungen der Medien grundsätzlich nicht bestätigen lassen", ebenso in: Gewalt in der Schule, Sonderdruck aus „Kriminalprävention und Strafjustiz", Wiesbaden, 1996
12) Der verstorbene nordrhein-westfälische Kultusminister Hans Schwier am 16.10.1992 im Landtag NRW.
13) NRW-Kultusministerin Gabriele Behler am 25.10.1995 im Landtag.

Für einige Jugendliche ist Rechtsverletzung zur Freizeitbeschäftigung geworden – ohne Risiken, ohne Mißerfolgserlebnisse; ihnen fehlt jegliches Unrechtsbewußtsein.

Bereits Erzieherinnen berichten von erheblichen Roheiten einzelner Kinder gegen sich selbst, gegen andere und gegen Sachen: „Sie treten, spucken, beißen und kratzen". 62% der Erzieherinnen fühlen sich „stark", 31% „etwas belastet[14]".

„70% von ihnen geben im Laufe ihres Arbeitslebens den Beruf auf, weil sie mit den Aggressivitäten der Kinder nicht mehr fertig werden[15]".

So stellte das nordrhein-westfälische Arbeits- und Sozialministerium in einer Erklärung eine „besorgniserregende Gewaltbereitschaft bereits im Kindergarten" fest (Pressemitteilung des Ministeriums vom 7. März 1994).

Die bayerische Staatsregierung spricht von einem „raschen Anstieg der Gewaltbereitschaft bei Grundschülern" (Jugendbericht 1994).

Nach Berechnungen des Kinderschutzbundes erhöhte sich die Zahl der Kinder, die einer kriminellen Tat verdächtigt wurden, von 1991 bis 1996 um 67%.

Aggressionsbereite Kinder fallen durch eine geringe Selbstachtung, wenig verläßliche Bindungen, geringe Zuwendungen, geringe Körperkontakte, Mängel in der Bewegungskoordination und geringe Erfolgserlebnisse auf.

2. Verrohung der Sprache und Treten
   - Kinder verrohen zunehmend sprachlich: Nach einer Studie des baden-württembergischen Kultusministeriums haben gegenüber 1991 vulgäre Beschimpfungen, verbale Bedrohungen, Verunglimpfungen stark zugenommen[16]".
   - Ihre „Szenensprüche" und Schimpfnamen sind menschenverachtend.
   - Treten ist eine neue Kommunikationsform geworden: Kinder und Jugendliche treten einander aus den verschiedensten Anlässen.
   - Wie stark Empathieverluste und Egoismus miteinander einhergehen, zeigt die Aussage eines Jungen auf die Bemerkung, treten würde doch Schmerzen verursachen: „Nein, ich habe doch Stiefel an".

---

14) H. Gleich, Fachhochschule Köln, unveröffentlichtes Papier
15) Welt am Sonntag vom 6.3.1994.
16) Frankfurter Allgemeine Zeitung vom 31.1.1995

3. Zunahme schulschwieriger Kinder
   Die Zunahme schulschwieriger Schüler belastet den Unterricht erheblich. Sie sind immer öfter zu Tabu-Brüchen bereit.
   Im Zwischenbericht zur Denkschrift[17] wird festgestellt, „daß sich die Erziehungsprobleme auch in der Schule zuspitzen".

4. Jugend- und Gruppenkriminalität
   Im Juni 1996 befaßte sich das Bundeskabinett mit der fortschreitenden Jugendkriminalität. Allein in Berlin gab es 1995 über 9.800 Ermittlungen gegen Kinder im Alter bis zu 15 Jahren, im gesamten Bundesgebiet über 100.000. Jugendliche suchen zunehmend Halt in Gruppen; diese verleihen ihnen das vermißte Wir-Gefühl, eine Identität und eine trügerische Geborgenheit.

5. Auseinandersetzung zwischen verschiedenen Nationalitäten
   Insbesondere in politischen Spannungszeiten sind Auseinandersetzungen zwischen verschiedenen ethnischen Gruppen beobachtbar: serbische gegen kroatische Schüler, türkische gegen kurdische oder griechische Kinder.

6. Zunehmende De-Sensibilisierung
   Jugendlichen können kaum noch mitleiden, sie haben kein Mitleid mit anderen mehr.
   Dies wurde mir wieder bewußt, als mir davon berichtet wurde, daß in einer Schule in Düsseldorf jüngere Schüler von älteren in einen Müllcontainer gesperrt wurden. Die älteren setzten sich obenauf und spielen seelenruhig längere Zeit Karten, die Ängste der Kleinen, ihr Betteln und Weinen mißachtend.

Mir fiel das Kinderlied ein, das ich im Kindergarten(!) gelernt hatte:

Kleiner Schelm bist du
weißt du, was ich tu'?
Ich steck' dich in den Habersack und bind' dann oben zu.
Und wenn du dann noch schreist:
Ach, bitte, mach' doch auf,
dann bind' ich nur noch fester zu
und setz' mich oben drauf!

---

17) Bildungskommission NRW, Denkschrift der Kommission „Zukunft der Bildung – Schule der Zukunft" beim Ministerpräsidenten des Landes NRW, Luchterhand, Neuwied, 1995, künftig als Denkschrift bezeichnet.

Da gewaltbereite Kinder und Jugendliche eine gestörte Selbst- und Fremdwahrnehmung haben, deuten sie Umweltreize aufgrund von Projektionen oft falsch. Sie fühlen sich ständig bedroht; ihre generalisierende Haltung führt zu immer neuen Aggressivitäten im Sinne eines Selbstverstärkungsprozesses. Ihre subjektive Unsicherheit läßt sie in jedem anderen einen Feind sehen. Durch einen Erstschlag wollen sie der vermeintlich drohenden Niederlage entgehen.

2. RISIKOFAKTOREN

Statt von Gründen, die zu gewalttätigem Verhalten führen können, spreche ich von „Risikofaktoren". Stehen Gründe fest, werden Schuldige gesucht; das führt nicht weiter. Außerdem kann redlicherweise nur davon gesprochen werden, daß dieser oder jener Risikofaktor, diese oder jene Konstellation, zu gewalttätigem Verhalten führen kann, aber nicht muß.

Kinder und Jugendlichen sind Seismographen: Sie weisen darauf hin, daß einiges nicht stimmt
○ in unseren Familien,
○ in unseren Schulen,
○ in unserer Gesellschaft.

Wir wissen aus der Pathologie, daß zunächst immer das „schwächste Glied" erkrankt. Udo Schmälzle sieht darin die „positive Funktion der Gewalt": sie macht auf Schwachstellen aufmerksam.

2.1 Familie

2.1.1 Inkonsistente Erziehungsziele und -stile

Verunsichert durch die fortgesetzte Diffamierung tradierter Werte und sozialer Tugenden durch sogenannte fortschrittliche Pädagogen und Bildungspolitiker, durch anti-pädagogische und emanzipatorische Strömungen und Medien beeinflußt, herrschen bei heutigen Eltern konkurrierende Werte und Normen vor, die Kindern und Jugendlichen eine erforderliche stabile Orientierung nicht zu geben vermögen.

Bedingt durch den umsichgreifenden Individualismus wurde häufig die notwendige Balance von Ich-Tugenden und Wir-Tugenden zugunsten der Ich-Tugenden aufgegeben.

Eine ähnliche Unsicherheit besteht hinsichtlich der Erziehungsstile. Grundsätzlich ist in vielen Familien ein autoritärer Stil einem demokratischen gewichen. Es gilt nicht mehr, daß die Eltern befehlen, und die Kinder gehorchen, sondern Eltern bevorzugen gegenseitige Absprachen, ein Aushandeln von Kompromissen oder begründen ihre Entscheidungen.

Leider herrscht in einem Großteil der Familien ein Laizzes-Faire-Stil, d. h., Eltern kümmern sich zu wenig um ihre Kinder und geben gerne ihre Funktion an die verschiedensten Institutionen ab.

Es sind häufig überforderte, zuweilen hilflose Eltern, die abgekoppelt von den Erfahrungen ihrer Eltern leben und daher erst selbst Erfahrungen in problemhaften Situationen bei der Erziehung sammeln müssen, die kein konsequentes, kontinuierliches, vorbildhaftes Verhalten zeigen und ihre Kinder einem Wechselbad konträrer Erziehungsstile aussetzen:

Ein autoritärer Stil führt zu Frustrationen, ein permissiver setzt keine, ein restriktiver zu viele Grenzen und ein über-behütender Stil verwöhnt Kinder. Sie alle aber können zu einem problemhaften sozialen Verhalten führen.

William Damon[18] weist darauf hin, daß Erziehungsstile erst durch die „Kombination mit anderen Faktoren wie etwa dem Grad der Offenheit in der Kind-Eltern-Kommunikation, der Wärme der häuslichen Atmosphäre und der Strenge des Strafens" zu einem bedeutenden Faktor werden. Aus der Erziehungsstil-Forschung ist bekannt, daß das Strafverhalten auf kindliche Aggressionen großen Einfluß hat.

Natürlich haben heutige Eltern ihre Kinder lieb – aber in Überforderungssituationen neigen sie zu autoritärem, gewaltaffinem oder gewalttätigem Verhalten. Sie erziehen einerseits ihre Kinder „frei", fordern andererseits oft rigiden Gehorsam. Sie tolerieren das Verhalten ihrer Kinder bis ihnen der Kragen platzt, um dann unkontrolliert zu reagieren. Allzu schnell und allzu oft wird in Deutschlands Familien bestraft (Hausarrest, Taschengeldentzug, Liebesentzug) oder geschlagen. Sie lernen, daß „Gewalt gleich Recht" (Bruno Bettelheim) ist und, daß man mit Gewalt Konflikte „schnell" lösen kann.

Damit ist häufig der Grund für einen neuen „Kreislauf der Gewalt[19]" gelegt. Bei nächster Gelegenheit werden sie reinszinieren, was sie gesehen, was sie erlitten haben. Klaus Hurrelmann spricht von der „sozialen Vererbung". Man könnte auch von einem heimlichen „Curriculum zur Gewalteinübung" sprechen.

---

18) William Damon, Die soziale Entwicklung des Kindes, Klett-Cotta, Stuttgart, 1989
19) Vergl. Anti-Gewaltkommission, Fußnote 3, Zusammenhang von Gewalterfahrung in der Familie und Gewaltanwendung draußen. Vergl. Fußnote 3

	streng strafend	milde strafend
sehr nachgiebig	aggressivste Kinder Gruppe 1	mäßig aggressive Kinder Gruppe 2
wenig nachgiebig	mäßig aggressive Kinder Gruppe 3	am wenigsten aggressive Kinder Gruppe 4

Erziehungsstile und kindliche Aggression nach W. Damon

Abb. 1: Erziehungsstile und kindliche Aggression nach W. Damon. Die Gruppierung gibt die Reihenfolge an.

2.1.2 Vernachlässigte Kinder

Die Zahl vernachlässigter Kinder nimmt zu. Ihre Eltern haben aus welchen Gründen auch immer wenig Zeit für sie und speisen sie – auch in kompensatorischer Intention – mit den verschiedensten Geschenken ab. Derart abgespeiste Kinder aber vermissen das, was ihnen nicht gekauft werden kann: Liebe, Zuwendung, Nestwärme.
Wer Kinder regelmäßig mit „Stofflichem" abspeist, stellt Weichen dafür, daß sie sich später möglicherweise auch mit „Stofflichem" trösten.
Manche Kinder haben sogar eine „Waffe", um nicht so allein zu sein. Sie versuchen, mit Waffen, Angstgefühle zu verarbeiten[20].

> *„In der Mannheimer Studie...lag die Zahl der drei Monate alten Kinder, die Ablehnung und Vernachlässigung erfahren mußten, bei 16% der untersuchten Stichprobe (N=362 Kinder)[21]".*

Viele Eltern wissen über die Freizeitaktivitäten ihrer Kinder sehr wenig; sie bemühen sich auch nicht, die Freunde ihrer Kinder kennenzulernen.
Das gleiche gilt für den Fernsehkonsum. Sie wissen nicht, was ihre Kinder sehen und welche Wirkung Sendungen auf die moralische Entwicklung ihrer Kinder haben, welche Botschaft eine Sendung enthält.
Ein Fernseher sollte nur dann im Kinderzimmer stehen, wenn die Eltern genau wissen, was ihre Kinder sehen. Ich bin mir bewußt, daß dies nicht immer möglich ist.

Vernachlässigte Kinder verlieren die Fähigkeit, sich zu freuen, entwickeln ein schwaches Selbstkonzept und haben in sozialen Kontexten (Kindergarten, Schule) erhebliche Probleme. Sie sind unfähig zum Aufbau und Erhalt stabiler Beziehungen und entwickeln soziale Angst, Angst vor Nähe, das „Dornröschensyndrom" (Rupert Lay).

Vernachlässigte Kinder sind stets auf der Suche nach Beziehungen und deshalb auch besonders gefährdet. Können sie ihren Mangel nicht mehr ertragen, so greifen sie zu Süßem, später zu Nikotin, Alkohol und – Drogen.
Nach Angaben des Fachberaters für Suchtprävention und Drogenfragen der Stadt Frankfurt am Main konsumiert in den Klassen 8 bis 10 jeder 5. Schüler Drogen:

---

20) „Mit einer Waffe bin ich nicht so allein", Westdeutsche Allgemeine Zeitung vom 7.10.1993
21) W. E. Ftenakis, Vortrag im Rahmen des Kongresses „Keine Gewalt gegen Kinder" am 3.12.1992, veranstaltet durch das Bundesministerium für Familie, Senioren, Frauen und Jugend, Bonn.

Haschisch, Ecstasy, Crack, Heroin, Kokain oder Amphetamine[22]. Insbesondere Ecstasy, das in den Techno-Schuppen große Verbreitung findet, kann ein Einstieg in die Abhängigkeit werden, weil versucht wird, harte Drogen beizumischen.

2.1.3 Verplante Kinder

Ein Großteil unserer Kinder ist dauernd unterwegs: Im Reit- oder Schwimmkurs, beim Tennis, auf den verschiedensten Partys. Sie erleben in der derzeit vorherrschenden Kernfamilie, die aus Vater, Mutter und Einzelkind besteht, kaum feste Kontakte; durch die von gut meinenden Eltern geförderte permanente Verplanung ihrer Freizeit können sie auch zu anderen Kindern kaum überdauernde Kontakte aufbauen. Psychologen sprechen von „verinselten" Kindern Aller Kontakt bleibt oberflächlich. Eine erforderliche soziale Kompetenz kann kaum aufgebaut werden.
Die „gehetzten Kinder" (David Elkind) erleben selbst noch in ihrer Freizeit Streß.

2.1.4 Fehlende Vorbilder

Vielen Kindern und Jugendlichen fehlen Vorbilder; auch in ihren Eltern sehen sie kein Vorbild mehr. Wonach sollen sie sich richten? Eine praktizierte Doppelmoral bietet kaum Orientierung: Man ist offiziell gegen Gewalt, aber setzt Gewalt bei der Erziehung ein.
Man ist offiziell nicht gegen Ausländer, aber man erfreut sich an Witzen und Reden über sie, ihre Kulturen und Gebräuche.
Viele Erwachsene kennen im Konflikt nur die Niederlage oder den Sieg. Manch ein Vater – weil er es nicht anders lernte – lehrt seinen Sohn von klein auf, ein „Kämpfer" zu sein: „Wehr dich, du bist doch ein Mann!". Wehren meint fast ausschließlich, körperliches Wehren.
Damit ist das DU-oder-ICH-Prinzip grundgelegt.

Kinder bekommen auch mit, wenn ein Schaden über einen Versicherungsbetrug kompensiert wird, wenn Steuern hinterzogen werden, wenn Materialien aus dem Büro oder der Werkstatt mit nach Hause genommen werden. Sie erfahren, daß man sich schadlos halten kann. Manch ein Schulschwänzer ahmt nur das Krankfeiern seiner Eltern nach.

---

22) Welt am Sonntag Nr. 17/96

Dem Vandalismus stehen viele Erwachsene gleichgültig gegenüber. Gelegentlich verweisen sie auf die Versicherungen, „die's eben bezahlen sollen, da sie ja genug Prämien kassieren".
Kinder lernen eben nicht aus dem, was man ihnen sagt (zu tun), sondern aus ihren Erfahrungen (Jean Piaget, Lawrenz Kohlberg).

Wenn Kinder und Jugendliche sich zunehmend über Normen und Sitten hinwegsetzen, dann läßt dies Rückschlüsse auf ihre Erfahrungen zu.

*„Auch in der Familienerziehung gilt, daß der erzieherische Erfolg nicht von einem speziellen moralischen Training abhängt, sondern von der **moralischen Gesamtatmosphäre, der Konsistenz im Verhalten der Eltern** und der Fähigkeit, die ethischen Prinzipien, die dem erwarteten Verhalten zugrunde liegen, einsichtig und durchsichtig zu machen[23] ".*

Welche Normen, welche Prinzipien werden Kindern und Jugendlichen heute im Elternhaus vorgelebt, vermittelt? Welche positiven Impulse bekommen sie? Welche geistigen Interessen werden angeregt oder gefördert?
Lernen Kinder heute noch, sich höflich zu anderen zu benehmen?
Ich erlebe immer wieder in öffentlichen Verkehrsmitteln, daß Kinder mit ihren Eltern die Sitzplätze einnehmen, während ältere Erwachsene, oft nach einem langen, anstrengenden Arbeitstag, stehen müssen. Kinder bieten kaum noch einen Sitzplatz an, und ihre Eltern akzeptieren dies, betonen sogar ihr Recht auf den Sitzplatz.

Lernen Kinder heute noch, sich partnerschaftlich – beispielsweise im Straßenverkehr – zu verhalten?
Eine Stunde Autofahrt lehrt uns, daß schulischer Verkehrsunterricht nicht zum Erfolg führen kann, solange – Gott sei Dank – eine Minderheit von Erwachsenen ihren Kindern zeigt, daß Verkehrszeichen – Verbote und Gebote – mißachtet werden können, daß auf der Straße der Stärkere „Vorfahrt" hat.

---

23) Heinrich Roth, Pädagogische Anthropologie, Band II, Schroedel, Dortmund, 1971. Hervorhebung durch mich.

Risikofaktoren
Familie

2.1.5 Verwöhnte Kinder

Viele Kinder werden verwöhnt. Verwöhnen aber führt zu Abhängigkeit und Unfreiheit und verhindert Selbstverwirklichung, weil man sich Anstrengungen, Einsatz, Arbeit nicht zumuten will. „Verwöhnen führt schließlich zu immer stärkerer Anspruchshaltung und kann die Entstehung von Aggressionen begünstigen[24]".

2.1.6 Überforderte Kinder

Viele Eltern folgen nicht dem Rat der Grundschule, sondern schicken ihr Kind zu einer Schule (Schulform), in der es überfordert ist. Permanente Überforderung durch falsche Schulwahl ist ein ernstzunehmendes, aber in der Öffentlichkeit nicht diskutiertes Problem.

Klaus Hurrelmann berichtet, daß bis zu einem Drittel der Schüler strukturell überfordert sei, „weil sie nicht den Anforderungen der jeweiligen Schulform gewachsen sind[25]".

„Die täglichen Belastungen werden durch einen die schulische Laufbahn begleitenden Nachhilfeunterricht, den jeder fünfte Schüler erhält, erhöht[26]". Er verursacht jährliche Kosten von 1,5 Milliarden DM. Die Zahl der Schüler, die psychosomatische Störungen aufgrund dauernder Überforderungen zeigen, ist sehr hoch.

Permanenter Leistungsdruck sucht sich Ventile. Viele Eltern sind auf die Produkte (Noten, Qualifikationen) fixiert und beachten nicht die Prozesse („Was kannst du heute besser als gestern?"), sie fordern Leistung, ohne erforderliche mentale Grundlagen sicherzustellen. Nur ein Teil von ihnen achtet darauf, daß ihr Kind gut vorbereitet zum Unterricht kommt (ausreichend Schlaf, gesundes Frühstück, erledigte Hausaufgaben, erforderliche Materialien usw.). Sie interessieren sich während des Jahres wenig für schulische Belange und zeigen damit, daß Schule so wichtig nicht ist.

2.1.7 Konfliktträchtige Familienbeziehungen

Konfliktträchtige Familienbeziehungen wie Beziehungsprobleme der Ehepartner, Alkoholismus, Suchtprobleme, Trennung, Scheidung, zunehmende Arbeitslosigkeit und damit häufig einhergehender sozialer Abstieg, beengte Wohnver-

---

24) Felix von Cube, D. Alshuth, Fordern statt Verwöhnen, Piper, München, 1986
25) zitiert in: Frankfurter Allgemeine Zeitung vom 10.5.1993
26) Peter Struck, Schul- und Erziehungsnot in Deutschland, Luchterhand, Neuwied, 1992. Nach Erhebungen des Bayerischen Lehrerinnen- und Lehrerverbandes (BLLV) werden wöchentlich für Nachhilfeunterricht 30 Millionen DM ausgegeben; zunehmend erhalten schon Grundschüler Nachhilfeunterricht (Welt am Sonntag, 9.2.97).

hältnisse, Doppelbelastungen – in der Regel der Mutter – stellen Fakten im Leben vieler Kinder dar. Die heutige „Offenheit" führt dazu, daß Kinder nicht abgeschirmt werden, wenn sich die Eltern streiten. Über 40.000 Frauen müssen derzeit in über 365 Frauenhäusern Zuflucht vor ihrem gewalttätigen Ehemann suchen. Über 600.000 Kinder leben von Sozialhilfe, weil ihr Vater ihrer alleinerziehenden Mutter keinen Unterhalt zahlt.
Kinder empfinden gestörte oder unsichere Familienverhältnisse als bedrohlich und können häufig auch deshalb nicht lernen, weil Lebensprobleme sie zu stark belasten.

„T. hat nach einem Streit mit seinem Vater die Nacht im Keller verbracht und fürchtet sich vor dem Nachhause gehen. M. fühlt sich von seiner Mutter vernachlässigt, seit sie einen neuen Freund hat. D. leidet daran, daß die Mutter die Familie verlassen hat. K. fürchtet sich vor dem nächsten Krankenhausaufenthalt. Die Eltern von B. wollen sich scheiden lassen. Die Mutter von G. hat Krebs...".

aus dem Tagebuch einer Schule im Ruhrgebiet[27].

2.1.8 Drei Formen lebenslang wirkender Verletzungen

Für Jan-Uwe Rogge[28] gibt es drei Formen von Verletzungen in der Erziehung, deren Folgen lebenslang zu spüren sind, deren Verwundung und Narben bleiben:
○ Körperliche Mißhandlung,
○ seelische Erniedrigung durch Liebesentzug und fehlende emotionale Wärme,
○ sexueller Mißbrauch.

2.1.9 Unruhige Kindheit – unruhige Kinder

Wen wundert es, wenn Kinder heute so beschrieben werden:

„Kinder können kaum noch teilen, Mitleid und Mitgefühl äußern, sind ego-zentriert, narzißtisch überempfindlich, kaum an feste soziale Verhaltensregeln gewöhnt, ohne Schuldbewußtsein, materialistisch[29]".

„Sie (die Kinder) sind nicht nur nervös, ungeordnet, vital gestört, terrorisieren einander, sie streiten sich ununterbrochen, sie vandalisieren das

---

27) Uta Thurau, Johannes Grütjen, Gib die Kreide weiter, Laufen, Oberhausen, 1993
28) Jan-Uwe Rogge, Kinder brauchen Grenzen, Rowohlt, Hamburg, 1993
29) Peter Struck, vergl. Fußnote 26

Gemeingut, sie sind weitgehend unfähig, anderen und auch sich selbst Freude zu bereiten, sie scheinen unfähig, tiefere und anhaltende Beziehungen zu Menschen und Sachen einzugehen, ihre Sprache ist arm und in doppeltem Sinn des Wortes barbarisch, – sie müssen ununterbrochen schreien[30]".

"Es (das Kind) sehnt sich nach Anerkennung und hat gar nicht vor, faul zu sein und sich asozial zu verhalten; es ist nur so, daß es nicht anders kann, daß es sich nicht steuern kann, daß es jeder Empfindung sofort nachgeben und jeder Anstrengung aus dem Wege gehen muß. Was es tut, muß Spaß machen und leicht sein[31]".

Jirina Prekop beschreibt eingehend die „kleinen Tyrannen[32]", Kinder, die ohne Kontrolle groß werden und, nachdem sie die Mutter beherrschen, ihre Erzieherinnen oder ihre Lehrerinnen beherrschen wollen. Sie kennen keine Grenzen, weil ihnen keine gesetzt wurden. Sie kennen auch keine Rücksichtnahme, weil sie niemals dazu erzogen wurden. Sie leben ihre spontanen Einfälle aus. Jirina Prekop bezeichnet dieses Arrangement als „Machtübernahme" durch das Kind. Konflikte weiten sich aus, wenn der kleine Tyrann seiner Mutti berichtet, die Lehrerin würde ihm alles verbieten und die besorgte Mutti nun um die Wohlfahrt ihres Tyrannen fürchtet. Kleine Tyrannen und verwöhnte Kinder haben für sich das Lerngesetz entdeckt, das sie konsequent einsetzen: Lernen am Erfolg.

Jirina Prekop macht auch auf den hohen Verbrauch an Psychopharmaka in deutschen Familien aufmerksam, die Kindern unter 12 Jahren verabreicht werden, um sie zu beruhigen (Hypnotika, Antidepressiva, Tranquilizer, Neuroleptika).

Schulräte berichten immer wieder über anhaltenden Beratungsbedarf bei Lehrerinnen, die auf eigenen Wunsch von der Hauptschule an die Primarstufe versetzt wurden und mit bisher unbekannten, unerwarteten und massiven Erziehungsproblemen konfrontiert werden.

---

30) Hartmut von Hentig, Was ist eine humane Schule? Hanser, München, 1977
31) Horst Hensel, Die Neuen Kinder und die Erosion der Alten Schule, Kettler, Bönen, 1993
32) Jirina Prekop, Der kleine Tyrann, dtv, München, 1993

2.2 Schule

2.2.1 Stätten der Erziehung und der Wissensvermittlung?

Da die Schule ähnlich wie eine „totale Institution" (Goffman) eine Zwangseinrichtung ist, in der strukturelle Gewaltverhältnisse bestehen und „Handel um Identität" determiniert ist, kann sie Aggressionen und Gewalt fördern oder verstärken. Ihre Rituale, Selektionsmechanismen, ihre Inhalte und Vermittlungsformen begünstigen die Entstehung aggressiven Verhaltens.

> *„Der Erziehungsaspekt und die Vermittlung gesellschaftlicher Normen in der Schule sind gegenüber der Wissensvermittlung in den Hintergrund getreten[33]".*

Der Erziehungsauftrag wird von Schulen – wenn überhaupt – unzureichend wahrgenommen, obwohl beispielsweise in Nordrhein-Westfalen Schulen als „Stätten der Erziehung und des Unterrichts"[34] bezeichnet werden.

Diese Schulzweckbestimmung enthält also einen zweifachen Auftrag: zur Erziehung und zum Unterricht (Vermittlung von Kenntnissen, Fähigkeiten, Fertigkeiten durch bildenden Umgang).

Schulen bieten Kindern und Jugendlichen wenig Chancen, positives Sozialverhalten zu üben, miteinander zu lernen, zu kooperieren, einander zu helfen, solidarisch zu handeln.

Die Schulaufsicht setzt die Wahrnehmung des Erziehungsauftrages voraus; sie fragt aber nicht nach.

Lehrer werden für die Übernahme von Erziehungsaufgaben kaum ausgebildet; ihre Interventionsstrategien erschöpfen sich in der Regel in verbalen Aktivitäten ("„pädagogischer Imperativ") und erweisen sich als wenig effektiv.

Ein Großteil von ihnen begreift sich als Vertreter seiner Fächer und sieht in der Übernahme von Erziehungsfunktionen eine Einmischung in den Erziehungsauftrag des Elternhauses.

---

[33] Anti-Gewaltkommission, vergl. Fußnote 3
[34] Vergl.: § 1 (1) Erstes Gesetz zur Ordnung des Schulwesens im Land Nordrhein-Westfalen (SchOG)
Zusätzlich gilt für NRW: „Zusammenarbeit der Schulen in Fragen der Erziehung; Einrichtung von Arbeitskreisen", Runderlaß des Kultusministeriums vom 17.2.1994

Die Forderung „Wir brauchen Lehrer für Kinder und nicht für Fächer" macht diesen Umstand deutlich.

Die frühere Arbeitsteilung „Die Familie erzieht – die Schule belehrt" stimmt heute nicht mehr, aber die Schule hat daraus noch nicht die Konsequenzen gezogen. Sie kann den „erzogenen" Schüler nicht mehr voraussetzen, weil – s.o. – Eltern Erziehungsaufgaben nicht mehr wahrnehmen wollen oder meist nicht können, weil sie oft hilflos sind.

Ein zunehmender Verlust an gesamt-gesellschaftlich akzeptierten Werten macht es der Schule schwer, kompensatorisch tätig zu sein:

„Werte, die in der Gesellschaft nicht gelebt werden, die nicht wenigstens in Teilen der Gesellschaft glaubwürdig vertreten werden, kann die Schule nur begrenzt und schwer, vielleicht gar nicht vermitteln[35]".

2.2.2 Inkonsistente Erziehungsziele, -stile und Erwartungen

In der Praxis der Schule der „Einzelkämpfer" gibt es in aller Regel keine Absprache über gemeinsam zu vermittelnde Werte oder Ziele; jeder Lehrer „erzieht" daher nach seinen eigenen Vorstellungen. Viele Lehrer betrachten es als Qualitätsmerkmal ihrer beruflichen Tätigkeit, hinter der Klassentür „autonom" zu sein.

Unterschiedliche, sich zum Teil sich widersprechende Erziehungsstile und Erwartungen der Lehrer bieten den Schülern kaum orientierungsfähige Muster an. Ein konstantes Schülerverhalten, das von 8.00 Uhr bis 8.45 Uhr akzeptiert wird, verursacht möglicherweise beim Lehrenden von 8.50 bis 9.35 mehrere „Störungen" und wird vom Fachlehrer während der 3. Stunde als ein „Skandal" angesehen, dem Konsequenzen folgen sollen.

Bei den Erwartungen ist es ähnlich: Der Lehrer um 8.00 Uhr erwartet das angepaßte „Lernkind", das stets bereit ist, Gehörtes zu reproduzieren, der Lehrer um 8.45 Uhr erwartet ein neugieriges Kind, und der Lehrer um 10.00 Uhr schließlich erwartet ein kritisches, selbstbewußtes Kind.
Müssen sich also Kinder daheim auf ein oder zwei verschiedene Erziehungsstile einstellen, wird von ihnen möglicherweise in der Schule im 45-Minuten-Takt eine kognitive und emotionale Umstellung gefordert.

---
[35] Denkschrift, vergl. Fußnote 17

Was bleibt ihnen oft anderes übrig als Toleranzspielräume und Grenzen, gelegentlich auch mit Provokationen, auszuloten („soziale Exploration", Hassenstein) oder sich aus dem Interaktionssystem Schule zurückzuziehen?
Zu wenig Lehrer pflegen einen sozial-integrativen Erziehungs- und Unterrichtsstil, obwohl sie Beteiligen, Einfühlen, gemeinsames Lernen und Ermutigen für eine pädagogisch angemessene, langfristig besonders effektive Strategie ansehen.

Es gibt auch Lehrer, die meinen, man könne Schüler mit Kumpanei für sich gewinnen. Die Erfahrung lehrt, daß Schüler langfristig diejenigen Lehrer schätzen, die ihnen mit Gerechtigkeit und Strenge, mit Verständnis und Hilfsbereitschaft begegnen. Opportunistisches, anbiederisches Gehabe stößt sie ab und fördert, stimuliert allerdings provokatorisches Verhalten.

2.2.3 Konkurrenzlernen und Schulangst

Die Feststellung, „Schule ist so eingerichtet, daß sie die Konkurrenz verstärkt mit der Konsequenz, daß es viele Verlierer, aber nur wenige Gewinner gibt", sollte die Lehrenden veranlassen, ihre alltägliche Praxis zu überdenken.
Klaus Hurrelmann glaubt, Anzeichen dafür zu haben, „daß die Art, wie in der Schule gelernt wird, zu Aggressionen führen kann[36]".
Konkurrenz als Strukturprinzip läßt nur Sieger und Besiegte zu, führt zu Druck und Angst bei Siegern, die ihre Positionen halten müssen und bei Verlierern.
Urie Bronfenbrenner sagt über die Sieger: „Sie sind gleichzeitig auch aggressiver, angespannter und grausamer", und Rumpf interpretiert dies so: „Sie rächen sich an anderen für das, was sie sich selbst namens des Zwanges, zu den Vortrefflichsten gehören zu müssen, angetan haben[37]".
Die Verlierer erleben Benachteiligung, Ungerechtigkeit und zeitliches Bedrängtsein. Sie spüren die Verletzung ihrer Würde, ihres bescheidenen Stolzes und ihres immer wieder erschütterten Selbstwertgefühles.
Um die Belastungen der Lehrer durch die Erhöhung ihrer Pflichtstunden zu kompensieren, werden von den einzelnen Kultusministerien die Anzahl bzw. Dauer der Klassenarbeiten bzw. Klausuren gesenkt. Der Charme dieser „Lösung" verblaßt, wenn bedacht wird, daß damit das Gewicht – und der Druck – jeder schriftlichen Arbeit erhöht werden.
Konkurrenz fördert auch die Schulangst, die allerdings von der Schule nicht

---

36) Klaus Hurrelmann, „Wie kommt es zu Gewalt in der Schule, und was können wir dagegen tun"?, in: Kind, Jugend und Gesellschaft, Nr. 4/91
37) Horst Rumpf, Unterricht und Identität, Juventa, München, 1976

ernst genommen wird: Nach einer aktuellen Studie der Universität Dortmund berichten 37% der Jungen und 43% der Mädchen von ständiger Schulangst[38].
Angst kann Gewalt eindämmen, wenn man Strafe befürchtet.

Angst kann Gewalt fördern, wenn man die eigene Angst überwinden will durch eine aggressive Sprache, Einschüchterung, zur Schaustellen von Kraft oder durch Roheiten.
Die Verunglimpfung vieler Lehrer und der Vandalismus in Schulgebäuden sind häufig eine Reaktion auf Druck und – Angst.
Insbesondere ängstliche Schüler „rächen" sich durch Vandalismus: Sie bleiben anonym und müssen in der Regel keine Konsequenzen befürchten.
Angst hat auch großen Einfluß auf die Qualität des Lernens: In angstbesetzten Situationen ist die Reproduktion akkumulierten Wissens möglich, ein schöpferisches, kreatives Verhalten hingegen ausgeschlossen. Kreatives Verhalten setzt ein Klima der Freiheit und Sicherheit voraus.

2.2.4 Leistungsbeurteilungen

Schüler, die Leistungsbeurteilungen ihrer Lehrer und Bewertungen ihres sozialen Verhaltens nicht nachvollziehen bzw. akzeptieren können, fühlen sich ungerecht behandelt. Ihr subjektiv empfundenes Unrecht kann zu Rache, Vergeltung führen, zu Gewalt – gegen empfundene Gewalt.

Beurteilungen werden nicht immer transparent gemacht und können dann von den Schülern nicht nachvollzogen werden.

2.2.5 Leistungsversagen

Leistungsversagen kann zu dem Gefühl führen, nichts wert zu sein und zu Über-Kompensationen, allein um sich der eigenen Existenz zu vergewissern. Aufgrund des vorherrschenden Leistungsbegriffes können viele Kinder ihre soziale Rolle und ihre Identität nicht oder nur unzureichend erwerben.
Damit wird durch Schulversagen auch das Ich zur Disposition gestellt

Der Versagensbegriff scheint in der Schule unausrottbar. Trotz der hohen Anstrengungen, die beispielsweise derzeit um die sonderpädagogische Förderung

---

[38] Mainpost, Würzburg, vom 5.5.1997

gemacht werden, findet er sich nach wie vor in den Schulgesetzen oder Verordnungen[39].

Leistungsversagen hat zwei Dimensionen:
Subjektiv verletzt es das Selbstwertgefühl und führt zu Demütigung und Mißachtung (Man erlebt, nicht „mitzukommen", seine Schule verlassen zu müssen, „zurückgestellt" zu werden). Objektiv führt es zu Ausgrenzungen und Vereinzelungen, weil häufig mit dem Versagen eine Ablehnung der Person korrespondiert: Wer nicht viel leistet, mit dem pflegt man auch keinen Umgang.

Empirisch belegt ist, daß Leistungsversagen mit Ansehensverlust einhergeht. Das ist deshalb so gravierend, weil selbst Schüler mit einem positiven Sozialverhalten bei Leistungsinsuffizienz mittelfristig nicht mehr akzeptiert werden.

Schließlich kann Schulversagen die Chancen, später einen Ausbildungs- oder Arbeitsplatz zu bekommen, erheblich mindern. Dies hat für den Lebensweg des Einzelnen wie für die Gesellschaft Konsequenzen.
Eine der Folgen des Schulversagens ist die Fluchtreaktion: Dem Nichtkönnen folgen – um sich selbst behaupten zu können – das Nichtwollen und die Ablehnung der Schule.
Die Anti-Gewaltkommission resümiert:

„Schulische Gewalt geht oft von Schülern aus, die schulische Mißerfolgserlebnisse nicht verarbeiten können[40] ".

Uns sollte es beunruhigen, daß sich aggressive Kinder und Jugendliche in der Schule regelmäßig als leistungsschwach oder gar versagend erlebten.

Die Schullaufbahn einer nicht geringen Zahl von Kindern wird von Entmutigungsprozessen begleitet.

„In den Gymnasien scheitern vor allem Jungen, weil sie eher zu Aggressionen und zu einem unangepaßten Lernverhalten neigen als Mädchen. Zwar werden mehr Jungen als Mädchen in die Gymnasien geschickt,

---

39) Beispiele aus NRW: 1. § 7(1) Schulpflichtgesetz vom 24.4.1995, (GV. NW., BASS 1-4), 2. § 4 (3) Ausbildungsordnung Grundschule, AO-GS, vom 13.11.1996: Bereits eingeschulte Kinder können vom Schulbesuch **„zurückgestellt"** werden, wenn eine ausreichende Förderung nicht möglich ist. Die Frage, ob sich das Kind oder die Schule anpassen muß, bleibt unbeantwortet.
40) Anti-Gewaltkommission, vergl. Fußnote 3

aber nach Recherchen des Dortmunder Instituts für Schulentwicklungsforschung machen nur 18% der Jungen eines Jahrgangs Abitur, während fast 30% aller Mädchen zur Hochschulreife gelangen[41]".

2.2.6 Erzwungener Schulwechsel

Eine folgenreiche Entmutigung ist der erzwungene Schulwechsel:
○ Jugendliche wollen „dazugehören" – Schule grenzt sie aus,
○ Jugendliche wollen Identität gewinnen – Schule stellt diese massiv in Frage.

Die sogenannte „Rückläuferproblematik" stellt mittlerweile auch ein quantitatives Problem dar. Allein in der Stadt Köln kamen während des Schuljahres 1994/95 insgesamt 619 Rückläufer aus folgenden Schulformen: Gymnasium: 67, Gesamtschule: 45, Realschule*: 507

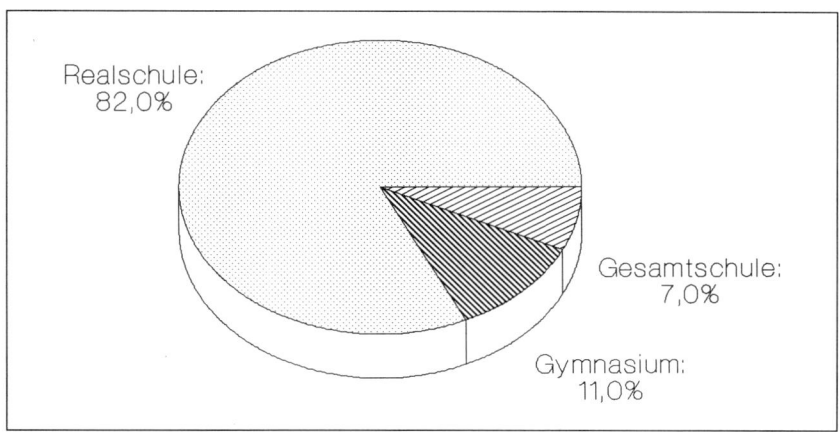

Abb. 2: „Rückläufer" in der Stadt Köln im Schuljahr 1994/95 (Angabe in %)

In Nordrhein-Westfalen wurden im letzten Jahr über 8.000 Schüler zum Verlassen ihrer Schule gezwungen, davon 4.800 in den Jahrgängen 7 und 8 und immerhin noch mehr als 400 im 10. Jahrgang[42].

---
*) Von den 507 Schülern besuchten 414 vorher ein Gymnasium; sie mußten also zweimal ihre Schule verlassen.
41) Peter Struck in: Welt am Sonntag, Nr. 17/96
42) Landtagsdrucksache NRW 12/1537 vom 18.11.1996

Schüler, die ihre Schule verlassen müssen, erleben vorher in der Regel massive und langanhaltend Mißerfolge. Am Ende steht nach einer „Selektion nach unten" (Peter Struck) und einer von verletzenden Versagensgefühlen begleiteten „Uminterpretation der sozialen Identität[43]" neben einem Prestigeverlust die Ausgrenzung – die Entlastung (der Schule) durch „Abschiebung" (des Schülers). Die Eltern werden in den Prozeß der sozialen Typisierung, der die Karriere ihres Kindes als Schüler festlegt, einbezogen:

> *„Mit den Informationen über die Leistungen und anderen im schulischen Interaktionsprozeß relevante Merkmale wird ihnen die durch die Schule vorgenommene Interpretation der sozialen Identität mitgeteilt... Sie sehen dann ihr Kind in einem neuen Licht: als ‚unaufmerksamen', ‚langsamen', ‚nervösen' Schüler und werden genötigt, sein Verhalten wie seine Zukunft auf dem Hintergrund dieser Informationen neu zu interpretieren"* (Franz Wellendorf, ebenda).

Wer hilft diesen Schülern, ihre Trennungsangst zu überwinden?

Ich unterscheide hier deutlich zwischen „Abschieben" und „Übergang". Übergang setzt eine Brücke voraus. Ich werbe daher dafür, Eltern gründlich zu beraten und Schülern, die wechseln müssen, Brücken zu bauen, damit ihr Übergang erleichtert wird.
Meines Erachtens gehört es zur Fürsorgepflicht – besser noch: zum Ethos, zur Kultur einer Schule – mit den Eltern zusammen „Brücken" zu bauen.
Ein Start in der neuen Schule wäre um vieles günstiger, wenn gesagt werden könnte: „Schön, daß du da bist, wir haben gehört, du kannst gut....".
Sein Ich würde gestärkt; er könnte „ja" zu sich sagen und neuen Mut schöpfen. Er brauchte keine Aggressionen zu zeigen, um seine Angst vor neuem Versagen zu vertuschen. Schließlich kann eine harmonische Klasse für Integrationsmaßnahmen gewonnen werden.

Zwischenzeitlich haben sich der Landtag NRW und die großen Lehrerverbände der Problematik angenommen.

---

[43] Franz Wellendorf, Schulische Sozialisation und Identität, Beltz, Weinheim, 1979

Schüler

Name, Vorname
wohnhaft
geboren
mündliche Beteiligung
Besondere Bemerkungen

Schüler

was sie denken
was sie träumen
was sie tun
können wir um so schwerer
wahrnehmen
je genauer wir zu wissen meinen
wer sie sind

Schüler sind

immer auch mehr
immer auch anders –
Aber sie sind zu verstehen.

Aus: Der Schüler, Jahresheft 1984, Friedrich-Verlag, Velber

Für die Erwachsenen gibt es ein vergleichbares Phänomen: Es gibt eine Studie über Ansehens- und Bindungsverluste von Bürgern, die zu DDR-Zeiten großes Ansehen genossen: Sie leiden heute an der sogenannten „Wendekrankheit" mit somatischen Beschwerden, organischen Krankheiten, Depressionen, Asthma und auch Magersucht, weil sie sich ausgegrenzt fühlen und ihre Identität in Frage gestellt wurde[44].

2.2.7 Niveauverlust

Neben der menschlichen hat diese Problematik auch eine bildungs- und wirtschaftspolitische Komponente: Da das Niveau der Schulen in dem Maße sinkt, wie der Anteil überforderter Schüler zunimmt, muß an unseren Schulen ein allgemeiner Niveauverlust angenommen werden.
Wer sich mit Lehrenden unterschiedlicher Schulformen unterhält, gewinnt den Eindruck, daß in allen Schulformen die „falschen Kinder sitzen".

Viele Lehrer jedenfalls berichten, daß sie fast jedes Jahr ihre Anforderungen senken müssen. Das müßte empirisch untersucht werden.

Es wäre bedauerlich, wenn sich die Bildungschancen erhöhten, die Bildungshöhe sich aber absenkte.

Bildungspolitiker reagieren meist allergisch auf die Feststellung von Handwerkskammern und der Wirtschaft, die Leistungen in den Kulturtechniken gingen zurück.
Dieser Tage weist eine OECD-Studie (Organisation für wirtschaftliche Zusammenarbeit) darauf hin, daß Deutschlands Schüler in diesen Leistungen Defizite aufweisen: Die Leistungen deutscher Schüler liegen im 26-Länder-Vergleich an 16. Stelle, deutlich hinter Rußland, Irland, Tschechien.
Damit wird unser Land zum zweiten Male auf hinteren Plätzen notiert. In einer Anfang Dezember veröffentlichten Studie der „International Association for the Evaluation of Educational Achievement" in Den Haag stehen deutsche Schüler in den Leistungen in den Fächern Mathematik an 23. und in Naturwissenschaften an 18. Stelle bei einem Vergleich von 41 Ländern[45].
Auch bei einer Skepsis gegenüber Studien sollte meines Erachtens der Trend beunruhigen.

---

44) „Wendekrankheit", Studie, Universität Jena, Dr. Venner
45) Frankfurter Rundschau vom 12.12.1996

Jugendliche halten den Erwerb von Kulturtechniken für wichtig – nach Fremdsprachen und Computerkenntnissen (Angaben in %)[46].

Gewünschte Bereiche	eher wichtig			eher unwichtig			keine Angaben		
	Gesamt	West	Ost	Gesamt	West	Ost	Gesamt	West	Ost
Computerkenntnisse	93	93	93	6	6	7	0	0	0
Fremdsprachen	87	87	87	12	12	13	0	0	0
Mathematik	84	83	89	15	16	10	1	1	1
Rechtschreibung	81	81	84	18	19	16	0	0	1
körperl. Fitneß	70	68	78	30	32	22	0	0	0
naturwissenschaftl. Kenntnisse	62	60	69	37	39	30	1	1	1
Erfahrungen aus sozialem Engagement, Ehrenamt	57	59	46	43	40	53	1	1	1

Abb. 3: Vorstellung von Jugendlichen davon, was Schule ihnen vermitteln sollte

Zu einer Senkung des Niveaus trugen m. E. auch die vielen Ausgleichsmöglichkeiten für Minderleistungen in einzelnen Fächern bei, insbesondere in Gesamtschulen. Wir sollten darauf bestehen, daß grundlegende Kenntnisse und Fähigkeiten in einem möglichst breiten Spektrum unverzichtbar sind.

Zu einer weiteren Senkung des allgemeinen Niveaus wird sicher auch die Substitutionsregelung in der reformierten Oberstufe der Gymnasien führen. Sie ist ein Beleg für den derzeitigen bundesdeutschen Wirrwarr: In Hamburg wurde sie durchgesetzt, in Bremen, Niedersachsen und möglicherweise in Nordrhein-Westfalen ist ihre Einführung geplant, das Saarland lehnt diese ab; der dortige Kultusminister sprach sich – aus gutem Grunde – dagegen aus, eines der drei Kernfächer durchgängig oder auch nur teilweise zu ersetzen.

Niveauverlust führt andererseits zu permanenter Unterforderung begabter und hochbegabter Schüler. Diese Schüler „stören" häufig den Unterricht aus Langeweile und permanenter Unterforderung.

---

46) EMNID hat vom 11. bis 30.12.1996 insgesamt 1.998 Jugendliche im Alter von 14-29 Jahren in ganz Deutschland befragt. Auszug durch: Bundespresseamt, mir freundlicherweise von der Kölnischen Rundschau – Parlamentsredaktion – zur Verfügung gestellt.

Ihr divergierendes Denken wird gelegentlich als „Abweichung vom eigentlichen Thema" interpretiert und erfährt keine Förderung.

Ich habe den Eindruck, daß die vorbehaltlos favorisierte Chancengleichheit einen erheblichen Teil zum „heimlichen Umbau" der Sekundarstufe und damit zu dem Niveauverlust und der Pflege des Mittelmaßes beigetragen hat.
Ich bin stolz auf eine Gesellschaft in der jedermann ohne Ansehen der Person, der Herkunft, der Rasse oder Religion jede Bildungseinrichtung offensteht, meine aber, daß die Gesellschaft erwarten muß, daß erforderliche Qualifikationen und Anstrengungsbereitschaften vorliegen müssen, gelegentlich fehlte es an ersterer, gelegentlich an letzterer, nicht selten an beiden.

Daß ich mit meiner Meinung so falsch nicht liege, zeigt eine repräsentative Befragung deutscher Lehrer im Auftrage des Dortmunder Instituts für Schulentwicklungsplanung. Danach stimmten 80% der befragten Lehrer der Aussage zu, daß immer mehr Schüler höhere Schulen besuchten, ohne die notwendige Eignung mitzubringen[47] . Wann werden die Verantwortlichen den Mut aufbringen, daraus Konsequenzen zu ziehen?

Es würde vielen Schülern erhebliche Frustrationen und der Gesellschaft erhebliche Ressourcen sparen, wenn die Zugänge zu den weiterführenden Schulen wie zu den Universitäten von festzulegenden Eingangsqualifikationen – (Beachtung des Eignungsprinzips) – abhängig gemacht würden.

2.2.8 Hochbegabtenförderung vernachlässigt

In der zurückliegenden Zeit wurde eine Vielzahl unterschiedlichster Maßnahmen zur Förderung schwächerer und benachteiligter Schüler entwickelt. Maßnahmen zur Förderung hochbegabter Kinder sucht man vergebens. Dabei haben alle Kinder und Jugendlichen ein Recht auf Förderung.

In stark heterogenen Klassen erfahren sie keine ausreichende Förderung, und ihre permanente Unterforderung kann auch Leistungsverweigerungen oder Aggressivitäten auslösen.
Ich bin hochbegabten Schülern begegnet, die aus den soeben geschilderten Gründen sich vom Unterricht abwandten, den Besuch der Schule verweigerten oder von der Schule verwiesen wurden.
Eine permanente Unterforderung Hochbegabter können wir uns auch aus sozialen, gesellschaftlichen und wirtschaftlichen Gründen nicht länger leisten. Durch

---
[47] Kölnische Rundschau vom 15.3.1996

die zunehmende Globalisierung und Technisierung sind die Fähigkeit zur Innovation, Kreativität und Höchstleistung für den Erhalt unseres Wirtschaftsstandortes von entscheidender Bedeutung. Wir benötigen dringend eine geistig umfassend gebildete und ausgebildete Elite in Politik, in Wirtschaft und Verwaltung.
Das setzt voraus, daß mehr denn je bei aller berechtigten und auch erfolgreich praktizierten Förderung schwächerer Schüler die Förderung der Hochbegabten nicht weiter vernachlässigt wird.

Ich habe den Eindruck, viele Eltern geben sich heute leider mit einem formalen Bildungsabschluß zufrieden, ohne auf eine fundierte und begabungsgerechte Bildung ihrer Kinder zu achten und diese einzufordern.

Wie bereits erwähnt, belastet uns die hohe Zahl der Arbeitslosen. Wie der derzeitige Bundespräsident Roman Herzog während seiner Neujahrsansprache 1997 sagte, schaffen weder Arbeitnehmer noch Beamte neue Arbeitsplätze; dies schaffen kreative, junge, gebildete und gut ausgebildete Menschen mit Bereitschaft zur Übernahme von Verantwortung und Mut zum Risiko.

Wir können ihre Zahl erhöhen, wenn die Förderung selbständigen Denkens und Handelns, des divergierenden Denkens, des Einfallsreichtums, der Neugier und des sozialen Engagements, der Teamarbeit stärkere Berücksichtigung in unseren Schulen finden wird.

Dieselbe EMNID-Umfrage führt zu dem Ergebnis, daß eine Vielzahl von Jugendlichen den Beruf des Selbständigen anstrebt. Eine Mehrheit hält das Risiko für weniger entscheidend als die Vorteile, die damit verbunden sind. Diese Einschätzung teilen Jugendliche in den alten Bundesländern stärker als Jugendliche in den neuen Ländern.

Auf die Frage: „Wenn Sie die Wahl hätten, als was würden Sie am liebsten arbeiten?", wurde wie folgt geantwortet: (Angaben in %).

	Gesamt	West	Ost
Selbständiger	56	58	50
Angestellter	23	22	23
Beamter	21	19	26
keine Angaben	1	0	1

Abb. 4a: Von Jugendlichen bevorzugte Berufszweige

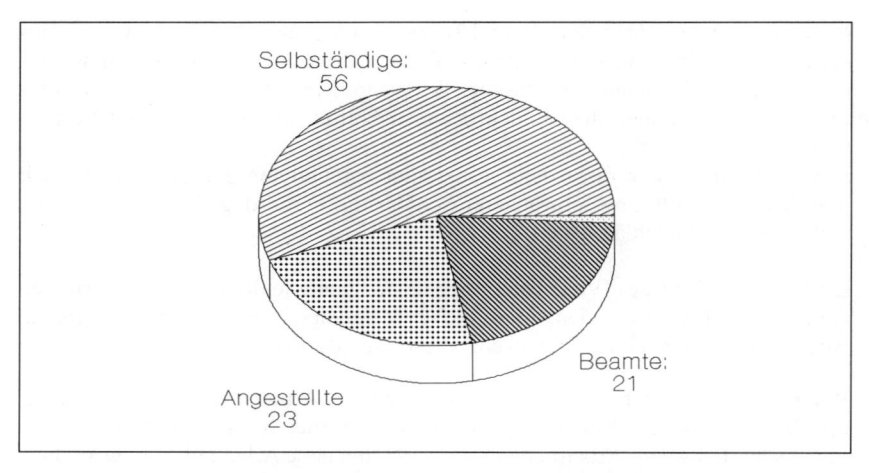

Abb. 4b: Von Jugendlichen bevorzugte Berufszweige (Gesamt).

Ich habe mir von Fachleuten sagen lassen, daß ca. 80% der Arbeitsplätze in mittelständischen Unternehmen liegen, die ihrerseits über 65% aller Steuern und Abgaben erwirtschaften.
Wenn wir die Arbeitslosigkeit tatsächlich bekämpfen wollen, wird es auch darauf ankommen, junge Leute zu fördern, die eine betriebliche Selbständigkeit anstreben, die Betriebe gründen wollen und auch bereit sind, dafür für eine begrenzte Zeit auch Verzicht – für manche ein „Reizwort" – auf sich zu nehmen.

2.2.9 Übergang nach der Grundschule

Die Liberalisierung des Zugangs zu weiterführenden Schulen führte zwischenzeitlich zu einer so erheblichen Heterogenität der Schüler, daß mit Formen der inneren Differenzierung das Problem kaum zu lösen ist. Die Konsequenz, weitere Formen der äußeren Differenzierung (Kurse) einzuführen, wäre ebenso fatal wie die verstärkte Abschiebung von Kindern nach jahrelangen Entmutigungen. Hier wäre Handlungsbedarf geboten, die Entwicklung, indes, geht – oft aus ideologischen Gründen – in eine andere Richtung.

In Nordrhein-Westfalen, beispielsweise, werden nach der geänderten Regelung des Übergangs[48] die Gutachten entfallen, weil es für viele Eltern bei ihrer Ent-

---
48) Vergl. Fußnote 39

scheidung für den Übergang in die Sekundarstufe I „kaum noch eine Rolle" (Denkschrift) spielt. Erhielten bisher die zum Übergang angemeldeten Schüler ein Gutachten mit der Feststellung, ob sie geeignet – vielleicht geeignet – nicht geeignet waren, so entfällt diese verbindliche Feststellung zugunsten einer begründeten, konkreten „Empfehlung", die unverbindlich ist und die einzusehen, der Schulleiter der aufnehmenden weiterführenden Schule nicht verlangen darf.

Damit ist ehrgeizigen Eltern das Tor zur Anmeldung ihres Kindes unabhängig von Leistung und Leistungsbereitschaft an jeder Schulform möglich.

Um dieses zu verhindern, werden im Saarland entgegengesetzte Schritte geplant oder ergriffen: Die erst 1989 abgeschaffte Versetzung von Klasse 5 in Klasse 6 im Gymnasium wird wieder eingeführt, weil sich viele Eltern von nicht für den Besuch dieser Schulform geeigneten Schülern als „beratungsresistent" erwiesen hätten.

Ich frage mich, ob eine Gesellschaft, die eine Lenkung der Zugänge zu den weiterführenden Schulen ablehnt, nicht die Verantwortung für all die Fehlentscheidungen tragen müsse.

Die völlige Freigabe der Laufbahnentscheidung wird den heimlichen Umbau der Sekundarstufe weiter verstärken und – das kann vermutet werden – zu weiteren, vermehrten Mißerfolgen überforderter Schüler oder konsequenterweise zu einer weiteren Herabsetzung des Anspruchsniveaus weiterführender Schulen führen.

Es ist allgemein ein Dilemma des deutschen Schulwesens, daß die jeweils abgebende Schule über die Aufnahme in der nachfolgenden Schule bzw. Hochschule entscheidet:

Die Grundschule entscheidet beispielsweise über die Aufnahme am Gymnasium, und das Gymnasium entscheidet über die Aufnahme an der Universität.

Beunruhigend hoch ist auch die Zahl jener Schülerinnen und Schüler für die erst nach dem Eintritt in die Sekundarstufe ein Übergangsverfahren in Sonderschulen[49] eingeleitet wird.
Aus welchen Gründen versäumen es Grundschulen, rechtzeitig ein Übergangsverfahren einzuleiten?

---

49) In NRW: Vergl. Verordnung über die Feststellung des sonderpädagogischen Förderbedarfs und die Entscheidung über den schulischen Förderort vom 22. Mai 1995

Führt erst eine Selektion in der Sekundarstufe zur Einleitung eines Übergangsverfahrens, so haben diese Schüler kaum noch eine Chance, in der Sonderschule einen Abschluß zu erhalten.

2.2.10 Kurssystem

Das Kurssystem stellt trotz der nachvollziehbaren Begründungen ein strukturelles Problem schulreformerischer Intentionen dar. Leistungs- und Neigungsdifferenzierung führen zur Auflösung der Klassen und einem häufigen Wechsel von Personen und Räumen. Ständiger Wechsel der Gruppen erfordert die ständige Neueinstellung auf andere Kommunikationspartner, -strukturen und -stile. Ständiger Wechsel kann zu Streß, Des-Integration und Isolierung führen, das Gefühl der Fremdbestimmung verstärken und der Herstellung und dem Erhalt von Beziehungen entgegenstehen.
Viele unserer Schüler sind – wie dargestellt – bindungsarm; das ständige Rotieren schadet ihnen mehr als es nutzt, weil sie kaum noch „Wurzeln schlagen", Gemeinschaft erleben können.

Das praktizierte Kurssystem führt auch zum Rückgang einer breiten, fundierten Bildung. Wer lediglich einen formalen Abschluß sucht, wählt ab, was ihn herausfordert.

Außerdem glauben nur noch wenige daran, daß das Kurssystem den individuellen Begabungen und Interessen gerecht wird. Tatsache ist, daß ein zunehmend größer werdender Teil von Jugendliche ihre Wahl von anderen als sachorientierten Kriterien abhängig macht:
Mit welchem Kurs erreiche ich bei minimalem Input ein Maximum an Output, d. h. einen guten „Schnitt"? Wie komme ich zu einer guten Abiturnote?
Statt der erhofften Förderung der Entfaltung unterschiedlicher Interessen, Neigungen, Begabungen, führt es daher eher zu einer Minderung von Entfaltungsmöglichkeiten.

Die ergriffenen Auswahlkriterien sollten wir nicht allein den Jugendlichen anlasten. Sie machen lediglich – und das ist legitim – von den politischen „Angeboten" Gebrauch.

2.2.11 Personenneutrale Curricula

Die mehr an der Fachsystematik als an der Lebenswelt der Kinder und Jugendlichen orientierten personenneutralen Curricula stellen die eigene Identität in Frage[50], bedrohen das Selbstwertgefühl und generieren Ängste. Schüler verweigern, weil sie den Sinn nicht zu erfassen vermögen, die Mitarbeit, stören direkt oder indirekt den Unterricht, andere Schüler und den Lehrer. Einige ziehen sich aus dem System Schule zurück, andere reagieren aggressiv; das gilt insbesondere für Jugendliche ohne Zukunftspersepktive.
Ein stark am Fach orientierter Unterricht bietet kaum Raum für die Erörterung moralischer Fragen und die Vermittlung von Werten. Gesellschaftliche, soziale und kulturelle Aspekte kommen zu kurz oder bleiben ganz ausgeblendet.

Dieser Unterricht widerspricht dem Angewiesensein des Menschen auf Bestätigung und Akzeptanz und trägt zum allgemeinen „Beziehungsverfall" (Peter Struck) bei.
Langweiligen, schlecht vorbereiteten Unterricht erleben Kinder und Jugendliche als eine „seelische Grausamkeit" (Schülerbefragung), die gelegentlich auch „Ventile" sucht und Kinder und Jugendliche als schwierig erscheinen läßt oder gar schwierig macht.

2.2.12 Verlorene Muße

In vielen Schulen – forciert durch nicht jugendgemäße Schulbauten – ist die Muße verloren gegangen; es herrscht Hektik.
Die Hektik unserer schon arg hektischen Kinder wird durch curriculare und organisatorische Maßnahmen der Schule verstärkt.
Dabei weiß jeder, daß Kinder auch Ruhe, Zeit zum Dösen, zum Träumen, zum Versenken, zum Verweilen, zum Kontakt benötigen. Für Ruhephasen, meditative Phasen, Zeiten der Besinnung, der Stille ist kaum Platz vorgesehen oder vorhanden.
Musische Aktivitäten spielen in vielen Schulen nur eine marginale Rolle: Muß das Unterrichtsangebot gekürzt werden, ist die Neigung groß, den musischen Bereich zuerst zu kürzen und nicht anteilig, wie Schulen immer wieder geraten wird.

---

50) Horst Rumpf, vergl. Fußnote 37

2.2.13 Rituale

„Schulische Rituale" (Franz Wellendorf) wie „Klassenbucheintragungen, schlechte Noten, Strafarbeiten, Verweisungen, Versetzungswarnungen, Sitzenlassen oder Rücklaufen in niedere Schulformen[51]" führen zum Abbruch von Beziehungen und fördern oder verstärken aggressive Handlungen.

2.2.14 Burn-Out-Syndrom

Lehrer fühlen sich häufig aggressivem Verhalten gegenüber überfordert, überlastet und ratlos. Einige von ihnen „machen dann nur noch den Stoff", versuchen somit, die Beziehungsstruktur durch starke Sachorientierung zu übergehen und tragen damit unbewußt zum Weiterdrehen an der Aggressionsspirale bei.

Die Fehltage der Lehrenden an problembehafteten Schulen sind ebenso signifikant hoch wie die Zahl der Lehrer, die in psychotherapeutischer Behandlung stehen, die oft krank sind, die resignieren und ihre frühzeitige Zurruhesetzung anstreben.

Von der breiten Öffentlichkeit und den Medien erfahren sie keine Ermutigung. Ihre Arbeitsbelastung wird falsch eingeschätzt. Sie erfahren ständig den Widerspruch, einerseits hoch belastet zu sein (Arbeitsmediziner bezeichnen ihre Tätigkeit als Schwerstarbeit) und andererseits mit einem schlechten Berufsimage (Halbtagsjob mit viel Ferien) leben zu müssen.

Pädagogisches Fehlverhalten kann dann ein Signal ihrer permanenten Überforderung sein. Nach längeren Unterrichtswochen ist ein Großteil ausgelaugt, erschöpft, ausgebrannt. Gingen 1976 noch 28% der Lehrer vor Vollendung ihres 60. Geburtstages in den Ruhestand, so waren es 1992 bereits 48%. Die zunehmende Zahl überalterter Kollegien muß nicht, kann aber ein weiteres Problem darstellen[52].

„Wer trotz gesundheitlicher Beeinträchtigung und ständiger Überforderung im Beruf verbleibt, fügt sich und den Schülern Schaden zu und trägt damit nicht zuletzt zum negativen Image von Schulen bei" (Sachverständigenkommission „Lehrerbildung" der Gemeinsamen Kommission für die Studienreform in NRW).

---

51) Peter Struck, vergl. Fußnote 26
52) Hartmut von Hentig, Die Menschen stärken, die Sachen klären, Reklam, Stuttgart, 1985

Hans-Dieter Schwind berichtet auch über zunehmende Ängste von Lehrern: „Ein Drittel der befragten Lehrer können sich vorstellen, in naher Zukunft von Schülern angegriffen zu werden[53]".

2.2.15 Monotone Räume

Kahle, ungepflegte Schulgebäude, vergammelte Räume, sichtbare Spuren von Gewalt und Zerstörung (beschmierte Wände, beschädigtes Inventar) fördern neuen Vandalismus (Raumgestaltungstheorie).
Insgesamt stellen sie normunsichere Bereiche dar, die eine Kontrolle erschweren. Manche Schulen stellen aggressiven und fremdenfeindlich eingestellten Schülern Wände quasi als „Werbeflächen" kostenlos zur Verfügung; für die Entfernung aggressiver Parolen fühlt sich niemand verantwortlich.

2.2.16 Schulgröße

Auch kostspielige Neubauten bergen Probleme in sich, wenn die Bedürfnisse derer, für die sie eigentlich gebaut wurden, nicht berücksichtigt wurden. Der einseitig am Effektivitätsprinzip orientierte zweckrationale Unterricht fand seine Entsprechung in einem pädagogischen Gigantismus, dem Bau sogenannter zweckrationaler multifunktionaler Schulzentren.

„Ein Großteil unserer Schulen sind pädagogische Anstalten aus Beton, Glas und Kunststoff, von Unwirtlichkeit und Anonymität gekennzeichnet, so daß sich niemand mit ihnen identifizieren will und kann[54]".

Hans-Dieter Schwind resümierte aufgrund seiner Studien und Erfahrungen: „Im Beton wächst der Haß[55]".

Ob die Größe einer Schule oder die Höhe der Klassenfrequenzen bei der Zunahme von Aggressivität und Gewalt eine Rolle spielen, wird kontrovers diskutiert. Nach einer skandinavischen Studie[56], wird dies nicht bestätigt. Aber die Zahl jener, die vor großen Systemen warnen, ist groß, wird jedoch politisch noch völlig ignoriert.

---

53) Hans-Dieter Schwind, Bochumer Studie zu Gewalt in Schulen in: Kriminalistik, Heft 10/95
54) Rainer Winkel, Die Schule und ihr Beitrag zur Reduzierung von Gewalt, Neue Deutsche Schule, Nr. 10, 1993
55) Hans-Dieter Schwind, am 20.9.1996 in Neuss, vergl. Fußnote 11
56) Jochen Korte, Faustrecht auf dem Schulhof, Beltz, Weinheim, 1992

Hans-Dieter Schwind gelangt zu der Überzeugung, daß „Klassen über 30 und Schulen über 800 den Nährboden für Aggressionen darstellen[57]".

„In Mammutschulen mit mehr als 800 Schülern werden bis zu viermal so viele Störungen registriert wie in kleineren Schulen[58]*".*

„Schulen mit 1500 bis 2000 Schülern, Lehrer, die pro Woche 300 Schüler abzufertigen haben, Kollegien mit mehr als 100 Lehrern – das kann nicht gut gehen. Das verstößt gegen die einfachsten Gebote der Erziehung", schrieb Andreas Flitner 1980 in der ZEIT und nannte das Ganze mißratenen Fortschritt[59].

Diskutiert werden muß die Erfahrung von Hentigs:

„Zehn Jahre Laborschule haben uns die Gewißheit jenseits aller Zweifel gebracht, daß sich drei Viertel aller pädagogischen und didaktischen Probleme, die der Schule schwer zu schaffen machen, in Gruppen unter 20 Kindern lösen lassen. Mit 15 Schülern geht es noch besser... in Gruppen mit mehr als 20 Schülern beginnt allmählich das Militär[60]*".*

2.2.17 Auflösung kleiner Schulen

Die Auflösung kleiner Schulen im Gemeinde- oder Stadtteil kann
○ zu einer Entkoppelung der Schule von der Lebensumwelt führen,
○ Gemeinwesen-Orientierung der Schule behindern,
○ zu zusätzlichen Belastungen und Streßsituationen (Busproblematik) bereits vor dem Unterricht führen,
○ Des-Orientierung und Des-Integration fördern und
○ zur für Kinder und Jugendliche schädlichen Anonymisierung beitragen.

In der zurückliegenden Zeit wurde manch eine leistungsfähige kleine Schule zugunsten einer Mammutschule geschlossen – nicht immer zum Vorteil der Schüler, für die sie schließlich da ist.
Bei der Schließung einer Schule sollten daher die Vor- und Nachteile sehr sorgfältig gegeneinander abgewogen werden; Überschaubarkeit und Nähe können ein Qualitätsmerkmal von Schule darstellen.

---

57) Hans-Dieter Schwind in der Anhörung des Landtages NW am 3. März 1993
58) Untersuchung in Rheinland-Pfalz, zitiert im SPIEGEL, Nr. 15, 1988
59) Rainer Winkel, vergl. Fußnote 54
60) Hartmut von Hentig, vergl. Fußnote 52

2.3 Gesellschaft

2.3.1 Werte unserer Jugendlichen

Sieht man Ergebnisse der bereits zitierten EMNID-Umfrage vor dem Hintergrund der familiären und gesellschaftlichen Bedingungen, so wird man erstaunt darüber sein, daß unsere Jugendlichen überwiegend klare Wertvorstellungen haben und leistungsbereit sind.

Die 10 wichtigsten Werte (in %)	eher eine große Bedeutung		
	Gesamt	West	Ost
Pflichtbewußtsein	93	93	92
Treue	91	91	90
Freizeit	89	89	88
Arbeit, Beruf	89	88	92
Toleranz	87	87	85
Eigeninitiative	86	86	88
Freiheit	84	82	94
Leistung	83	83	85
Fleiß	82	81	82
Familie	81	82	78

Abb. 5: Werte unserer Jugendlichen

Neben der Freude, die das Gemeinwesen darüber haben darf, sollte die ernsthafte Verpflichtung stehen, Rahmenbedingungen dafür zu schaffen, um dieses pflichtbewußte Streben zu fördern und nicht zu enttäuschen.

Junge Menschen brauchen neben Bindungen an Menschen, Werte und Normen auch Hoffnungen, Zukunftsperspektiven und Visionen. Sie brauchen daher Persönlichkeiten, die ihnen vermitteln, daß ihr Leben eine Zukunft hat, daß sie wichtig sind und daß sie gebraucht werden.
Jugendliche brauchen auch die Botschaft, daß die Erwachsenen in ihnen einen Partner sehen und einen Erben.
„Du wirst mein Erbe", das ist eine Verpflichtung für die Väter- und Müttergeneration ebenso wie für die Generation der Söhne und Töchter.

Risikofaktoren
Gesellschaft

---

*„Was du ererbt von deinen Vätern hast,
erwirb es,
um es zu besitzen ".*

Johann Wolfgang von Goethe, Faust

Um ein Erbe, das mir zwar ohne mein Zutun geschenkt wird, muß ich werben, d.h. mich bemühen, anstrengen, Prioritäten setzen, damit ich es **er**-werbe, besitzen kann.

Es war ein verhängnisvoller Irrtum der ungestümen 68er-Generation, daß sie eben Erben nicht sein wollten: Sie verspotteten Tugenden, denunzierten „Grenzen" als Strafe und verwechselten Autoritäres mit der Autorität.

Sie verloren mit ihrer Verleugnung der Tradition auch ein Stück Menschlichkeit: das Wissen, daß wir das, was wir geworden sind, unseren Mitmenschen verdanken.

Wir brauchen die Jugendlichen auch als Gestalter unserer gemeinsamen Zukunft, daher müssen wir sie für politische Fragen interessieren, ihre Fragen anhören und ihre politischen Antworten respektieren. Politiker auf der Gemeinde-, Kreis- und Landesebene wären gut beraten, wenn sie ernsthaft den permanenten Dialog mit der Jugend suchten, um ihre Meinungen, ihre Vorstellungen und ihre Vorschläge zu hören und – aufzugreifen. Mit schönen Reden wollen sich Jugendliche nicht mehr abspeisen lassen.

Unsere Jugendlichen haben auch verstanden, daß sich die Anforderungen im Beruf ändern können. Zweidrittel von ihnen sind davon überzeugt, daß eine einmalige Ausbildung für einen Beruf nicht mehr genügt; eine permanente Weiterbildung hat daher für sie eine höhere Bedeutung als ihre Erstausbildung (Angaben in %).

	Gesamt	West	Ost
Erstausbildung	34	32	42
Weiterbildung	65	67	56
keine Angabe	2	2	2

Abb. 6: Weiterbildungsbereitschaft unserer Jugendlichen

Risikofaktoren
Gesellschaft

Gesellschaftliche Erfordernisse und die Bereitschaft junger Menschen zu einem lebenslangen Lernen müßten trotz ständiger Beteuerung ihrer Notwendigkeit nun auch konkret Berücksichtigung in den Curricula finden.

Neben dem Erwerb und der Akkumulation grundlegenden Wissens muß die Schule daher vorwiegend lehren und sinnvoll üben, wie man lernt – allein und mit anderen zusammen.

2.3.2 Falsche Prioritäten?

Die gesellschaftliche Realität wird derzeit den Bedürfnissen unserer Jugendlichen nicht gerecht:
○ Heraufsetzung der Klassenfrequenzen,
○ Kürzung der Unterrichtsangebote,
○ Schließung von Freizeitzentren und Begegnungsstätten,
○ Einschränkung der Beratenden Dienste,
○ Ungesicherte Ausbildungs- oder Arbeitsplätze,
○ Kürzung von Mitteln für Begegnungen (nationale, internationale),
○ Ungesicherte Zukunftsperspektiven,
○ Wegfall oder Kürzung von Eingliederungshilfen.

Unsere Gesellschaft hat gewiß Unsummen aufzubringen für die Folgen der bedenklich hohen Zahl arbeitsloser Menschen, für die Kosten der deutschen Wiedervereinigung, für das soziale Netz, für Gesundheitsvor- und -fürsorge u. a. m. Dennoch darf die Frage gestellt werden, ob immer und überall Prioritäten richtig gesetzt werden.

2.3.3 Politiker als Modell?

Wie oben dargestellt, brauchen Jugendliche Vertrauen, Perspektiven und Vorbilder.

Auch wenn nicht alles, was über an den „Medienpranger" (Elisabeth Noelle-Neumann) gestellte Politiker berichtet wird, wahr ist, bleibt doch die Frage, warum nicht alle so handeln, daß der Anschein gar nicht erst geweckt werden kann, einige wenige würden sich unbillig auf Kosten des Gemeinwohls bereichern oder versorgen.

Jugendliche und vor allem Kinder, die erst zu abstrahieren beginnen, personalisieren: Sie verbinden den Staat mit den handelnden Personen, den Politikern. Sie gewännen mehr Vertrauen in unseren Staat, wenn Politiker deutlich vorlebten, daß sie bei ihren Entscheidungen die Solidarität mit dem Gemeinwesen vor Parteitaktik und Eigennutz stellen.

Eine fatale Unterscheidung:

> *„Oft hört man, die Gewalt richte sich nicht gegen ‚Personen', sondern nur gegen ‚Sachen', zum Beispiel, wenn die Gegner von Atommülltransporten Strommasten absägen und Gleisanlagen zerstören. Übersehen wird dabei, daß die Sachen Personen gehören und daß die Dummen dabei die Eigentümer und die Polizisten sind, die im Auftrag des Staates auch Eigentümerinteressen wahren und Straftaten verhindern*[61]*".*

2.3.4 Gewalt in der Öffentlichkeit

Kinder und Jugendliche begegnen Gewalt im Stadtteil, im Verkehr, auf dem Parkplatz, im Sport, in Kontakten mit Erwachsenen, und sie hören zunehmend von Gewalt am Arbeitsplatz. Aggressivitäten sind zu einem Kommunikationsmittel geworden.

In der bereits zitierten EMNID-Untersuchung, gefragt nach den wichtigsten politischen Aufgaben, antworteten 93% der Jugendlichen mit „Schutz vor Verbrechen und Kriminalität".

Die 10 wichtigsten Problemfelder (in %)	Gesamt	West	Ost
Arbeitslosigkeit	99	99	98
Ausbildungs- und Lehrstellensituation	97	96	99
Umweltschutz	95	96	94
Gesundheitsbetreuung	94	93	95
Schutz vor Verbrechen, Kriminalität	93	93	94
soziale Gerechtigkeit	93	93	94
Bildungssystem (Schule, Universität)	91	90	93
Sicherung der Renten	91	90	92
Stabilität der Preise	86	86	84
Wirtschaftskraft Deutschlands	84	84	83

Abb. 7: Die 10 wichtigsten Problemfelder aus der Sicht Jugendlicher

---

[61] aus: „basta", ein Heft für Jugendliche, Herausgeber: AG für Jugend & Bildung, Wiesbaden, 1996/97, in Zusammenarbeit mit dem Bundesministerium des Innern.

Risikofaktoren
Gesellschaft

Aggressivität und Gewalt werden öffentlich nicht oder nicht deutlich genug geächtet, gelegentlich sogar toleriert; auch das fördert De-Sensibilisierung, zunehmende Gewalt, aber auch – Resignation.

Wohin es führt, wenn wichtige Entscheidungen hinausgeschoben werden, zeigen aktuelle Ereignisse.

Beispiel 1
Weil es versäumt wurde, einen tragfähigen Konsens über die Lagerung und die notwendigen Transporte des Atommülls einvernehmlich herbeizuführen, müssen nun aufgrund völkerrechtlich verbindlicher Verträge die Abfälle zwischengelagert werden. Die dort Wohnenden machen nun aufgrund ihrer Ängste von ihrem Grundrecht auf Freiheit der Meinung Gebrauch, sie demonstrieren.

Was jedoch im Verlaufe der Demonstrationen geschah, hat mit Zivilcourage nichts zu tun; es ist ein Lehrstück dafür, wie man Kinder und Jugendliche mißbrauchen, wie man die Achtung vor der Würde von Kindern und Jugendlichen verletzen kann.

In einem „Curriculum Gorleben" konnten die Kinder und Jugendlichen aus dem Wendland jedenfalls lernen:

Man darf, wenn einem die Politik nicht paßt,
○ an verbotenen Demonstrationen teilnehmen,
○ Straßen besetzen,
○ Straßen unbefahrbar machen,
○ Eisenbahnschienen zerstören,
○ Gesundheit und Leben anderer gefährden,
○ Polizisten beschimpfen, mit Steinen, Brandsätzen bewerfen, mit Leuchtspurmunition beschießen,
○ die Schule schwänzen, um zur „Demo" zu gehen.

Sie konnten nicht lernen:
○ In unserem Gemeinwesen leben wir alle vom Konsens.
○ Wenn das demokratisch gewählte Parlament eine Maßnahme beschließt, muß ich diese akzeptieren, auch wenn ich anderer Meinung bin.
○ Das Versammlungsrecht schützt meinen Willen, mich mit anderen in friedlicher Absicht zu versammeln.

○ Das Demonstrationsrecht ist ein Instrument zur friedlichen Äußerung seines Willens.
○ Gewalt darf ich niemals anwenden, auch fremdes Eigentum muß ich schützen.

Daß dies von den verantwortlichen Erwachsenen einkalkuliert wurde, macht den Skandal aus.

Politische Kreativität wäre gefragt gewesen:
Wie kann man seinen Ängsten Ausdruck verleihen, ohne
○ den Rechtsstaat zu beschädigen,
○ Straftaten zu begehen,
○ jenen, die Gewalt suchen, eine Plattform zu bieten.

Die Erwachsenen werden das Spektakel bald vergessen haben, aber die Kinder werden von diesen „Bildern" in ihren Träumen noch lange verfolgt werden.

Wird nicht Unterricht in Politik demnächst zur Farce, wenn sie lernen sollen, das Demonstrationsrecht sei ein Instrument zur friedlichen Äußerung seines Willens, das Versammlungsrecht gelte nur für friedliche Absichten, wo sie doch von Eltern, einigen (politisierenden) Pastoren und – wie gemeldet wurde – auch von Lehrern anderes sahen, erlebten?

Beispiel 2
Neuerdings werden zur Durchsetzung politischer oder tariflicher Forderungen Straßen, sogar Autobahnen „besetzt": Man will – wie Alfred Adler es bezeichnete – „Aufmerksamkeit erregen":

Die Besetzung der „Brücke der Solidarität" durch Stahlarbeiter in Duisburg-Rheinhausen führte zur Nachahmung durch Kurden, schließlich zur Besetzung von Gebäuden, Straßen und Autobahnen durch Bergleute von Ruhr und Saar, zur zeitweiligen „Stürmung" der Baustelle des Reichstages und zur Blockade von Autobahnen durch Bauarbeiter.

Bei allem Mitgefühl und Verständnis mit den um ihre Arbeitsplätze bangenden Kumpeln und ihrer Angehörigen muß gelten, daß Behinderungen, Gefährdungen des Straßenverkehrs, Hausfriedensbruch – Straftaten – sind.

Daß es in Bonn nicht zu schwerwiegenden Krawallen gekommen ist, verdanken wir der großen Mehrheit der besonnenen Kumpel. Sie brachten auch ihre Kinder nicht mit, und Chaoten hätten sie in ihren Reihen nicht geduldet.

Aber das Beispiel zeigt, daß Erosionen beginnen, wo Maßstäbe ihre Gültigkeit verlieren.

Fehlt uns der Mut Straftaten nicht Straftaten zu nennen, geben wir Jugendlichen keine Orientierung darüber, was recht ist und was unrecht ist. Welche Muster – so frage ich – wurde in beiden Beispielen der jungen, nachwachsenden Generation angeboten? Auch hier wäre ein Wort der Politiker nötig gewesen, vor allem von jenen, die gleichzeitig hohe Staatsämter bekleiden.

Wenn wir Gewalt ernsthaft bekämpfen wollen, bedarf es der Ächtung jeglicher Gewalt.

Wir dürfen nicht soweit kommen, daß zwischen „guter" und „schlechter" Gewalt unterschieden wird. Niemand und keine gesellschaftliche Gruppe darf für sich in Anspruch nehmen können, selber zu entscheiden, ob sie Gesetze beachtet oder nicht.

Für beide Beispiele, den versäumten Konsens über die künftige Atompolitik, die verpaßten, hinausgezögerten Strukturmaßnahmen im Bergbau und für alle Beteiligten gilt sicherlich der weise Rat immer noch:

Quidquid agis, prudenter agas et – respice finem[62].

Daß man auch mit pfiffigen und legalen Mitteln auf sich aufmerksam machen kann, bewiesen die Bürger in Serbien. Sie forderten die Früchte der letzten Kommunalwahlen gewaltfrei ein.

Es muß auch politisch diskutiert werden, ob die praktizierten De-Eskalationsstrategien immer sinnvoll waren, oder ob nicht ein „schwacher Staat" vorgeführt und das Gegenteil erreicht wurde. Häufig genug wurde gewalttätiges Verhalten „heruntergespielt". Das scheint sich heute zu rächen.

---

62) „Was du auch tust, tue es klug und bedenke das Ende!"

Empört bin ich heute noch genau so wie im Sommer 1993, als der damalige Bundespräsident Richard von Weizsäcker in Berlin anläßlich einer Großdemonstration mehr oder weniger schutzlos attackiert werden konnte.

Allerdings gilt auch hier das Balance-Prinzip: Wir müssen uns vor der Akzeptanz des „Repressions-Syndroms" (Anti-Gewalt-Kommission) hüten: der Forderung nach immer härteren Gesetzen und immer strengerer Bestrafung.

Gewalttätiges Verhalten kann durch Gegengewalt unterdrückt, aber niemals verändert werden. Hüten sollten sich auch alle jene, die sich für demokratische Bürger halten und verbale Gewalt zeigen: „Schlagt die Glatzen, bis sie platzen!" Das ist auch Gewalt. Sie ist wie jede Gewalt menschenverachtend und unmenschlich; sie grenzt aus oder erzeugt neue Gewalt. Der große Pädagoge Johann Amos Comenius (1592–1670) sagte: „Absit violentia rebus!" – „Gewalt sei den Dingen fern". Den Dingen – meint in diesem Zusammenhang – allen Dingen, meint immer und überall.

Schließlich begegnen Kinder und Jugendliche täglich Gewalt durch eine unkontrollierte Sprache in der Öffentlichkeit und in den verschiedensten Medien. Auch Politiker („Das ist eine Kriegserklärung"), Gewerkschaftler („...dann brennt das Land!") und Sportfunktionäre („Er putzte ihn weg".) sollten ihre Sprache selbstkritisch überprüfen.

Wir passen derzeit die Rechtsprache der Gleichstellung von Frau und Mann an. Genauso wie eine gleichstellungsgerechte Gesellschaft eine gleichstellungsgerechte Rechtsprache erfordert, muß eine Gesellschaft, die Gewalt ächten sollte, sensibel mit der Sprache umgehen. Eine Anpassung hier wäre eine wichtigere Aufgabe als die Durchführung der unnützen, weil halbherzigen Rechtschreibreform, die daher kaum jemand nutzt.

2.3.5 Verlust des Common-Sense

Das Verhalten unserer Bürger ist widersprüchlich: Einerseits zeigen viele soziales Engagement in hohem Maße. Die Verbände der Freien Wohlfahrtspflege berichten beispielsweise, daß 1993 über eine Million Deutscher als ehrenamtliche Helfer tätig waren. Nach einem Bericht der Frankfurter Allgemeinen Zeitung vom 24.12.1993 spendeten sie über 4 Milliarden für wohltätige Zwecke, und in dieser Rekordsumme sind die Spenden für religiöse, wissenschaftliche und kulturelle Aufgaben noch nicht enthalten.

Andererseits ist unsere sich progressiv individualisierende Gesellschaft durch Rückzüge und Auflösungsprozesse gekennzeichnet: Politikerverdrossenheit, Austritte aus Institutionen (Kirche, Partei, Gewerkschaft, Verband), die Änderung der Einstellung zu tradierten, gemeinsamen Werten, den Verlust des Common-Sense. An die Stelle der Solidaritätsidee ist ein Anspruchsdenken getreten.

Das Gemeinwohl ist nicht die Summe aller individuellen Interessen, sondern ein Kompromiß daraus: Des Gemeinwohls wegen muß das Individuum auch bereit sein, Einschränkungen zugunsten des Gesamten hinzunehmen.

Viele Erwachsene pochen nur auf ihre Rechte, von ihren Pflichten wollen sie nichts wissen; sie lehnen Anstrengungen ab und wollen – wie es ihnen eine den Bedarf weckende Werbung suggeriert – „Genuß sofort". Auch das machen ihnen einige Söhne und Töchter nach.

Politiker geben falsche Signale, wenn sie stets nur Ansprüche erfüllen, anstatt die Eigeninitiative zu fördern, auch gelegentlich zu fordern.

Helmut Schmidt machte darauf aufmerksam:

„Eine humane Gesellschaft hat die Balance zwischen Rechten und Pflichten nötig[63]*".*

In welchem Umfange beispielsweise religiöse Bindungen aufgegeben wurden, zeigt eine Umfrage: Danach war 1990 für 27% der Westdeutschen und 16% der Ostdeutschen „ein vom christlichen Glauben getragenes Leben" besonders wichtig. 1993 sanken diese Zahlen auf 25% bzw. 12% ab[64].

In diesem Umfeld ist es möglich, daß christlicher Glaube zunehmend öffentlich in den Medien widerspruchslos verhöhnt wird, beispielsweise in den Sendungen „ZAK" und „Privatfernsehen".

Jedermann hat sicherlich das Recht, eine eigene Meinung zu Religion und Kirche zu haben. Unverständlich ist mir, daß man sich unwidersprochen in den

---

63) Der frühere Bundeskanzler Helmut Schmidt, Handeln für Deutschland, Rowohlt, Hamburg, 1994. Helmut Schmidt weist darauf hin, daß in die hamburgische Verfassung folgender Satz aufgenommen wurde: **„Jedermann ist sittlich verpflichtet, zum Wohle des Ganzen beizutragen"**, und er bedauert, daß solch ein Grundsatz sittlichen Handelns im Grundgesetz fehlt.
64) Christlicher Glaube verliert in Deutschland an Bedeutung, Welt am Sonntag, 12.12.1993

öffentlichen Medien ein Forum schaffen kann, um Grundbedürfnisse vieler Menschen, die auch mit ihren Gebühren zur Finanzierung der Medien beitragen, lächerlich zu machen.

2.3.6 Übertriebener Individualismus

Für Götz Eisenberg und Reimer Gronemeyer[65] scheint sich nach dem zurückgehenden Einfluß von Familie, Schule und Beruf ein neuer „Sozialisationstyp" zu formieren: ein postmoralischer, aggressionsbereiter und unterhaltungssüchtiger Single, der sich an keine Regeln der zivilen Gesellschaft mehr halten mag. Eine Gießener Arbeitsgruppe unter Horst-Eberhard Richter ermittelte in repräsentativen Vergleichsstudien („Gießentest"),

„daß sich die erwachsenen Deutschen im Westen seit 1975 deutlich in Richtung eines egozentrischen Durchsetzungswillens bei gleichzeitigem Rückgang von sozialer Sensibilität und selbstkritischer Reflexion entwickelt haben[66]".

Wohin übertriebener Individualismus gesellschaftlich führen kann, haben Meinhard Miegel und Stephanie Wahl eindrucksvoll beschrieben:

„In Bevölkerungen, in denen die Individualisierung weit fortgeschritten ist, das heißt in Bevölkerungen, die sich von der Naturordnung besonders weit entfernt und diese durch Kulturordnungen weitgehend ersetzt haben, sinkt die Fruchtbarkeit sogar unter die Sterblichkeit [67]".

„Um 100 v. Chr. ist die Bevölkerung griechischer Städte so weit fortgeschritten, daß in großer Zahl Fremde zur Aufrechterhaltung lebenswichtiger Funktionen aufgenommen werden müssen. Trotzdem verlischt Griechenlands Macht. Rom füllt das entstandene Vakuum aus (ebd.)".

Die westliche Gesellschaft hat sich aus gemeinschaftsorientierten Ordnungen zu individualistischen Kulturen entwickelt. Milieus, die frühere Generationen prägten und Halt gaben, lösen sich auf, Wohnformen strukturieren sich neu. Es entstehen Schlafstädte, Trabantenstädte und Pendlersiedlungen mit insgesamt ungünstigen Kontaktmöglichkeiten.

---

65) Götz Eisenberg, Reimer Gronemeyer, Jugend und Gewalt, Rowohlt, Hamburg, 1993
66) Horst-Eberhard Richter, Wer nicht leiden will, muß hassen, Hoffmann und Campe, Hamburg, 1993
67) Meinhard Miegel, Stephanie Wahl, Das Ende des Individualismus, Die Kultur des Westens zerstört sich selbst, Verlag Bonn aktuell, Bonn, 1993

Unser gemeinschaftliches Leben nimmt ständig ab. Gemeindesäle, in denen früher zahlreiche Begegnungen stattfanden, stehen leer und – verfallen. Allein im Zuständigkeitsbereich der Bezirksregierung Koblenz stehen 300 ungenutzte Säle. Sie sollen jetzt – nachdem das Problem erkannt wurde – nach und nach saniert werden, zwei bis drei im Jahr.

So kann Johannes Paul II in seiner Enzyklika „Veritas splendor" feststellen:

„Ungebundene Freiheit, die sich von ethischen Grundwerten trennt, artet aus in Libertinage: Zügellosigkeit".

In der Sprache Freuds heißt dies: „Die Kraft der Triebe (Sexual- und Todes- oder Destruktionstrieb), das ES, wird vom ÜBER-ICH, den sozialen Normen nicht mehr bzw. nicht mehr nachhaltig kontrolliert, weil die Werte und Normen ihre Verbindlichkeit als regelnde Kraft verloren haben".

Es entsteht die Gefahr, daß sich neue religiöse oder politische Gruppierungen bilden:

„Wenn die Gesellschaft aber nicht mehr in der Lage ist, ihren Mitgliedern sinn- und gemeinschaftsstiftende Werte, Symbole oder Strukturen zu vermitteln, beginnen Menschen soziale Überschaubarkeit und Orientierung gewissermaßen ersatzweise durch Abgrenzung zu suchen[68]".

Sie schaffen sich ihre eigene Subkultur und grenzen ihrerseits andere Menschen aus.

„Das Heute und Morgen unserer Gesellschaft können wir nur in einem solidarischen Miteinander der Generationen gestalten. Jeder einzelne ist daher gefordert, sich einzubringen, denn unsere Gesellschaft lebt vom Gemeinsinn ihrer Bürger, dem Miteinander in Ost und West, der Partnerschaft zwischen den Geschlechtern und der Gemeinschaft der Generationen"[69].

---

68) Tassilo Knauf, Erziehen heute, Gemeinschaft Evangelischer Erzieher, Duisburg, Nr. 3, 1993
69) Bundesministerin Claudia Nolte am 30.10.1996 in Königswinter, Tagung „Dialog der Generationen", Pressemitteilung Nr. 8, Dezember 1996

2.3.7 Medien

Kinder und Jugendliche begegnen Gewalt im Fernsehen, Radio, in Zeitungen, Zeitschriften, am Computer, in Videos, im Kino. Die Massenmedien stellen mittlerweile einen demokratisch nicht kontrollierten Machtfaktor dar. Sie berichten nicht nur über Politik, sie machen Politik.

Durch eine inflationäre Negativberichterstattung werden Ängste geschürt, Vorurteile geweckt, bestätigt, konserviert und tradiert. Es ist für mich nicht nachvollziehbar, wenn versichert wird, Berichte über Fehlverhalten, Aggressionen und Grausamkeiten resultierten aus der Informationspflicht der Medien.

Bei Kindern und noch nicht zur Differenzierung fähigen Jugendlichen wird Negatives und Außenseiterverhalten allmählich zum Standard und durch einige Politiker mit staatlichen Mitteln gefördert.

Medien können nicht nur über Gewalt informieren, sondern auch selbst Gewalt ausüben, beispielsweise, wenn sie in die Privatsphäre von Menschen eindringen oder Mitmenschen an den „Medienpranger" stellen[70]:

„Die Juristen bestrafen jeden gebrochenen kleinen Finger. Aber bestrafen sie die tiefgehenden Verletzungen, die einem Menschen und seiner sozialen Natur zugefügt werden, wenn er ohne Gerichtsverfahren an den Medienpranger gestellt wird?".

Medien haben großen Einfluß auf die Entwicklung des Rechtsbewußtseins:

Aussagen zu	positive Aussagen	negative Aussagen
eheliche Treue	61	39
Pornographie	78	22
Prostitution	61	39
Vergewaltigung	1	1
Homosexualität	70	30

Abb. 8: Ergebnis einer Medienanalyse

---

70) Elisabeth Noelle-Neumann, Informationsgesellschaft und Wertewandel, in: Informationsgesellschaft und innere Sicherheit, Herausgegeben vom Bundesministerium des Innern, Bonn, 1996

Mit Hilfe der Medienanalyse wurden Beiträge im STERN ausgezählt.

„Es ist klar, daß die Medieninhalte für die Bevölkerung für eigene Entscheidungen richtungsweisend sind, für ihr Verhalten, wo Normen zu befolgen sind und wo man sie verletzen kann[71]".

Während des Hearings im Landtag NW am 3. März 1993 stellte Hans-Dieter Schwind den starken Einfluß der Medien auf die Bildung von Werten dar:

„Die Medien übernehmen immer mehr die Aufgaben, die früher den Schulen, den Kirchen und den Familien oblag, nämlich Einfluß auf die Werte, Zielsetzungen und Verhaltensstile einer Gesellschaft zu übernehmen. So ist das Fernsehen zu einem Hauptinstrument der „Bewußtseinsindustrie" (Hacker) geworden. Sie führen den Erfolg aggressiven Verhaltens vor und tragen so zu einer unerwünschten Verhaltensänderung bei".

Hier muß sicher differenzierter argumentiert werden: Eine Übernahme modellhaften Verhaltens ist in aller Regel nur bei Menschen mit niedriger Intelligenz und bei sehr jungen Kindern nachzuweisen. Allerdings nimmt die Gewißheit zu, daß gewalttätiges Verhalten verinnerlicht und reproduziert wird, wenn diese Verhaltensweisen von einem Vorbild oder einer Bezugsperson ausgehen. Negativen Einfluß der Medien sehe ich vor allem im Transport einer gewalttätigen und menschenverachtenden Sprache, in einer schleichenden De-Sensibilisierung (Habitualisierungseffekt) und einer Verrohung unserer nachfolgenden Generation durch ständige Konfrontation mit Gewalt.

Leider protestieren nur wenige Eltern bei den Rundfunk- und Fernsehanstalten gegen die Flut von Gewaltdarstellungen; sie boykottieren auch Produkte nicht, für die im Umfeld von Gewaltdarstellungen geworben wird.

Thomas Lickona[72] schreibt zum Einfluß des Fernsehens für Kinder: Das Problem ist nicht, was die Kinder sehen, sondern daß sie fernsehen. Denn dann können sie nicht spielen, lernen, musizieren, basteln, Sport treiben, neue Erfahrungen sammeln. Schließlich führen eine ständige Reizüberflutung und dauernder Lärm zu Streß, Angst und psychischen Erkrankungen.

---

71) Hans Mathias Keplinger, zitiert von Elisabeth Noelle-Neumann, vergl. Fußnote 70
72) Thomas Lickona, Wie man gute Kinder erzieht, Die moralische Entwicklung des Kindes von der Geburt bis zum Jugendalter und was Sie dazu beitragen können, Kindt, München, 1989

Auch hier möchte ich differenzieren: Wir verdanken dem Fernsehen auch viele informative, bildende, gelegentlich auch entspannende und unterhaltende Begegnungen. Entscheidend ist nicht, daß sie fernsehen, sondern was sie sehen.

2.3.8 Ängste

Ängste und Unsicherheiten stellen zunehmend ein gesellschaftliches Problem dar. Viele Erwachsene sorgen sich um den Erhalt ihres Arbeitsplatzes, viele fühlen sich gegenüber der sich ständig ausweitenden Bürokratisierung ohnmächtig, viele empfinden einen Mangel an Rechtssicherheit oder verstehen die abstrakte, komplexe Sprache der Verwaltungen nicht.

Dank der guten medizinischen Versorgung werden Menschen immer älter. Die Zahl der Rentenbezieher nimmt zu. Das fördert die Frage, wie lange noch die Renten sicher seien. Steigenden Beiträgen stehen daher wachsende Defizite gegenüber – einer soliden Altersversorgung fehlt eine erforderliche Kapitalfundierung.

Da unseren Politikern der Mut zu konsequentem Handeln und zur Entwicklung tragfähiger, zukunftsträchtiger Konzepte fehlt, wird zu oft laviert; die Ängste bleiben bestehen bei den Alten, bei den Jungen – nach individueller Betroffenheit und Sicht.

Bekommen wir das Gewaltproblem nicht in den Griff, könnte es – so wird vermutet – sogar zu „age wars" kommen, wenn sich diejenigen, die die materiellen Grundlagen unserer Wirtschaft erarbeiten, in der Minderheit befinden und über keine qualifizierten Mehrheiten in den Parlamenten verfügen, um über ihre Erträge politisch entscheiden zu können.

Daß die Vermutungen so falsch nicht sind, zeigt die emotional gefärbte Diskussion um die Sanierung der Renten und die Bereitschaft einiger Gruppen, den Alten aggressiv den Kampf anzusagen.

So titelte der FOCUS

> *„Vor der offenen Feldschlacht – Zerreißprobe für die Gesellschaft. Immer mehr junge Menschen müssen für immer mehr Rentner aufkommen. Eröffnen die Jungen die Jagd auf die Alten*[73]*"?*

---

73) FOCUS, Heft 8/1997

Risikofaktoren
Gesellschaft

Das Magazin berichtet von einer Untersuchung des Kriminologischen Forschungsinstitutes Niedersachsens, nach dem 1991 fast 450.000 pflegebedürftige Menschen im Alter zwischen 60 und 75 Jahren zu den Opfern von Gewalt in den Familien gehören.

Weiter wird Manuela Rottmann, Ex-Sprecherin des grün-alternativen Jugendbündnisses, zitiert:

> *"Die Rentner sind ein Symbol dafür, wie die Interessen unserer Generation verfrühstückt werden".*

Schließlich der Journalist Hermann Schreiber: („Das gute Ende – wider die Abschaffung des Todes").

> *"Schonung haben die Alten von den Jungen jedenfalls nicht zu erwarten. Es geht in dem drohenden Krieg der Generationen.....um die Ressourcen; um den Platz im Leben und schlicht um Geld".*

Völlig zu recht erinnert der FOCUS daran, daß es die jetzigen Rentnergenerationen waren, welche die Grundlage für den Wohlstand in Deutschland gelegt haben – mit 48-Stunden-Woche, lediglich zwei Wochen Jahresurlaub, Karenztagen bei Krankheit.

Allerdings sind an dieser Entwicklung die Politiker nicht schuldlos. Wenn die Belastungsgrenze für Abgaben unerträglich wird, dann neigen selbst friedliche Bürger zu aggressiven Reaktionen. Auch hier gilt es, die vorher zitierte Weisheit[74] zu berücksichtigen.

Die Ängste der Erwachsenen wirken sich auch auf die Kinder und Jugendlichen aus; sie vor allem haben Zukunftsängste[75]. Sie können den Angstsuggestionen durch manche Medien nicht mit Fakten, Wissen und begründeter Zuversicht begegnen:

> *"Wir brauchen mehr Informationen und Argumente, um uns gegen rechte Parolen, gegen Gewalt und gegen Zukunftsängste wehren zu können"*
> *(Aus einer Podiumsdiskussion mit Schülern).*

---

74) „...respice finem", vergl. Fußnote 62
75) Das Institut für Jugendforschung, München, befragte 1600 Schüler im Alter zwischen 6 und 14 Jahren. Danach glauben 55%, daß „die Welt den Bach runter geht".

Risikofaktoren
Gesellschaft

Wenn angesichts der zunehmenden Gewalt einflußreiche Politiker zunehmend „mit Sorge in die Zukunft sehen", dann fördert dies nicht das Vertrauen der Jugend in unseren Staat.

2.3.9 Gewalt gegen die Hauptschule

Daß man auch der Schule Gewalt antun kann, darauf hat die nordrhein-westfälische Kultusministerin hingewiesen.
Daß Medien insbesondere der Hauptschule Gewalt antun, wird von der Öffentlichkeit kaum wahrgenommen.
Mir berichtete ein Lehrer von einer Untersuchung:
Gesammelt wurden alle Berichte über Gewalt an Schulen aus einer Stadt. Eine Auswahl der Schlagzeilen gibt die folgende Abbildung wieder:

Schlägerei an der **Hauptschule „Mauerstraße"**
Schüler *einer Schule* überfielen Grundschüler
Schüler einer *weiterführenden Schule* bildeten Erpresserring
Hoher Schaden durch Vandalismus – Schüler der **Hauptschule Bergstraße** demolierten Aula.

Abb. 9: Wie man einer Schulform Gewalt antun kann

Handelte es sich also um Schüler der Hauptschule, wurde der Name der Schule genannt, handelte es sich um Schüler anderer weiterführender Schulen, wurde er weggelassen.
Das Beispiel zeigt eindrucksvoll, daß man auch mit Weglassen von Informationen Stimmungen verbreiten, Meinungen bilden kann.
Nicht selten berichteten mir Schulleiter von Hauptschulen, daß „zufällig" zum Zeitpunkt der Anmeldung der Schüler ein negativer Bericht über Hauptschulen erschien.

Vor einiger Zeit war ich Gast in einer Fernsehsendung des WDR, in der ich mit einer vom Sender eingeladenen Hauptschulklasse konfrontiert werden sollte.
Vom Moderator gleich zu Beginn nach der Häufigkeit von Schlägereien in ihrer Schule (Man merkt die Absicht, und ist – verstimmt) gefragt, wurden Antworten gegeben, die so gar nicht in das gängige Klischee paßten: Die Schüler berichteten, daß sie gerne lernten, am liebsten noch eine zweite Fremdsprache, und zur

Frage nach der Häufigkeit von Schlägereien antworteten sie erst nach Nachfragen, daß so etwas ein-, zweimal im Jahr(!) vorkomme.
Im Vorbeigehen hörte ich, wie der Moderator zu jemand, der wohl für die Einladung der Gäste verantwortlich war, sagte: „Das war die falsche Klasse!"
Da das „Bild" des Moderators offenbar nicht falsch sein konnte, mußte schon die Realität, Klasse also, „falsch" sein.

In völliger Ignoranz der beispielhaften Arbeit vieler Hauptschulen, der hohen Einsatzbereitschaft der Lehrenden und ihrer Leistungen für die Förderung auch schwächerer Schüler und die Integration ausgesiedelter und ausländischer Schüler werden ihre Schüler – und darauf kommt es in diesem Zusammenhang an – mit einem negativen Image belegt, gar stigmatisiert.

Für eine Vielzahl von Hauptschülern ist ihre Schule unverzichtbar der einzige Ort, wo sie
○ angenommen werden, wie sie sind,
○ Ermutigung erfahren,
○ ein positives Bild von sich gewinnen können,
○ erfahren, daß auch sie lernen können,
○ leben und aufwachsen können,
○ die deutsche Sprache erwerben und erste Integration erfahren können.

Die Gewalt gegen die Hauptschule trifft in erster Linie sie, ihre Schüler und schadet ihnen.

Mit der Gewalt gegen die Hauptschule geht vielfach eine Stigmatisierung ihrer Schüler einher: Wird der Schüler erst als „uninteressiert", „lernschwach" oder „Rowdy" typisiert, dann steigt die Wahrscheinlichkeit, daß er solches Verhalten zeigen wird: Wir sprechen von der Sich-selbst-erfüllenden Prophezeiung („selffullfilling-prophecy").
Das verliehene Etikett verleiht einen negativen Status, eine „Rolle" – mit bestimmten gesellschaftlichen Rollenerwartungen und einem bestimmten Rollenverhalten ihrer Rollenträger.

Da dann nur wahrgenommen wird, was zu der zugewiesenen Rolle paßt, haben viele Hauptschüler gar keine Chance mehr, ihre ihnen zugewiesene Rolle abzulegen. Sie „bestätigen" dann das Vorurteil.

Wen wundert es dann, wenn Schüler von Hauptschulen
○ ein negatives Selbstkonzept entwickeln,
○ gelegentlich so handeln, wie es von ihnen erwartet wird?

Viele Eltern glauben offensichtlich der Medienrealität „Hauptschule" nicht: Immerhin hat sich die Zahl der Anmeldungen an der Hauptschule im Land NRW im letzten Jahr um 7.700 Schüler erhöht.

2.3.10 Kindesmißbrauch

Der „Fall Dutroux" erschütterte unser Nachbarland, Belgien.
Spektakuläre Fälle wie die Schicksale der kleinen Natalie, Ramona und Kim machen auf die Schutzbedürfnisse von Kindern aufmerksam: In unserem Lande wurden 1995 ca. 16.000 Fälle von Kindesmißbrauch bekannt, ohne daß besonderer Handlungsbedarf gesehen wurde.
Wenn jetzt höhere Strafen für die Täter gefordert werden, dann ist das von den Betroffenen verständlich. Allerdings bringt eine Strafverschärfung allein wenig, weil Täter sich von Strafandrohungen kaum abhalten lassen werden.
Der Kreislauf, den wir bei Gewaltverhalten feststellen konnten, findet hier seine Parallele: Ein Teil von denen, die heute Kinder mißbrauchen, wurden selbst als Objekte sexueller Lust benutzt, und nun wiederholen sie, was ihnen angetan wurde.

2.3.11 Jugendliche Cliquen

Cliquen haben in unserer gegenwärtigen Gesellschaft unter den Jugendlichen eine hohe Prägekraft, und ihr Einfluß steigt. Sie geben das notwendige WIR-Gefühl und befriedigen das Bedürfnis, irgendwo dazuzugehören. Je weniger der einzelne innerlich gefestigt ist, desto mehr unterliegt er dem Einfluß dieser Gruppen.
Problematisch sind solche Cliquen, bei denen sich Jugendliche mit gleichen negativen Erfahrungen, vergleichbaren Erlebnissen, negativen Erfahrungsbilanzen, Ängsten, kognitiven Dissonanzen zu Stadtteilgangs oder Jugendbanden zusammenschließen.
Das Gefühl, gemeinsam zu kurz gekommen zu sein, verbindet sie ebenso wie eine subkulturelle Sprache, gibt ihnen Identität. Auf ihre körperliche Kraft sind sie stolz, ihre Kleidung sichert einerseits Dazugehörigkeit, andererseits Abgrenzung von denen, von denen sie Abgrenzung erfahren, repräsentiert „Macht" (Bomberjacke, Kampfstiefel) und gewährleistet Aufmerksamkeit.

Ihre Erfahrungen und ihre nicht vorhandenen Handlungsalternativen begünstigen Gewalt, Vandalismus und Grafitisprayen als Just-for-fun-Aktivitäten. Nach Mutproben (Vandalismus, Diebstahl, Raub, S-Bahn-Surfen) werden sie häufig

erst in die Gruppe aufgenommen. Sie finden „Gefallen am Image des Negativen"[76] und wollen das „negative Bild", das Vorurteil, bestätigen.
Gemeinsam sind sie zur Verletzung sozialer Normen bereit. Gemeinsam versuchen einige, ihre Normen in die Schule zu tragen. Sie riskieren oder provozieren Ordnungsmaßnahmen. Gerade am Orte ihrer erfahrenen „Niederlagen" wollen sie Stärke zeigen. Sie sammelten – wie Fromm zeigte – Ohnmachts- und Isolationserfahrungen und folgen nun der Logik: Ich kann dem Gefühl der Ohnmacht gegenüber der Welt (hier: dem System) nur dadurch entrinnen, daß ich sie zerstöre (Identitätsgewinnung durch Gewaltausübung).
Wer ganz unten steht, ist froh, wenn er jemanden neben sich (Clique) und andere unter sich weiß. Das können Asylbewerber, Ausländer, Alte, Behinderte, Homosexuelle, Andersdenkende sein.
Um die Gleichgültigkeit, die sie erfahren, zu überwinden, nehmen sie sogar negative Zuwendungen in Kauf:

„Ein Kind läßt sich lieber bestrafen als ignorieren[77]".

Den hierdurch entstehenden Teufelskreis, daß negative Interaktionen weitere Ablehnung nach sich ziehen, vermögen sie nicht zu durchschauen.

2.3.12 Arbeitslosigkeit

Die hohe Zahl der Arbeitslosen – mittlerweile über 4,6 Millionen – stellt ein großes gesellschaftliches Problem dar. Arbeitslosigkeit ist leider auch eine Folge eines übertriebenen Egoismus der Tarifpartner und der Untätigkeit bzw. des fehlenden Mutes der Politiker in Regierung und Opposition.
Einige Politiker vermeiden nicht den Eindruck, die Vorführung der Inkompetenz des anderen sei ihr wichtiger als die Entwicklung eines gemeinsamen Konzeptes, egal, welcher Gruppierung das mehr oder weniger Wählerstimmen einbringt. Sie mißachten das Bedürfnis ihrer Wähler nach Arbeit und Beruf als Teil ihrer Selbstverwirklichung.
Bedrohung von Arbeitslosigkeit bzw. Arbeitslosigkeit stellen einen erheblichen Teil der Ängste in unserer Gesellschaft dar. Viele familiäre Konflikte haben hier ihren Ursprung.

---

76) Peter Bunke, Gefallen am Image des Negativen, in: gemeinsam, Nr. 3/1993
77) Don Dinkmeyer / Rudolf Dreikurs, Ermutigung als Lernhilfe, Klett, Stuttgart, 1978

2.3.13 Fremdenfeindlichkeit (Ausländer, Aussiedler)

Ausländer gehören heute zum gewohnten Bild in unseren Städten und Gemeinden. Ausländische Schüler treffen wir fast in allen unseren Schulen an. Viele von ihnen, Erwachsene und Jugendliche, vermissen die Akzeptanz, die Achtung, das Dazu-Gehören und eine entsprechende Sicherheit, mittlerweile auch die ihres Arbeitsplatzes.
Dennoch kommt es neben spektakulären fremdenfeindlichen Ausschreitungen zunehmend zu Irritationen zwischen Deutschen und den einzelnen ausländischen Gruppen.

Eine Lösung sehe ich – mittelfristig – in folgenden Maßnahmen:

o Koordination
Da man eine progressive Destruktivität bei der Zunahme von „Fremden" in engen Räumen feststellen kann, sollten sich Kommunen um eine ausgewogene Wohnungspolitik bemühen. Jede Konzentration nährt Ängste, kann Unruhe schaffen und auch guten Absichten entgegenstehen.

o Organisation
Da in verschiedenen Gebieten die integrative Kraft überschritten wurde, sollten weitere Zuzüge sorgfältig geregelt werden. Ein Einwanderungsgesetz verhinderte Überforderungen und damit das Entstehen von Fremdenangst, die gelegentlich auch in feindliche Handlungen umschlagen kann.

o Kommunikation
Da Unsicherheit und Ängste zu Rückzügen, aber auch zu Radikalisierungen führen können, um die eigene Angst abzuwehren, sollten wir das Zusammenleben so organisieren, daß Deutsche und Ausländer Vorteile vom jeweils anderen gewinnen können. Die Pflege von Kontakten scheint mir ein richtiger Weg zu sein.

o Aufklärung
Schließlich sollten wir Jugendliche, die „Ausländer raus!" rufen nicht als Ausländerfeinde stigmatisieren. Viele von ihnen wiederholen unkritisch die Argumente Erwachsener von der „drohenden Übervölkerung", von der „weiteren Verdrängung am Arbeitsplatz" oder von den „hohen Sozialleistungen", die wir angeblich für Ausländer bezahlen.
Wir müssen ihre Argumente anhören und unsere dagegensetzen: „Sie müssen eben erfahren, daß die 5,4 Millionen Ausländer (8,2% der Gesamtbevölkerung) durch ihre Arbeitskraft, ihre Steuern und Sozialbeiträge beispielsweise

Risikofaktoren
Gesellschaft

1991 mit 200 Milliarden Mark zum deutschen Bruttosozialprodukt vor. 2.200 Milliarden Mark beigetragen haben[78]".
Auch bei der Interpretation von Kriminalstatistiken muß differenziert werden: Zwanzig bis 30% der Straftäter in bundesdeutschen Gefängnissen sind Ausländer. Das weist deutlich darauf hin, daß uns eine Integration bisher nur unzureichend gelungen ist. Man muß aber wissen, daß die Kriminalität solcher Ausländer überdurchschnittlich hoch ist, die sich nur vorübergehend oder illegal hier aufhalten.
Fehlinformationen schaffen und nähren Feindbilder. Diese gilt es zu verhindern.

○ Bildung
   Die Schule leistet ihren Beitrag durch eine engagierte interkulturelle Erziehung als Teil allgemeiner Bildung.

Ähnliche Probleme können bei Aussiedlergruppen beobachtet werden. Hans-Christian Rößler[79] zählt zu den „Verlierern" in unserer Gesellschaft die steigende Zahl junger Aussiedler. Sie mußten, weil ihre Eltern das beschlossen, ihre Heimat, ihren Freundeskreis, ihren Sprachraum verlassen, gelegentlich sogar ihre Identität aufgeben und fühlen sich ausgegrenzt in einem „fremden" Land voll Überfluß, in dem sie „ihren" Platz nicht finden können.
Es verwundert daher nicht, daß „in mehreren Orten, in denen Rußlanddeutsche wohnen, die Gewaltkriminalität dreimal so hoch ist wie in Gemeinden, die keine Aussiedler aufnahmen". Rößler erklärt dieses Ergebnis mit der „mangelnden Integration der Aussiedler", ihrer relativen Armut und ihrer sozialen Ausgrenzung.

2.3.14 Was die Not „wenden" würde

Wir können unseren Jugendlichen wieder glaubwürdig Werte vermitteln, wir können einen verlorenen Common-Sense wiedergewinnen und von einem übertriebenen Individualismus zu mehr Gemeinsamkeit gelangen, wenn es uns gelingt, eine Aufbruchstimmung zu erzeugen. Unser Land steht mit 4,6 Mio. Arbeitslosen, Erosionen im Renten- und im Gesundheitssystem, mit einem erforderlichen Wiederaufbau in den neuen Ländern vor großen Aufgaben.

---

[78] Peter Struck, Manuskript, NachHoyerswerda, Rostock, Mölln und überall: Haß und Gewalt fangen in der Kindheit an, 1993
[79] Hans-Christian Rößler, Eine Gesellschaft von Gewinnern und Verlierern, FAZ vom 23.4.1997

Bundespräsident Roman Herzog hat mit seiner viel beachteten „Berliner Rede"[80] am 26. April 1997 Deutschland mit aufstrebenden Nationen verglichen:

„Kühne Zukunftsvisionen werden dort entworfen und umgesetzt, und sie beflügeln die Menschen zu immer neuen Leistungen".

Die Feststellung:
„Was sehe ich dagegen in Deutschland? Hier herrscht überwiegend Mutlosigkeit, Krisenszenarien werden gepflegt. Ein Gefühl der Lähmung liegt über unserer Gesellschaft".

Die Analyse:
„Eine von Ängsten erfüllte Gesellschaft wird unfähig zu Reformen und damit zur Gestaltung der Zukunft".

Der Rat:
„Wir brauchen wieder eine Vision. Visionen sind nichts anderes als Strategien des Handelns. Das ist es, was sie von Utopien unterscheidet".

Glauben an uns und ein Ziel:
„Ich glaube daran, daß die Deutschen ihre Probleme lösen können. Ich glaube an ihre Tatkraft, ihren Gemeinschaftsgeist, ihre Fähigkeit, Visionen zu verwirklichen".

Unsere Gesellschaft wird die Aufgaben der Zukunft nur meistern, wenn wir alle – und zwar jeder einzelne von uns – bereit sind, sich für die Realisierung von Visionen zu engagieren.
Wir benötigen dazu die Politiker, die Tarifparteien, die Kirchen und Verbände. Aber wir sollten nicht vom jeweils anderen erwarten, daß er beginnt.
Eine Änderung kann nur der einzelne Bürger beginnen.

Sollte uns dieser „Ruck" nicht gelingen, sehe ich in einer Zeit enormer Brüche aufgrund des erforderlichen Strukturwandels eine Ausweitung der gesellschaftlichen Krise, von der allein rechte und linke Radikale gewinnen können.

---

80) Dokumentation: Welt am Sonntag vom 27.4.1997

3. „SIGNALE" INTERPRETIEREN[81]

Fast immer, wenn Grundbedürfnisse nicht befriedigt werden, erleiden die Menschen Frustrationen, und es entstehen Spannungen.
Manche Kinder kompensieren ihren Frust – wie bereits dargestellt – indem sie sich angenehme Gefühle durch einen erhöhten Konsum von Süßigkeiten, Nikotin, Alkohol verschaffen, andere durch übermäßiges Essen, andere durch verbale Aktivitäten (z.B. Prahlen), andere durch Clownerien, wieder andere ziehen sich zurück, werden krank oder reagieren mit Aggressionen gegen sich selbst und gegen andere.

```
                    ↗ Vandalismus, Gewalt
                   ↗ Aggression
    Frustrationen ⟨
                   ↘ Auto-Aggression
                    ↘ Resignation, Regression
```

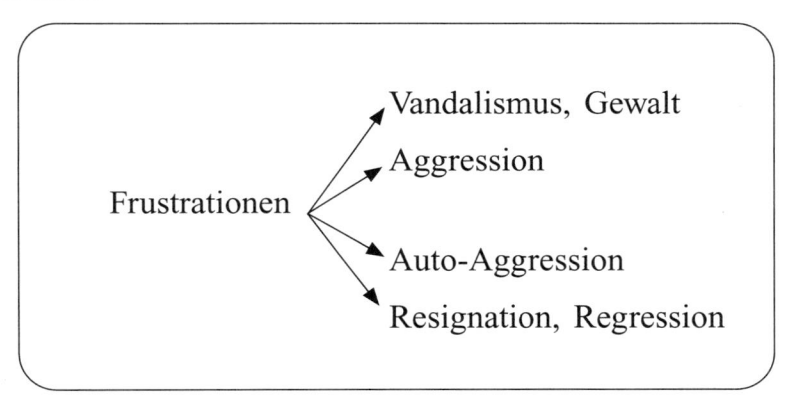

Abb. 10: Frustrationen

Die Frustrations-Aggressions-Theorie[82] ist in ihrer rigiden Form sicher nicht haltbar. Unbestritten ist aber, daß Aggressionen durch Außenbeziehungen verursacht werden. Weil Kinder und Jugendliche den Verursacher ihrer Niederlagen nicht konkret ausmachen können, greifen sie nach Ersatzpersonen (noch Schwächere), sich selbst (Autoaggression) oder Ersatzhandlungen (Vandalismus).
Frustrationen können auch zu Regression oder Resignation führen und Lernen erheblich erschweren.
Damit jedoch Frustrationen in Aggressionen übergehen können, bedarf es spezifischer zusätzlicher Reize. Die Aussage eines Lehrers beispielsweise zu einem

---
81) Vergl. Rainer Winkel, Die fünf Sinnperspektiven aggressiven Verhaltens in der Schule, Pädagogik, Heft Nr. 3, 1993
82) „Aggression ist immer eine Folge von Frustration", vergl. John Dollard u.a., Frustration und Aggression, Beltz, Weinheim, 1971

leistungsschwachen Schüler: „Du mußt dir eine andere Schule suchen, du gehörst nicht hierher", ist solch ein Reiz.

Einen Reiz derselben Qualität sandten die Claqueure bei den fremdenfeindlichen Ausschreitungen in Rostock. Damit wurde Gewaltbereitschaft zu Gewalttätigkeit.
Verhaltensauffällige Jugendliche senden verschlüsselte Botschaften aus, die wir entziffern, decodieren müssen.
Die aus individualpsychologischer Sicht korrekt gestellte Frage nach dem Zweck einer Handlung führt zur Erkenntnis:

„W o z u ... tut jemand etwas"?; denn jedes Verhalten dient einem Zweck (Adler):
Wozu
○ schwänzen sie?
○ stören sie den Unterricht?
○ tragen sie (Nazi-)Abzeichen?
○ zeigen sie auffälliges Verhalten?
○ beschmieren und zerstören sie fremdes Eigentum?

Es ist häufig
○ ein Ruf um Zuwendung oder Anschluß,
○ ein Hilfeschrei nach Beachtung (calling for attention),
○ ein Schrei vor Langeweile,
○ ein Schrei vor Überforderung,
○ eine Antwort auf 6 Stunden Gruppenzwang, Stillsitzen, Einengung, Mißerfolg.

Kinder und Jugendliche haben gelernt, daß man mit Gewalt Signale senden, Alarm schlagen kann. Medienpräsenz – Aufmerksamkeit also – scheint ihnen in diesen Fällen – und nur dann – gesichert.
Signale senden auch Grafitti-Sprayer aus, die auf öffentlichen Gebäuden, auffälligen Orten, z.B. Bahnhöfen, hohe Schäden anrichten. Sie erfahren Lustgewinn allein aus der Tatsache, daß sich Erwachsene darüber ärgern und sie von ihrer Gruppe bewundert und anerkannt werden.

4. ZUSAMMENFASSUNG

Gewalt, Mobbing und Vandalismus sind in der Regel ein Hinweis der Kinder und Jugendlichen auf fehlende Zuwendung, Akzeptanz, Bestätigung, Identifikationsmöglichkeiten und fehlende oder verletzte Selbstwert- und Dazugehörigkeitsgefühle oder ein Hinweis auf Reizüberflutungen, Belastungen, fehlende Orientierung, Streß oder ein Protest gegen Rollenzuweisungen, fehlende Rechte und Perspektiven, eingeschränkte Handlungsspielräume und Autonomie, Ausgrenzungen und Stigmatisierungen.

Aggressivitäten und Gewalt sind Verteidigungs- oder Kompensationshandlungen oft erheblich verunsicherter, entmutigter und ausgegrenzter oder allein gelassener Kinder und Jugendlicher.

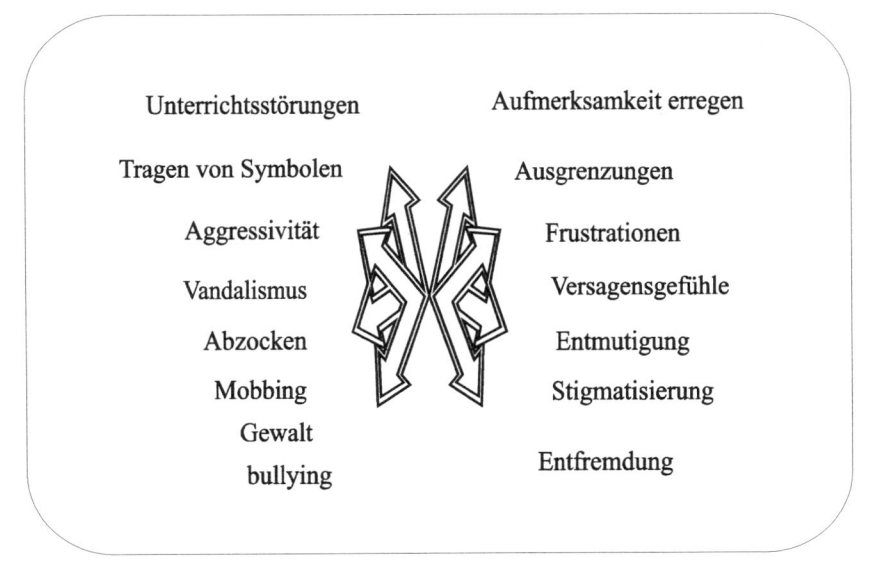

Unterrichtsstörungen	Aufmerksamkeit erregen
Tragen von Symbolen	Ausgrenzungen
Aggressivität	Frustrationen
Vandalismus	Versagensgefühle
Abzocken	Entmutigung
Mobbing	Stigmatisierung
Gewalt bullying	Entfremdung

Abb. 11: Aggressionen, Aggressivität und Gewalt „entziffern"

TEIL B:
MASSNAHMEN GEGEN AGGRESSIVITÄT UND GEWALT

5. WAS KANN SCHULE TUN?

Aufgrund vorliegender Forschungsergebnisse[83] scheint festzustehen, daß 70% bis 90% des gewalttätigen Verhaltens durch außerschulische Prozesse (Makrovariable) verursacht wird, 10% bis 30% jedoch aus schulischem Handeln (Mikrovariable) resultieren.

Dies bestätigt die These, daß Aggressionen und Gewalt nur zu einem geringen Teil von der Schule ausgehen. Die Schule muß jedoch ihren Beitrag zum Abbau problembehafteten Verhaltens leisten. Dazu ist sie verpflichtet.
An der Lösung der gesamten Gewaltproblematik müssen alle gesellschaftlichen Gruppierungen und jeder einzelne mitwirken. Darauf hat Bundespräsident von Weizsäcker anläßlich der Trauerfeier für die Opfer des Brandanschlages in Solingen hingewiesen:

„Wenn Jugendliche zu Brandstiftern und Mördern werden, dann liegt die Schuld nicht allein bei ihnen, sondern bei uns allen, die Einfluß auf die Erziehung haben, bei den Familien und den Schulen, den Vereinen und Gemeinden, bei uns Politikern".

Lehrerinnen und Lehrer können jedenfalls nicht dafür in Anspruch genommen werden, gravierende soziale und gesellschaftliche Probleme allein lösen zu sollen. Wer Lehrern diese Aufgaben zuordnen will, überfordert sie; das sieht die Denkschrift[84] auch so.
In vielen Fällen kann Schule Symptome nur menschlich erträglicher gestalten, aber nicht deren Ursachen beseitigen.

Um Lehrkräfte nicht zu überfordern, empfehle ich folgendes:
- Sind Aggressivität und Gewalt Interaktionsformen, so besteht Aussicht, dieses Verhalten durch die Schule abzubauen.
- Sind Aggressivität und Gewalt stabilisiert und bereits in die Persönlichkeit integriert, dann muß diese Aufgabe der Therapeut übernehmen.

---

83) Rainer Winkel, vergl. Fußnote 54
84) Vergl. Fußnote 17

Makrovariable
gesellschaftlich / familiär

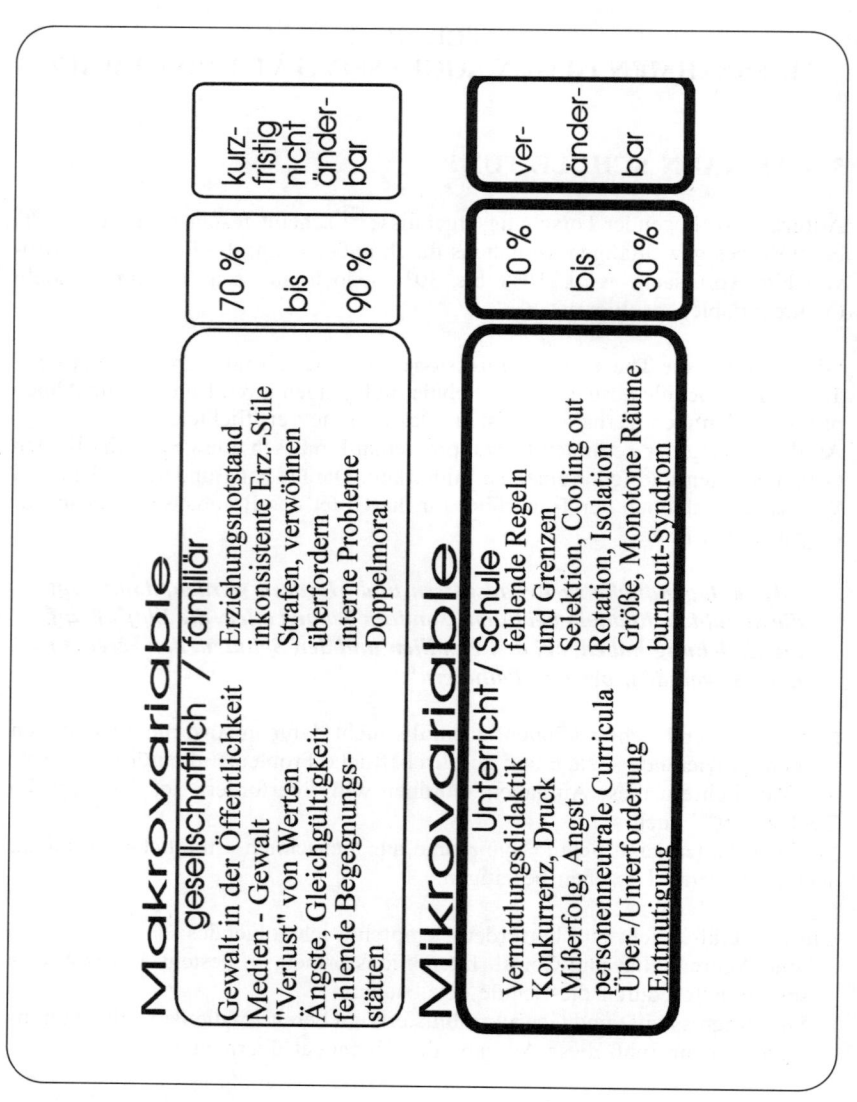

Gewalt in der Öffentlichkeit
Medien - Gewalt
"Verlust" von Werten
Ängste, Gleichgültigkeit
fehlende Begegnungsstätten

Erziehungsnotstand
inkonsistente Erz.-Stile
Strafen, verwöhnen
überfordern
interne Probleme
Doppelmoral

70 % bis 90 % — kurzfristig nicht änderbar

Mikrovariable
Unterricht / Schule

Vermittlungsdidaktik
Konkurrenz, Druck
Mißerfolg, Angst
personenneutrale Curricula
Über-/Unterforderung
Entmutigung

fehlende Regeln und Grenzen
Selektion, Cooling out
Rotation, Isolation
Größe, Monotone Räume
burn-out-Syndrom

10 % bis 30 % — veränderbar

Abb. 12: Faktoren, die Aggressionen, Aggressivität und Gewalt verursachen können

5.0.1 Keine Suche nach den Schuldigen

Die Suche nach Schuldigen führt zu Kausalattribuierungen, mag zwar vordergründig entlasten, richtet jedoch den Blick rückwärts. Sie mündet in Kulturpessimismus oder Resignation und behindert Engagement und aktives, notwendiges kreatives pädagogisches Handeln. Sie ändert vor allem nichts an der Mitverantwortung, die jeder von uns trägt.

Wenig hilfreich ist es auch, akademisch nach verantwortlichen philosophischen oder pädagogischen Strömungen zu suchen.
Hartmut von Hentig hält es für „äußerst unwahrscheinlich, ja schon von den Prämissen her unmöglich, daß die Welle der Gewalt und ihre besondere rechte Ausprägung auf die progressive und emanzipatorische Erziehungslehre zurückgeht" und nennt 12 Gründe, die dagegen sprechen[85]. Ich sehe es anders und möchte mögliche Einflüsse und Mitverantwortung nicht ausschließen, denke ich nur an die Diskreditierung von Leistung und diffamierende Bemerkungen über Erziehung, Grenzen setzen und Sekundärtugenden.

5.0.2 Einzelmaßnahmen nicht sinnvoll

Es scheint mir auch nicht sinnvoll zu sein, Einzelmaßnahmen isoliert gegen Gewalt zu ergreifen und damit den Problemen hinterherzulaufen. Dies birgt auch die Gefahr in sich, ein Verhalten zu entwickeln, bei dem Gegengewalt vorhandene Gewalt verstärkt. Mit „Gewalt" gelöste Konflikte bleiben bestehen und führen oft zu einem „Jetzt-erst-recht-Verhalten".

Einzelmaßnahmen – Entwicklungsbausteine – können dann sinnvoll sein, wenn sie als Einstieg in eine beabsichtigte Veränderung von Schule im Sinne einer Qualitätsverbesserung intendiert und Teil eines Konzeptes sind: „Womit wollen wir unseren Veränderungsprozeß beginnen...?"

Manche Einzelmaßnahme halte ich für kontraproduktiv:
○ Die Ausrüstung von Lehrenden mit Elektroschockgeräten an einigen Schulen in den USA. Allein diese Tatsache erzeugt ein Klima, das eine Anwendung derselben wahrscheinlich macht.
○ Die geplante Wiedereinführung der Körperstrafe in Großbritannien.
○ Die Einrichtung von Selbstverteidigungskursen für Lehrkräfte in einem Bundesland[86].

---

85) Hartmut von Hentig, Die Schule neu denken, Hanser, München, 1993
86) „Kieler SPD-Regierung zahlt Judo-Kurse für Lehrer", Welt am Sonntag, 26.9.1993

Es ist auch eine irrige Annahme, man könne aggressive und gewalttätige Schüler von ihren Fehlhandlungen abbringen durch kognitive Aufklärung, durch Appelle oder Ausgrenzung. Die Erfahrung lehrt, daß sich Verhaltensänderungen von allein einstellen, wenn Ursachen behoben oder zumindest gemildert wurden. Viele der bisherigen Vermeidungsstrategien überzeugen mich nicht, weil sie sich mit den Problemen, die Jugendliche **machen,** beschäftigen (Gewalt, Vandalismus, Ausländerfeindlichkeit usw.), nicht aber mit den Ursachen.

Belehrungen werden solange nicht helfen, solange die subjektiven Erfahrungen der Jugendlichen dagegenstehen. Wir alle in dieser Gesellschaft müssen daher dafür sorgen, daß zu Gewalt neigende Kinder und Jugendliche wieder positive Erfahrungen machen können.

5.0.3 Abbau struktureller Gewalt

Zunächst muß die Schule die von ihr selbst verursachte strukturelle Gewalt abbauen oder zumindest entschärfen. Diese zeigt sich im wesentlichen in ihren Kommunikationsstrukturen und Selektionsmechanismen.

Abbau struktureller Gewalt ist möglich
- durch freiere Formen des Lernens,
- mehr Transparenz bei der Leistungsbewertung,
- durch Beratung,
- durch Förderangebote,
- Integration und kooperatives Lernen,
- durch Mitbeteiligung und Pflege der Eigeninitiative und der Selbstverantwortung,
- durch Mitbeteiligung bei der Auswahl der Inhalte und der Methoden.

5.0.4 Auf dem Weg zu einem Konzept

„Es ist gesicherte empirische Erkenntnis, daß in Schulen, in denen sich Lehrer und Schüler mit Wertschätzung begegnen, die Vandalismusrate extrem niedrig ist [87] *".*

---

[87] Klaus-Jürgen Tillmann, Gewalt in der Schule: Was sagt die erziehungswissenschaftliche Forschung dazu?, Recht der Jugend und des Bildungswesens – RdJB, München, 1994

„Gegenseitige Wertschätzung von Lehrenden und Lernenden ist Basis der Entwicklung und Förderung von Selbstachtung, Lernbereitschaft und Leistungsfähigkeit [88]*".*

Das bedeutet, daß es einen Zusammenhang gibt zwischen Aggressivität, Vandalismus, Gewalt einerseits und der Gestaltung des Lebens und Lernens in der Schule andererseits.

Ich kenne Schulen in bevorzugten Vierteln mit einem hohen aggressiven Potential, und ich kenne Schulen in sozialen Brennpunkten, wo
- alle friedlich miteinander umgehen,
- sich Schüler wohl fühlen,
- Schüler den Ordnungsrahmen der Schule mittragen.

Wer beispielsweise die Comeniusschule in Duisburg besucht, wird schon von außen erkennen können, welche Wertschätzung die Schüler ihrer Schule entgegenbringen.

Das bedeutet:
- Der Schlüssel für den Abbau aggressiv-destruktiven Verhaltens liegt im inneren Bereich der Schule, in ihrer Qualität.
- Er liegt nicht in Sondermaßnahmen, nicht in Anti-Gewalt-Projekten, nicht in einem reaktiven Krisenmanagement.

Ich rate daher zur Entwicklung schuleigener Konzepte, die insgesamt der Qualitätsverbesserung von Schule dienen, die in der Regel wenig von vorhandenen Ressourcen abhängen und mehrere schulische Herausforderungen lösen können:
- Verhaltensauffälligkeiten,
- Suchtprobleme,
- Gewaltprobleme.

Dazu gehört neben einer positiven Einstellung zum Jugendlichen als conditio sine qua non die Entschlossenheit, die schulische Infrastruktur so zu verändern, daß Aggressionen und Gewalt sukzessive abgebaut und neue aggressive Potentiale nicht entstehen können.

---

88) Denkschrift, vergl. Fußnote 17

Beispielhaft stelle ich ein Konzept zur Diskussion, das einen möglichen Weg darstellt. Es beinhaltet
- Vier zentrale Maßnahmen (5.1 bis 5.4),
- will zur **Praxis eines signifikanten und bedeutungsvollen LERNENS** (5.5),
- der **Entwicklung einer SCHULKULTUR** (5.6) und
- eines **SCHULPROGRAMMS und eines SCHULPROFILS** anregen und ermutigen (5.7).

Der Weg stellt sogleich das Ziel dar.

Die vier zentralen Maßnahmen:

1. Konsequente Wahrnehmung des Erziehungsauftrages,
2. Stärkung der Verantwortung von Lehrern und Schülern,
3. Aufbau von Beziehungen,
4. Verstärkung der Kooperation der Lehrer untereinander und der Vernetzung der pädagogischen und sozialen Ressourcen im schulischen Umfeld.

Diese vier Maßnahmen stellen den Kern einer Strategie dar; sie stützen und fördern Leben und Lernen in der Schule. Sie machen zumindest in der Einstiegsphase eine intensive Konferenzarbeit zur Konsensbildung[89] erforderlich.

5.0.5 Die zentrale Rolle des Schulleiters

Daß der Schulleiter bei der Entwicklung einer Schulkultur, eines Schulprogramms und eines Schulprofils eine zentrale Rolle spielt, versteht sich von selbst.

Der Schulleiter
- trägt optimistisch Innovationen in das Kollegium,
- greift Innovationen auf,
- verstärkt, unterstützt Anregungen aus dem Kollegium, wissend, daß er auf „sein" Kollegium angewiesen ist,
- bietet Möglichkeiten zur Identifikation,
- koordiniert und organisiert Abstimmungs- und Kooperationsprozesse und
- vermittelt behutsam bei unterschiedlichen Interessen und bei der Durchführung der Selbstvergewisserung über vereinbarte Ziele, Methoden und Regeln.

---

[89] Dieter Reich, „Aggressionen und Gewalt in der Schule", Schule heute, Nr. 3, 1993

Schulkultur

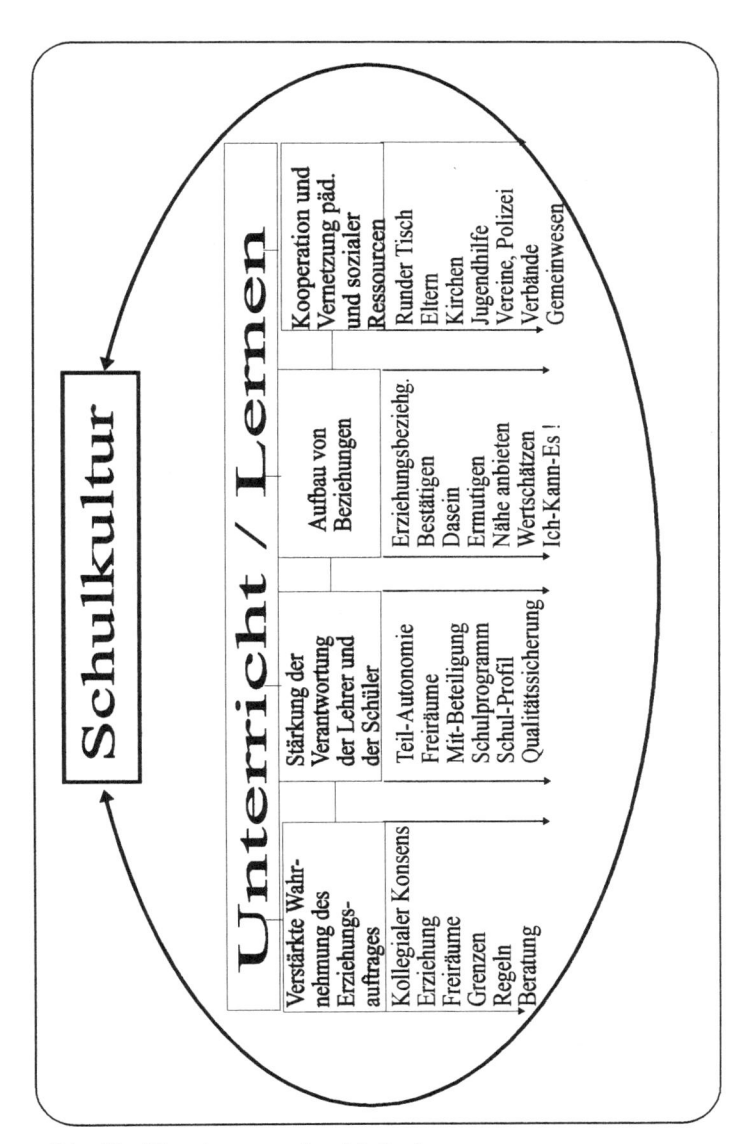

Unterricht / Lernen

Verstärkte Wahrnehmung des Erziehungsauftrages
- Kollegialer Konsens
- Erziehung
- Freiräume
- Grenzen
- Regeln
- Beratung

Stärkung der Verantwortung der Lehrer und der Schüler
- Teil-Autonomie
- Freiräume
- Mit-Beteiligung
- Schulprogramm
- Schul-Profil
- Qualitätssicherung

Aufbau von Beziehungen
- Erziehungsbeziehg.
- Bestätigen
- Dasein
- Ermutigen
- Nähe anbieten
- Wertschätzen
- Ich-Kann-Es!

Kooperation und Vernetzung päd. und sozialer Ressourcen
- Runder Tisch
- Eltern
- Kirchen
- Jugendhilfe
- Vereine, Polizei
- Verbände
- Gemeinwesen

Abb. 13: Die vier zentralen Maßnahmen

In der Regel sind Ankündigungen zur Stärkung der Rolle des Schulleiters mit weiteren Verpflichtungen und Belastungen verbunden gewesen, an Freistellungen wurde kaum gedacht; seine Entlastungspauschale wurde „zurückgefahren". Es ist daher kaum verwunderlich, daß nicht selten freie Schulleiterstellen erneut ausgeschrieben werden, weil sich kein geeigneter Bewerber findet. Schulträger beklagen oft das fehlende Auswahlrecht, weil häufig von der Schulaufsicht nur ein Bewerber präsentiert werden kann.

Wir müssen uns entscheiden, ob wir im Schulleiter eher den Verwalter oder den Gestalter sehen. Eine gute Schule erfordert zweifellos den Gestalter: Gestalten aber erfordert Gestaltungsbewußtsein, Freiheit und Kompetenz im Umgang mit Freiheit, Anregung, Unterstützung und – Professionalität.

Dringend erforderlich sind daher eine qualifizierte Förderung des Nachwuchses, der stärker als bisher für Leitungsaufgaben interessiert werden sollte, qualifizierende Angebote für potentielle Schulleiter und berufsbegleitende Angebote für Schulleiter.

Gleiches gilt für seinen Stellvertreter.

Von beiden sollten wir nicht länger erwarten, daß sie ihre Arbeit „als Nebentätigkeit eines Lehrers" (Kultusministerin Schavan) wahrnehmen.

5.1 Souveräne Wahrnehmung des Erziehungsauftrages

5.1.1 Erziehungsauftrag der Verfassung

Schulen müssen den Erziehungsauftrag von Grundgesetz und Landesverfassung souverän und konsequent umsetzen. Lehrerinnen und Lehrer müssen erziehen wollen – sie müssen Werte vermitteln und zur Persönlichkeit bilden wollen.

> *„Lehrer unterstützen aggressives Verhalten, wenn sie ihre Rolle als bloße Wissensvermittler verstehen und sich um die allgemeinen Erziehungsaufgaben, auch die Einhaltung von Normen und die Akzeptanz von gesellschaftlichen Werten, nicht bemühen*[90]*".*

---

90) Anti-Gewaltkommission, vergl. Fußnote 3

Was kann Schule tun?
Souveräne Wahrnehmung des Erziehungsauftrages

Lehrende beklagen, daß sie immer neue Aufgaben wahrnehmen sollen: Friedenserziehung, Erziehung zu internationaler Verständigung, Umwelterziehung, Gesundheitserziehung, Medienerziehung, Sexualerziehung, Verkehrserziehung usw.

Sie werden ihrem Auftrag am ehesten gerecht, wenn sie sich in dem von ihnen zu entwickelnden schulischen Erziehungsplan an den entsprechenden Artikeln der jeweiligen Landesverfassung und an den entsprechenden Schulgesetzen orientieren.

(1) Ehrfurcht vor Gott, Achtung vor der Würde des Menschen und Bereitschaft zu sozialem Handeln zu wecken, ist vornehmstes Ziel der Erziehung.
(2) Die Jugend soll erzogen werden im Geiste der Menschlichkeit, der Demokratie und der Freiheit, zur Duldsamkeit und zur Achtung vor der Überzeugung des anderen, zur Verantwortung für die Erhaltung der natürlichen Lebensgrundlagen, in Liebe zu Volk und Heimat, zur Völkergemeinschaft und Friedensgesinnung (LV NRW, Art. 7).

Durch die Bindung an diese Grundwerte kann Schule vielfältige Aufgaben wahrnehmen und lösen; sie kann damit auch einen wesentlichen Beitrag zu einem friedlichen Umgang miteinander, auch mit Menschen anderer Nation und mit Andersdenkenden, leisten.
Der sozialen Erziehung – damit auch der politischen Bildung – und dem sozialen Lernen sind große Bedeutung beizumessen, weil sie unser Zusammenleben kultivieren und kognitive Leistungen (Jean Piaget, Hans Aebli, Lothar Krappmann) fördern.

Ich gehe vom **Recht des Kindes und des Jugendlichen auf Erziehung** aus:

*„Was der Mensch sein soll, hat er nicht aus Instinkt, sondern er hat es sich erst zu erwerben. Darauf gründet sich das **Recht des Kindes**, erzogen zu werden" (G. F. W. Hegel[91]).*

Kinder haben beispielsweise von Natur aus kein Mitleid, sie sind auch von Natur aus nicht tolerant, und sie nehmen auch auf den anderen keine Rücksicht. Sie

---

91) zitiert von Michael Weiß, Der Schuß in den Rücken und seine Folgen, in Udo Schmälzle, vergl. Fußnote 7

sind ego-zentriert. Kultiviertes, soziales Verhalten müssen sie erst erwerben, im Dialog, in zahlreichen Situationen, durch Erfahrung, kurzum: durch Erziehung.

Lehrende in Nordrhein-Westfalen, beispielsweise, sind zur Erziehung verpflichtet:

„Schulen sind Stätten der Erziehung und des Unterrichts[92)]".

Es ist ein weitverbreiteter Irrtum zu glauben, der Staat müsse sich wertneutral verhalten und dürfe bestimmte Wertvorstellungen nicht verbindlich machen. Die vorgegebenen Werte der Landesverfassung und die allen Bundesländern gemeinsamen Werte des Grundgesetzes hat die Schule als ganzes und jede Lehrerin, jeder Lehrer im einzelnen aufgrund der Treuepflicht gegenüber dem Staat zu vermitteln, zu schützen, zu vertreten; dies sollte konsequent auch von der Schulaufsicht eingefordert werden.

5.1.2 Erziehung zur Persönlichkeit

Unser Ziel muß die Persönlichkeit, nicht das Individuum sein. Rupert Lay wies darauf hin, daß die philosophische Neuzeit Personsein auf die Individualität reduzierte:

„Der Mensch gewinnt ein absurdes Bild von sich. Er ist so autonom, daß er keines anderen Menschen bedarf. Der Kult des Egoismus... ist eine Folge dieser Überbetonung der Individualität. Der andere ist halt der andere und hat mit mir nichts gemein[93)]".

Piaget arbeitete den Unterschied zwischen Individuum und Persönlichkeit gut heraus:

„Während der Begriff Individuum das auf sich selbst zentrierte Ich bezeichnet, das durch seine moralische und intellektuelle Egozentrik die Wechselbeziehungen, ohne die ein höher entwickeltes Gemeinschaftsleben nicht denkbar wäre, behindert, versteht man unter Persönlichkeit das Individuum, das sich in Freiheit einer bestimmten Disziplin unterwirft oder an ihrem Aufbau mitwirkt und sich damit freiwillig einem Gefüge

---

92) Vergl. Fußnote 34
93) Rupert Lay, Wie man sinnvoll miteinander umgeht, Econ, Düsseldorf, 1992

wechselseitig verbindlicher Normen beugt, das heißt, die Achtung vor dem Mitmenschen über die eigene Freiheit stellt[94]*".*

"Es ist nicht gut, daß der Mensch allein sei[95]**".**

Der Mensch braucht den Menschen, um Person zu sein; seine Persönlichkeit wird und wächst nur im Wechselspiel gegenseitiger Annahme, Bestätigung durch Mitmenschen. Das ist der Sinn dieser biblischen Botschaft.

Genau so wichtig, wie die Frage nach dem Ziel der Erziehung ist die Frage nach dem Weg. Man kann eben nicht aggressive Kinder autoritär zu friedlichem Umgang erziehen.
Eine Erziehung beispielsweise zu demokratischem Verhalten ist nur in entsprechenden, passenden Kontexten möglich.

Wird der Erziehungsstil allerdings zu einer bloßen Technik, dann wird diese Technik versagen.

Beispiel
Mir sagte eine Lehrerin anläßlich einer Fortbildungsmaßnahme zur „Themenzentrierten Interaktion":
„Ich werde es probieren. Ich werde ab morgen Ich-Botschaften senden und sehen, was sich dann ändert".
Darauf konnte ich ihr antworten: „Es wird sich überhaupt nichts ändern, weil hier eine Technik angewandt werden soll, um das Verhalten der Jugendlichen zu ändern, ohne die Bedingungen zu sichern: ein von gegenseitiger Wertschätzung getragenes Vertrauen".

B. Daublebski zeigt, wie Schule durch den Einsatz des Spieles einen Beitrag zur Sozialerziehung leisten kann. Das Spiel sollte daher in der Schule in viel stärkerem Umfange gepflegt und gefördert werden. Unsere Kinder spielen zu wenig – vor allem mit anderen. Dabei ist das Spiel ein wesentliches Experimentierfeld für die soziale Entwicklung, die Förderung kreativer Fähigkeiten, den Regelerwerb, die Wahrnehmung verschiedener sozialer Rollen, den Perspektivwechsel und die Kooperation.

---

94) Jean Piaget, Das Recht auf Erziehung und die Zukunft unseres Bildungssystems, Klett, Stuttgart, 1975. Diese Schrift stellt einen Kommentar zu § 26 der Allgemeinen Erklärung der Menschenrechte dar. Piaget war zur Kommentierung von der UNESCO gebeten worden.
95) Genesis 2,18

Spielen hat auch eine therapeutische Wirkung: Im Spiel werden Ängste, Konflikte emotional verarbeitet. Dort können auch Alternativen zu gewalttätigem Handeln entwickelt und erprobt werden.

5.1.3 Kollegiale Konsensfindung

Eine Schulkultur wird dann und nur dann entstehen, wenn alle Lehrenden zu einem WIR-Denken bereit sind (In manchen Schulen gelingt es erst bei einem entsprechend hohen gemeinsam empfundenem Leidensdruck.).
Der Schulleitung muß es gelingen, Teamgeist zu aktivieren bzw. zu entwickeln. Einigkeit muß in der Realisierung eines gemeinsamen Planes herrschen und in den pädagogischen Leitlinien.
Kollegiale Konsensbildung und Absprachen mit großer Reichweite sind wichtig, weil inkonsistentes Erzieherverhalten – wie dargelegt – eine aggressionsfördernde Wirkung hat.

Beispiel
Bei der kollegialen Konsensfindung bedarf jedes Erziehungsziel der Konkretisierung. Was heißt beispielsweise „Achtung vor der Würde des Menschen" konkret für uns, für unsere Schule?

Folgende Antworten könnten gefunden werden:
O Schüler annehmen,
O ermutigen,
O tolerieren,
O fördern,
O akzeptieren,
O zu verstehen versuchen,
O gerecht behandeln,
O Schüler der Sek. II mit „Sie" anreden.

Das heißt sicherlich nicht:
O Schüler abwerten,
O als faul bezeichnen,
O ungerecht behandeln,
O über sie abwertend sprechen,
O sie instrumentalisieren,
O bloßstellen,
O bevormunden,
O als Dünnbrettbohrer oder Pfeife bezeichnen,
O sie entmutigen.

5.1.4 Schulischer Erziehungsplan

Ich rege an, neben dem schulischen Bildungsplan einen schulischen Erziehungsplan zu erstellen, der die gemeinsamen Absprachen enthält:
O Wofür, für welche konkreten Werte, Ziele stehen wir ein?
O Welches Verhalten wollen wir an unserer Schule erreichen?

○ Welches Verhalten wollen wir noch tolerieren?
○ Welches Verhalten wollen wir in keinem Falle dulden?

Die Schule sollte dabei ihre Erziehungsziele konkretisieren. Nicht: Wir wollen Werte vermitteln, sondern konkret: Wir wollen folgende Werte vermitteln.

Beispiel
Kinder und Jugendliche sollen Werte „schätzen" lernen: Die allgemeine Wertschätzung für Sachen sinkt, wie ein Blick in viele unserer Einrichtungen deutlich macht.

Mit einem Verlust der Wertschätzung der Sachen ist leider ein Verlust der Wertschätzung von Personen einhergegangen.

In einer kultivierten Schule wird „Wertschätzung" gegenüber Personen und Sachen einen hohen Stellenwert haben.
Das Kollegium sollte daher Einvernehmen darüber herstellen, wie Wertschätzung gegen Personen (Lehrer, Mitschüler, Hausmeister, Reinigungspersonal, Besucher usw.) und Sachen (Umgang mit Schulraum, -möbeln, Materialien, Büchern, Heften) realisiert werden soll.

Möglicherweise von Moderatoren unterstützt muß in den einzelnen Kollegien ein verbindliches Einvernehmen über Normen und Regeln des Zusammenlebens, über Inhalte und Methoden des sozialen Lernens und der Sozialerziehung, über die stärkere Wahrnehmung von Verantwortung und die stärkere Einbeziehung der Schüler, über Beziehungsangebote durch die Lehrer und eine Intensivierung der Kooperation der Lehrenden untereinander und deren Kooperation mit allen Partnern im schulischen Umfeld erzielt werden.
Hierfür muß jede Lehrerin, jeder Lehrer gewonnen werden. Jeder ist Teil des Problems oder Teil der Lösung; eine indifferente Stellung gibt es nicht.

Des weiteren sollten folgende Fragen diskutiert und beantwortet werden:
○ Was verstehen wir an unserer Schule unter Erziehung in unserer demokratischen Schule?
Der Prägebegriff muß zumindest erweitert werden. Neben der Formung durch den Erzieher muß der Formung durch das Selbst ebenso Raum gewährt werden wie der Formung durch die Gruppe.

○ Wie verhalten wir uns in sich anbahnenden Zielkonflikten? Haben im aktuellen Konflikt pädagogische Ziele Vorrang vor fachlichen Zielen? Welche Rollen spielen Ich-Tugenden (Selbstverwirklichung, Selbstbestimmung, Autonomie)? Sehen wir sie im sozialen Kontext? Wie wollen wir konkret die notwendige Balance zwischen den Ich-Tugenden und den Wir-Tugenden (Rücksichtnahme, Kompromiß- und Hilfsbereitschaft, Solidarität) herstellen und gegebenenfalls korrigierend eingreifen? Welche Tugenden wollen wir fördern? Primäre (Zivilcourage, Fähigkeit und Bereitschaft zu notwendigen Konflikten) und/oder sekundäre Tugenden (Gehorsam, Pünktlichkeit, Sauberkeit, Treue, Fleiß), „die erst einen Wert erhalten, wenn sie mit primären Tugenden verbunden sind" (Rupert Lay)?

5.1.5 Beratungsteam für Lehrer und Schüler

Neben den Fachkonferenzen sollte ein Beratungsteam – das seinerseits Kontakte zu außerschulischen Fachleuten unterhält – bestehen, das Kollegen in Fragen der Erziehung berät und gegebenenfalls Kontakte zu außerschulischen Diensten herstellen kann („Pfadfinder-Modell")[96].

Dieses Beratungsteam sollten auch Schülerinnen und Schülern offenstehen. Es könnte auch die Funktion einer „Steuergruppe" bei der „Organisationsentwicklung (OE)" übernehmen.

---

[96] Anti-Gewaltkommission, vergl. Fußnote 3

Die Zahl der Schüler, die bei Problemen mit Aggressionen den Rat der Lehrer suchen würde, ist ermutigend[97]:

Würdest Du bei Problemen mit Gewalt bei einem Lehrer Rat suchen?	
Ja	13%
Ja, bestimmt	69%
Nein	14%
Angabe der Verweigerer:	
Kein Vertrauen zu Lehrern	28%
Lehrer können nichts ändern	14%
Lehrer haben kein Verständnis	12%

Abb. 14: Ergebnis einer Umfrage der Humbolt-Universität

Das bedeutet, daß 82% der Schüler sich einem Lehrer anvertrauen würden.

5.1.6 Nachholende Erziehung

Aufgrund des „Erziehungsnotstandes" in den Familien muß Schule auch „nachholende Erziehung"[98] zunehmend – subsidiär – wahrnehmen. Was heißt das konkret?

„Sie (die Kinder) benötigen neben dringend erforderlichen Familienhelfern Lehrer, die sich mit ihrer Biographie und ihrem Milieu auseinandersetzen können, die Zeit für Hausbesuche, Elterngespräche und für außerschulisches Zusammenleben mit ihren Schülern haben[99]".

„Unsere Schüler kennen die Telefonnummer ihrer Klassenlehrer, so daß sie notfalls anrufen können, genauso, wie jeder Kollege die Privatnummer des Schulleiters kennt. Ich habe in all den Jahren nur einmal gehört, daß dieses Wissen ausgenutzt wurde. Mich beruhigt es zu wissen, daß meine Schüler mich in dringenden Fällen erreichen können, bevor sie eine bzw. die zweite Dummheit machen[100]".

---

97) Befragung von 2563 Schülern, Humboldt-Universität Berlin, 1991/92 zitiert in: Harry Dettenborn, Gewalt aus Sicht der Schüler Pädagogik, Nr. 3, 1993
98) Otto Speck, Chaos und Autonomie in der Erziehung, Reinhard, München, 1991
99) Peter Struck, vergl. Fußnote 26
100) Uta Thurau / Johannes Grütjen, vergl. Fußnote 27

Wo sollen sie soziale Verhaltensweisen üben, wenn es ihnen in der Familie nicht oder nicht mehr möglich ist? Wo sollen sie lernen, miteinander umzugehen, aufeinander Rücksicht zu nehmen, einmal verzichten, ein anderes Mal sich durchzusetzen, Gefühlen Ausdruck zu verleihen, sich in einen anderen zu versetzen, Regeln miteinander auszuhandeln? In welchem Raum ist es ihnen möglich, sich möglichst sanktionsfrei zu erproben?

Wer heute Lehrer sein will, muß ein hohes Maß an Bereitschaft zu Beziehung, Begegnung, Nähe, Empathie aufbringen.
Es ist daher erforderlich, die Lehrerrolle neu zu definieren und bereits die Lehrerausbildung dem neuen Berufsbild anzupassen.

Dieses sollte heutigen Lehramtsstudenten sehr deutlich gesagt werden.

Heftig ist Hermann Giesecke zu widersprechen, wenn er die Meinung vertritt, in der Schule müsse endlich wieder der „Normalfall" zur Regel werden: lernwillige und lernfähige Schüler. Schule sei der Ort zum Lernen, nicht zum Nachholen der im Elternhaus versäumten Erziehung.
Wenn vor ihm schließlich die Aussage, „Schule müsse wieder Spaß machen"[101] keine Gnade findet, dann übersieht er, daß Lernen eben eines bestimmten Klimas als Lernvoraussetzung bedarf.

Hermann Giesecke läßt allerdings folgende Fragen unbeantwortet:
○ Wer denn die Erziehung übernehmen solle, wenn die Eltern ihre Aufgaben nicht wahrnehmen oder nicht mehr wahrnehmen können?
○ Wo sie denn zu einem Leben in der Gemeinschaft befähigt werden sollen, wenn sich keiner dafür verantwortlich fühlt?
○ Was denn mit den seiner Meinung nach nicht lernfähigen oder lernwilligen Jugendlichen geschehen solle?

5.1.7 Mut zur Erziehung

Obwohl diese Aufforderung in bestimmten Kreisen sehr suspekt ist, bekenne ich mich dazu, Lehrende zu ermutigen, Mut zur Erziehung zu haben.
Mut zur Erziehung meint in diesem Sinne nicht Rückkehr zur autoritären Erziehung, zur Anpassung oder Kadavergehorsam.

---

101) Joachim Neander, Lehrer, Schüler und Eltern, in: Welt am Sonntag vom 25.11.1995

Mut zur Erziehung in der demokratischen Schule kann nur heißen:
○ Gewähren von Freiräumen,
○ Setzen von Grenzen,
○ Achtung des DU,
○ Bereitschaft zur Beteiligung,
○ Befähigung zum Ausgleich,
○ Fördern von ICH- und WIR-Tugenden.

Mut zur Erziehung heißt Mut zur Beziehung.

5.1.8 Freiräume, Regeln und Grenzen („limit setting")

„In fast jeder Klasse sitzen etwa vier Tyrannen[102]: Kinder, die ohne Kontrolle groß werden und keine Grenzen kennen, auch keine Rücksichtnahme, weil sie niemals dazu erzogen wurden, die ihre Mitschüler drangsalieren, den Unterricht belasten und ihr eigenes Lernen behindern[103]".

Unsere Kinder haben kaum noch Grenzerfahrungen, weil Eltern – selbst verunsichert – ihnen keine mehr setzen, weil sie Grenzen setzen mit Liebesentzug verwechseln.

Kinder und Jugendliche brauchen altersabhängig abgestufte Freiräume, um sich erproben zu können, lernen zu können, selbstverantwortlich mit Freiheit umzugehen.
In gleicher Weise benötigen Kinder und Jugendliche altersgemäß abgestufte, einsichtige und verläßliche Grenzen; diese sollte man ihnen erklären, begründen.

Das Setzen von Grenzen hat nichts mit autoritärem Verhalten, mit Verbieten, Manipulieren oder Moralisieren zu tun.
Unsichere Erzieher vermeiden das „Nein", setzen ungern Grenzen, bieten wenig Orientierung und überlassen die Entwicklung dem Zufall, vertrauen auf die Wirksamkeit funktionaler Erziehung, auf die Wirksamkeit von „Selbstregulierungskräften" oder berufen sich auf ihre Toleranz.

Toleranz ist ein hohes Gut und ein wesentliches Erziehungsziel. Toleranz aber heißt nicht, ständig nachgeben, nachverhandeln. Toleranz kann auch Feigheit

---
102) Vergl. Jirina Prekop, Der kleine Tyrann, dtv, München, 1993
103) Hans-Dieter Schwind zitiert in: Westdeutsche Allgemeine Zeitung vom 14.10.1994

und Trägheit bedeuten und das sich um eine Stellungnahme Herummogeln. Einige sprechen von Toleranz und praktizieren eine Wegseh-Mentalität.
Übersetzen wir Toleranz mit „Duldsamkeit", dann sind wir ein vorbildlich „tolerantes" Land. Wir versteckten unsere Polizisten, weil sich einige Politiker zu Äußerungen hinreißen ließen, ihre bloße Präsenz würde eine Eskalation provozieren. Damit überließen wir die Straße den Chaoten.
Ich unterscheide eine passive Toleranz von einer aktiven: Passive Toleranz bietet kaum Orientierung, fördert Unsicherheit und hat statt der verheißenen De-Eskalation Gewalttäter häufig genug zu neuer Gewalt ermutigt.
Aktive Toleranz ist bereit, für unseren demokratischen Staat, für Grundgesetz, Grundrechte und die Achtung der Würde des Menschen einerseits und die Einhaltung von Regeln und Grenzen andererseits engagiert, mutig einzustehen.

Ist nicht gleichgültig, wem alles gleich gültig ist?

Grenzen, Regeln müssen
O dosiert,
O klar verständlich,
O eindeutig, widerspruchsfrei und
O transparent sein.

Grenzen, Regeln müssen
O für alle,
O überall und
O immer gelten.

Mit zunehmendem Alter müssen sie als Kompromisse ausgehandelt werden („contracting").
Wer Kindern keine Grenzen zeigt, sie nicht an die Einhaltung von Regeln gewöhnt, beläßt sie in ihrer Unfähigkeit, in unserer demokratischen Gesellschaft zurecht zu kommen, weil Freiheit Regeln und Grenzen voraussetzt.
Schon Grundschüler können Normen als „Hilfen zur Regelung" eines Vorganges erfahren, nicht als Zwänge, sonst erfolgt keine Identifikation mit ihnen.
Rationale Werte-Vermittlung führt kaum zum Erfolg, wenn eine emotionale Verbundenheit mit dem Werte-Träger fehlt.

Wer meine Anregungen aufgreift und Grenzen zu setzen beginnt, sollte sich nicht wundern, wenn es zu „Grenzüberschreitungen" kommt, weil Jugendliche

Grenzen testen, gelegentlich auch durch Provokationen. Alfred Adler nannte vier Ziele provokanter Grenzüberschreitung:

> 1. Aufmerksamkeit erregen
> 2. Überlegenheit zeigen
> 3. Vergeltung ausdrücken
> 4. Sich gegenseitig hilflos machen.

Abb. 15: Vier Ziele provokativer Grenzüberschreitung (Alfred Adler)

Grenzen geben Orientierung, Sicherheit und Schutz.

Beispiel aus dem Straßenverkehr
Aus unserer Teilnahme am öffentlichen Straßenverkehr können wir eine wichtige Erkenntnis nutzen: Fehlen auf einem Teilstück der Autobahn die Markierungsstreifen nach einer Erneuerung der Fahrbahndecke, so sind wir außerordentlich „unsicher". Uns fehlen „Grenzen", die Markierungsstreifen. Sie fehlen uns umsomehr, je kürzer wir den Führerschein haben (d.h. je jünger wir sind) und je mehr Bahnen vorgesehen sind (d.h. je mehr „Freiheiten" wir haben).

Dieses Beispiel macht einmal mehr deutlich, daß die Gewährung von Freiheit mit der Wahrnehmung von Erziehung einhergehen muß.

Horst Hensel stellt völlig richtig fest: „Für die ‚Neuen Kinder' ist das Vorhandensein eines festen und dauerhaften Regelwerkes außerordentlich wichtig[104]".

5.1.9 Regeln durchsetzen

Geduldete Verstöße haben eine normative Kraft.

Das gilt für Kinder, Jugendliche und – Erwachsene.

Aus diesem Grunde muß die Einhaltung von Regeln beachtet und ihre Mißachtung sanktioniert werden, weil menschliches Verhalten auch durch seine Konsequenzen bestimmt wird. Indifferentes Verhalten bietet keine verläßliche Orientierung.

---
104) Vergl. Horst Hensel, Fußnote 31
  Vergl. auch die drei **R**'s bei Hartmut von Hentig, Fußnote 25 und die 4 **R**'s bei Jan-Uwe Rogge, Fußnote 28

Regeln durchsetzen hat nichts mit der Ausübung von Macht zu tun. Regeln sind vereinbarte Absprachen.

Macht übt aus, wer zum anderen sagt: „Tu dies, weil **ich** es sage!". Die Ausübung von Macht ist völlig ungeeignet, Entwicklungen zu fördern, die zu einem geregelten Miteinander führen. Sie führen eher zu einem angepaßten Verhalten, das nur bei vorhandenem Druck gezeigt wird. Solche Kinder sind „gut", weil sie Angst vor Strafe haben. Damit erziehen wir keine Demokraten, sondern Duckmäuser, die sich, wenn der Druck entfällt, unkultiviert verhalten.

Regeln müssen gegebenenfalls auch konfrontativ durchgesetzt werden, weil manche Jugendliche Gespräche und Hilfen als „psychologische Sülze", als Schwäche auslegen. Eine entschiedene Einnahme eines Standpunktes kann auch „entwaffnend" wirken. Massives, andauerndes Fehlverhalten darf in keinem Falle übersehen werden:

„Schlichtes Ignorieren unangemessener Verhaltensweisen kann im Gegenteil zu chaotischen Zuständen führen, wenn in der Folge nichts unternommen wird[105] ".

Das ist entscheidend wichtig für das Klima in den Beziehungen: Anders als beim Strafen kommt im Konfliktfall die Sanktion nicht vom Lehrer, sondern sie folgt aus der – vereinbarten Regel.

Ich werbe für eine Erziehung mit und durch Regeln, weil sie ein hervorragendes Instrument zur Selbststeuerung ist und die Erziehung zu demokratischem Verhalten fördert.

Grenzen, deren Einhaltung nicht kontrolliert werden, führen zu erheblichen Erziehungsfehlern: Intermittierende Verstärkungen (gelegentliches Tolerieren abweichenden Verhaltens) machen gegen Erziehung quasi immun und sind logisch falsch.

Kinder müssen auch allmählich lernen, Frustrationen auszuhalten und für ihr Fehlverhalten einzustehen.

Eine gute Schule wird eine Regelungswut vermeiden. Wo „alles" geregelt ist, bleibt kaum Raum für eigene Erprobung und Entscheidung. Da die Einhaltung

---

105) Michael Rutter, Fünfzehntausend Stunden, Beltz, Weinheim, 1980

von Regeln stets auch kontrolliert und ihre Mißachtung sanktioniert werden muß, sollten bei jeder Formulierung auch die Konsequenzen beachtet werden[106].

Einige Schulen formulieren auch eine Hausordnung. Dagegen ist nichts einzuwenden, wenn sie neben Setzungen (durch das Kollegium) auch gemeinsam (mit den Schülern) erarbeitete Regeln enthält. Sie entbindet jedoch die Lehrenden nicht von pädagogischem Verhalten; dieses kann nicht an eine Hausordnung delegiert werden, zumal Kinder noch nicht gewöhnt sind, ihr Verhalten an Schriftlichem zu orientieren.

5.1.10 Konsequenz in der Erziehung

Mir sagte ein Schulleiter auf die Frage, ob es an seiner Schule bislang zu gewalttätigem Verhalten gekommen sei: „Nein, unsere Schüler wissen, daß wir das nicht dulden würden".
Ein anderer Schulleiter sagte mir:

„Unsere Erziehung zu Gewaltfreiheit und multinationalem Miteinander
fußt auf drei Säulen:
○ Zeit zum Zuhören,
○ Beratung und
○ Disziplin.
Da bin ich mir mit meinen 33 deutschen und vier ausländischen Kollegen
völlig einig".

Schulen mit einem konstruktiven und entlastenden Klima machen Verteidigungs- und Oppositionshandlungen aus Gründen der Selbstverwirklichung überflüssig.

Aus Gesprächen mit Jugend-Gerichtshelfern, Jugendrichtern und Sozialarbeitern ist bekannt, daß gewalttätige Jugendliche häufig aus übertrieben liberalen Elternhäusern stammen.
Der dort praktizierte Laissez-faire-Stil begünstigt eine Orientierungslosigkeit und führt daher zu dem Bedürfnis, sich autoritären, aggressiven Gruppen anzuschließen – nicht zuletzt als Abgrenzung gegenüber ihren allzu liberalen Eltern.

---

106) Der weise Rat „respice finem" – vergl. Fußnote 62 – gilt auch hier.

„Es ist besonders fatal, aggressiven Kindern keine Grenzen zu zeigen und statt dessen aus falsch verstandener Liebe zum Kind immer wieder zurückzuweichen[107]".

Kinder sollten schon früh auch „verzichten" lernen – bestimmter Werte wegen. Erzieher müssen Forderungen an sie stellen, ihnen auch etwas abverlangen.

Auch hier zeigt sich eine Schwäche in der Wahrnehmung des Erziehungsauftrages: Während im Leistungsbereich der Fördergedanke in vielen Schulen praktiziert wird, werden Fördermaßnahmen im Verhaltensbereich an allgemeinen Schulen kaum erörtert. Heute ist es noch gängige Praxis, Kinder und Jugendliche mit Förderbedarf in ihrem Verhalten – auszugliedern; sie müssen ihre Schule verlassen (Cooling-out-Prinzip).

5.1.11 Die „Broken-Windows-Theorie"

In den letzten 3 Jahren ist in New York die Zahl der Schwerverbrechen aufgrund eines konsequenten Handelns um 39% zurückgegangen. Ordnungswidrigkeiten und Kleindelikte wie Trinken und Urinieren in der Öffentlichkeit, Graffiti-Sprayen und Vandalismus in der U-Bahn wurden konsequent verfolgt und streng geahndet.

„Warum dies Auswirkungen hat auch auf die Schwerverbrechensrate, erklärt die ‚Broken-Windows-Theorie', die George L. Kelling und Catharina M. Coles in ihrem gerade erschienenen Buch ‚Fixing Broken Windows: Restoring Order and Reducing Crime in Our Communities' erläutern. Wenn man klein anfängt, so ihre hier verkürzte These, also zum Beispiel zerbrochene Scheiben ersetzt, werden sich auch die großen Probleme lösen[108]".

Beispiel aus Berlin

Die militanten Demonstranten, die zum 1. Mai diesen Jahres zum wiederholten Male ihre „revolutionären Demonstrationen" durchführen wollten, wurden von vornherein nicht im Unklaren darüber gelassen, daß die Polizei jeglicher Gewalt schon im Ansatz entgegentreten würde (Formulierung einer Regel). Kaum waren die ersten Steine geflogen (Kontrolle der Einhaltung der Regel), antwortete der demokratisch legitimierte Staat (Konsequenz bei Regelverletzung). Alle Ausschreitungen wurden zwar nicht verhindert, aber Chaos und Gewalt konnten dieses Jahr in Berlin-Mitte und in Kreuzberg nicht mehr triumphieren.

---

107) Peter Struck, Liebe – Impfstoff gegen Haß und Gewalt, Schule heute, Nr. 1/1993
108) Verena Lueken, Von unsichtbarer Hand, in: Frankfurter Allgemeine Zeitung vom 10.1.1997

5.1.12 Was aus Nachgeben werden kann

Beispiel
Eine Lehrerin berichtete mir, ihr wurde von einem Schüler ein Bein gestellt, und sie stürzte schwer. Gebeten, die Situation zu schildern, erzählt sie:
Lehrerin: „Es fing alles ganz harmlos an...
Mal sagte einer: „Sie haben aber einen knackigen Po".
Mal ein anderer: „Ist das alles Brust, was bei ihnen so wackelt?"
RS: „Und was haben Sie darauf geantwortet?"
Lehrerin: „Nichts. Ich dachte, das läuft sich tot!"

Kommentar:
O Die Lehrerin setzte keine Grenzen.
O Sie ließ es zu, daß ihre Grenze mißachtet wurde.
O Die „Tests" der Schüler fielen positiv aus.
O Daher „testeten" sie gezielter, unverschämter.
O Aus der Gewaltforschung wissen wir, daß die Bereitschaft, andere zu verletzen, wächst, wenn man sich nicht wehrt, keine Grenze setzt.

5.1.13 Rücksichtslosigkeit nicht dulden

Eltern und Lehrer sollten Kindern nicht gestatten, sie oder andere rücksichtslos zu behandeln.
Lehrer haben die Pflicht, ego-zentrierten Kindern Grenzen zu setzen, um ihre Entwicklung zu fördern (die Dezentrierung zu unterstützen) und um die Entfaltungsrechte anderer Kinder abzusichern.
Kinder brauchen für die erforderlichen Prozesse der Enkulturation und Personalisation die Auseinandersetzung mit Grenzen, mit begründeter Autorität, mit Werten, mit Schlüsselregeln und mit Grenzerfahrungen. Diese müssen, damit ihre Wirksamkeit erhalten bleibt, konsequent beachtet werden.

5.1.14 Kinder sollen nicht lernen, daß sie „alles tun dürfen".

Vor einigen Monaten nahm ich am Unterricht in einer Grundschule teil. Die Lehrerin gab, nachdem sie eine Geschichte erzählt hatte, den Auftrag, einzelne Personen dieser Geschichte zu beschreiben: „Ihr sollt jetzt schreiben, was die Personen, der Vater, die Mutter, der Briefträger oder die Nachbarin taten. Wer aber nicht schreiben mag, darf auch ein Bild malen".

Was, frage ich, sollten die Kinder in dieser Stunde lernen? Etwa: Wir sollen etwas leisten, und wenn uns das zuviel ist, dann können wir auch malen? Diese Stunde war deutlich als Unterricht in Sprache ausgewiesen.

5.1.15 Gute Schüler-Lehrer-Beziehungen

Wie komplex die Gesamtproblematik ist, wird durch Erkenntnisse von Reinhard und Anne-Marie Tausch deutlich: Kinder akzeptieren Grenzen in einer guten Schüler-Lehrer-Beziehung, weil sie in den verschiedensten Kontexten Achtung und Anerkennung erfahren. In schlechten Beziehungen interpretieren sie Grenzen als Behinderungen und die Einhaltung von Grenzen als Schwächen.

5.1.16 Schule als Lebensraum für Kinder und Jugendliche

Schule muß sich vom Aufenthaltsort zur Begegnungsstätte – oder wie Hartmut von Hentig nicht müde wird, über viele Jahre zu fordern – zum „Lebensraum[109]" für Schüler und Lehrer, für Jugendliche und Erwachsene, für Menschen verschiedener Religionen, Kulturen entwickeln.

Auf Paul Goodman („A place to grow up it") verweisend, stellt von Hentig fest, daß unseren heutigen Kindern ein Lebensraum fehle: diesen sollte daher Schule in erster Linie anbieten.

Die Chance, hier Anregungen, Bereicherungen zu erfahren und Freundschaften zu entwickeln, scheint mir bisher – obwohl zukunftsbedeutsam – zu wenig genutzt.

Über den Unterricht hinaus bietet daher eine Vielzahl von Schulen ihren Schülern Betreuung – auch über den Mittag hinaus – an; dabei sind Schulen beeindruckend erfinderisch in der Gestaltung und in der Erschließung erforderlicher Ressourcen. Eine solche Schule wird später vorgestellt werden (vergl. 5.6.1).

---

[109] Hartmut von Hentig, vergl. Fußnote 30, 52 und 85; in letzterem sind zahlreiche Anregungen enthalten.

5.1.17 Da sein für Kinder und Jugendliche

Der WDR-Redakteur Kurt Gerhardt formulierte in seinem Kommentar am 17.11.1992:

> Ich kenne auch einen Vorschlag zur Prävention:
>
> Sich um Kinder kümmern.
> Da sein und sich kümmern.
> Weiter nichts.
>
> Kurt Gerhardt

Abb. 16: Ein Vorschlag zur Gewaltprävention

In Problemsituationen neigen Lehrer zu der Frage:
O „Was mache ich mit dem Schüler, wenn er...?"
O „Wie verhalte ich mich gegenüber der Schülerin, wenn sie..."

Wichtig ist häufig nicht, was ich mit dem anderen mache, sondern wie ich mich gegenüber dem anderen verhalte. Wichtig sind m e i n e Gesinnung, m e i n e Einstellung.

Beispiel – wie ich das Vertrauen eines „Unerzogenen" gewann
Ich besuchte eine Mutter, die Probleme mit ihrem Sohn Siggi, 10 Jahre, hat.

Siggi	öffnet mir die Tür.
RS:	„Guten Tag, Siggi."
Siggi:	„Tag, Du Arschloch[110]!"

Ich reagiere auf diese Provokation nicht und nehme die Einladung zu einer Tasse Kaffee an.
Siggis „Störversuche" bleiben unbeachtet.

Siggi:	„Was willst du hier?"
RS:	„Ich wollte dich besuchen und sehen, was du machst!"

---
110) Kraftausdrücke faszinieren Jugendliche. Sie haben erfahren, daß man mit Worten, die „bärenstark" sind, Grenzen testen kann. Sie warten auf die Wirkung ihrer „Treffer". Falsche Reaktion: „Das tut man nicht", richtig: „**Ich** mag das nicht". Damit setzt man seine Grenze. – In dem beschriebenen Fall konnte kein „Treffer" erzielt werden.

Was kann Schule tun?
Souveräne Wahrnehmung des Erziehungsauftrages

Siggi:	„Mehr nicht?"
RS:	„Nein, mehr nicht."
Siggi:	„Verstehst Du was vom Computer...?"
RS:	„Ein bißchen..."
Siggi:	„Ja...?" und nach einer Weile:
Siggi:	„Komm, ich zeig dir meinen..."
RS (beim Hochgehen):	„Übrigens, ich heiße Ralf."

Wir spielten eine Weile zusammen, ich konnte einige Einstellungen seines PCs ändern und dadurch dessen Geschwindigkeit und die Auflösung des Monitors deutlich erhöhen – und Siggis Aufmerksamkeit gewinnen.
Als ich ging, fragte er: „Kommst Du wieder?"

RS:	„Na, klar, wenn du es möchtest... – Tschüs, Siggi."
Siggi:	„Tschüs, Ralf."

Weil die heutigen Kinder anders sind als die früherer Generationen, muß die Schule Mut entwickeln, anders zu werden, auch, um ihre eigentlichen Aufgaben und Ziele wahrnehmen zu können.

„Wir setzen uns nachmittags hin, um...die Funktion der Schule in dieser geänderten Situation zu erkennen. Uns wurde klar:
Die Aufgaben, die das Elternhaus nicht mehr übernahm, mußte die Schule leisten. Wir mußten zusätzlich zur Wissensvermittlung verstärkt erzieherische Aufgaben übernehmen, versuchen, die fehlende menschliche Wärme zu ersetzen, Vorbilder zu schaffen, die Schule zu öffnen, sie zu einem Ort zu machen, der von den Schülern gern aufgesucht wird, an dem sie sich wohl fühlen, nicht nur zur eigentlichen Schulzeit, sondern auch am Nachmittag[111]".

Es sollte uns nicht gleichgültig sein, wie sich Schüler in der Schule, im Unterricht fühlen. Gespräche, angestoßen durch Halbsätze wie
○ „Schule ist für mich...",
○ „Lernen heißt..." oder
○ „Wenn ich an Schule denke..."
können zu aufschlußreichen Erkenntnissen führen.

---

111) Uta Thurau / Johannes Grütjen, vergl. Fußnote 27

5.1.18 Identifikation mit der Schule fördern

Schulen mit einem warmen inneren Klima beeindrucken durch ihre äußere Gestaltung. Wo Schüler gestalten oder mitgestalten dürfen, gibt es kaum Zerstörungen. Wo versucht wird, Schülern Räume anzubieten, wo sie sich wohl fühlen können, da ist für Vandalismus kein Raum. Identifikation erreicht man dort, wo Schüler gemeinsam in einer entlasteten Atmosphäre Anregungen nachgehen, Interessen entwickeln und pflegen können.

Manche Schule unterhält eine Band, mit der sie sich auch im Stadtteil darstellt. Manche Schule unterhält eine Gruppe zur Pflege alter Musik, in der sogar die Instrumente selbst gebaut werden. Das knüpft Wege in die Akustik und in die Geschichte. Und es macht neugierig, reizt zum Ausprobieren, führt Jugendliche zum WIR.

Manche Schulen haben in ihrem Stadtteil den Ruf eine Stätte zu sein, wo man „gute" Geschenke für Weihnachten kaufen kann. Wochen vor Weihnachten wird intensiv gearbeitet, Kitsch wird von Kunst unterschieden. Darüber werden die Kinder nicht „belehrt", sondern sie leben, erfahren Kunst.

Andere Schulen haben eine Briefmarken-AG. Sie ist gleichzeitig ein Forum für ältere und jüngere Schüler und Gäste aus der Gemeinde. Historisches wird „nebenbei" gelernt; man redet über Drucktechniken, gelungene oder mißlungene Motive, betreut einen Rollstuhlfahrer, der Briefmarken sammelt. Die jährlichen Ausstellungen sind ein Höhepunkt im Ort. Einmal werden anhand des Portos Preisentwicklungen dargestellt, ein anderes Mal werden Motivsammlungen ausgestellt, eine Stempelsammlung des Ortes wird Anlaß zu einer Auseinandersetzung mit der Heimatgeschichte und der Aufnahme von Kontakten zu alten Menschen am Ort.

Andere Schulen unterhalten einen Chor, eine Schwimmstaffel, eine Handballmannschaft und schließlich heißt es: „Morgen spielt unsere (!) Schule gegen...!"

Fragen, die sich ein Kollegium stellen sollte:
○ Identifiziert sich unser Kollegium mit der Schule?
○ Welche Sympathien bestehen bei uns für das Umfeld, den Stadtteil?
○ Hat unsere Schule ein unverwechselbares Profil?
○ Weshalb wählen Eltern gerade unsere Schule aus?
○ Welche Erwartungen stehen dahinter?
○ Welche Rolle spielt unsere Schule im Leben der Stadt, des Stadtteils?

Eine Schule, die ausländische Schülerinnen und Schüler besuchen, wird auch ihnen Möglichkeiten zur Identifikation anbieten. Ausländische Kinder berichten über ihr Land, ihre Region, ihre Religion, ihre Bräuche, und gemeinsam können auch ihre Feste gefeiert werden.

5.1.19 Interkulturelle Erziehung

Wie bereits dargestellt, können
- Lerndefizite,
- Ausgliederungen,
- Identitätsverluste

Verhaltensprobleme, Aggressionen und sogar Gewalt hervorrufen.
Sprachliche Probleme und kulturelle Andersartigkeit erschweren häufig eine Integration ausländischer Schüler in unser Schulsystem, rechtliche Regelungen brachten bisher häufig türkische Mädchen (z.B. Schwimmunterricht) in Konflikte.

Die ursprüngliche „Ausländerpädagogik" intendierte insbesondere eine schulische Förderung in der deutschen Sprache („Deutsch als Zweitsprache"), leistete aber einer Assimilation nationaler und kultureller Gruppen Vorschub und beeinträchtigte – ungewollt – den Erhalt und die Förderung kultureller und nationaler Identität und förderte die Ghettobildung. Einen Beitrag zur Verständigung, zum Abbau von Fremdenfeindlichkeit oder Fremdenhaß konnte sie nur ansatzweise leisten.

Als Konsequenz und angeregt durch die bewährte Praxis in anderen westlichen Ländern entwickelte sich die „Ausländerpädagogik" zur „interkulturellen Erziehung", deren Auftrag und Ziel es ist, deutsche und ausländische Schüler auf ein gemeinsames Leben in einer multiethnischen Gesellschaft vorzubereiten, in der dauerhaft mehrere Kulturen, Religionen und Ethnien friedlich, sich gegenseitig achtend und bereichernd miteinander leben.

„Interkulturelle Erziehung" ist auf deutsche und ausländische Schüler in allen Schulformen und -stufen gerichtet und verfolgt u. a. folgende Ziele:
- Förderung der Kommunikation unter den verschiedensten Nationalitäten,
- Integration unter Wahrung der kulturellen Identität,
- Förderung des Abbaus von Grenzen, Hindernissen, Hemmnissen,
- Verhinderung bzw. Abbau von Mißverständnissen,
- gegenseitige Bereicherung durch „Begegnung der Sprachen" (Literatur, Kunst, Musik, Geschichte usw.).

Was kann Schule tun?
Souveräne Wahrnehmung des Erziehungsauftrages

Aus diesen Gründen sollte „interkulturelle Erziehung" auch in Klassen praktiziert werden, in denen (noch) keine ausländischen Jugendliche am Unterricht teilnehmen.

„Interkulturelle Erziehung" macht – allerdings – insgesamt eine umsichtige Unterrichtsplanung erforderlich; dabei müssen die kulturellen und sozialen Erfahrungen aller Schüler berücksichtigt werden.

Beispiel 1*
Ausländische Schüler verfügen oft über ein anderes Repertoire von Handlungsstrategien.

> „Frau K. hatte wiederholt festgestellt, daß ein türkischer Schüler ihres 2. Schuljahres bei der Aufforderung, sich anzufassen, einen Kreis zu bilden, sich zu zweit aufzustellen, wie eine Furie auf seine Cousine zugestürzt war, sie von anderen losgerissen hatte und an ihrer Seite blieb, wenngleich er und auch dann nie ohne nochmalige Aufforderung bereit war, ihre Hand zu nehmen.
> Auf die verzweifelte Frage nach dem Grund des ewigen ‚Theaters' antwortete der Kleine: „Sie ist die Tochter meines Onkels. Ich muß auf sie aufpassen."

Eine Abwehr der Lehrerin hätte eine wesentliche kulturelle Eigenart verschüttet.

Beispiel 2
Leistungsverhalten kann durch deutschen Lehrern unverständliche Elemente – in dem folgenden Beispiel sogar magische Elemente, wie sie im mediterranen Raum häufiger beobachtbar sind – beeinflußt sein.

> „In einem 3. Schuljahr saß der Junge tagtäglich, wenn's zum Lesen kam, verkrümmt – mit Kopfschmerzen – wie er angab und konnte einfach nicht mitlesen. Der Lehrerin wurde dies mit der Zeit unheimlich. Sie schaltete den türkischen Kollegen ein, der ein Gespräch mit den Eltern führte. Dabei ergab sich, daß Mustafa vom örtlichen Hodscha in der Türkei, als er nach Deutschland reisen sollte, um dort eingeschult zu werden, ein Amulett erhalten

---

* Die Beispiele habe ich dem unveröffentlichten Manuskript von Horst Bartnitzky, Heike Elsholz und Barbara Schlotmann „Aspekte interkulturellen Lernens zum Grundschullehrplan ‚Sprache' entnommen", die Texte sind der gleichen Quelle entlehnt.

hatte. So etwas ist nicht ungewöhnlich als Schutz- und Segensbringer. In diesem Fall – das Amulett (ein kleiner Zettel) war von der Mutter entgegen der Auflage gelesen worden – hatte es einen Fluch zum Inhalt: Vom Lesen werde dem Jungen Verderben kommen".

Ausländische Schüler können vielfach eine Bereicherung auch des Unterrichtes darstellen:
○ Sie verfügen (mindestens) über zwei Sprachen und sind im „Vermitteln" häufig gut geübt und im Erkennen der Sprachabsicht.
○ Sie besitzen im lebenspraktischen Bereich (Gemüse- und Obstanbau, Textilproduktion, Wissen über Vorgänge bei Geburt und Tod, Umgang mit Krankheit usw.) weiterreichende Erkenntnisse als deutsche Jugendliche aufgrund ihrer konkreten Erfahrung und Lebensumstände.
○ Sie haben besonders ausgeprägte non-verbale und darstellerische Fähigkeiten (Pantomime, Schattentheater, Sketch usw.)

Diese Vorsprünge wird ein guter Unterricht nutzen.

Demgegenüber haben ausländische Jugendliche auch Lernschwierigkeiten:
○ Viele von ihnen „kommen – wie auch viele deutsche Kinder – oft aus Familien, denen der Umgang mit Texten aufgrund ihrer Lebensbedingungen im Herkunftsland (Arbeitsbelastung, Institutionenferne, mangelnde Infrastruktur im Bildungssektor, Alphabetisierungsgrad, finanzielle Schwierigkeiten) erschwert ist. Diese Kinder brauchen Unterstützung und Förderung der Bereitschaft, mit Texten umzugehen".
○ Bestimmte Medien können ausländische Jugendliche in Kultur- oder Sozialisationskonflikte bringen oder Lerneffekte verhindern: Die Bildergeschichten „Vater und Sohn" sind in unseren Schulen sehr beliebt. Die Bildergeschichte „Der Schmöker" wird beispielsweise türkischen Kindern weder verständlich sein, noch werden sie die Pointe erkennen können, weil der Vater in dieser Bildergeschichte mit ihrem während ihrer Primärsozialisation erworbenen Vaterbild (Vater als Autoritätsperson) nicht in Einklang zu bringen ist.
○ Wurde Deutsch als Zweitsprache erworben, helfen Methoden wie Freinet-Arbeit, Montage von teilfertigen Texten oder Satzmustern, Betextung von Bildfolgen zu schrittweisem Erfolg.

Gerade ein am exemplarischen Lernen orientierter Unterricht kann in allen Fächern der Stundentafel seinen Beitrag zu sozialer Integration leisten.

Beispiel 3
Wie Freude am gemeinsamen Spiel, an der Sprache anderer Kinder beflügeln kann, zeigt ein Beispiel, das eine Lehrerin praktizierte, die folgende Anregung während einer Fortbildungsmaßnahme erhalten hatte:

> Die Kinder spielten „Wer hat Angst vorm schwarzen Mann?". Dabei wurde die einzelnen Rufe bzw. Fragen in den einzelnen Muttersprachen gesprochen.
> Begann beispielsweise Silvio zu fragen „Chi ha paura dell'uomo nero?", dann riefen alle vergnügt und wie aus einer Kehle „Nessuno!", und stellte beispielsweise Fakir die Frage in seiner Muttersprache, dann riefen sie alle „Kimse!".

5.2 Stärkung der Verantwortung von Lehrern und Schülern

5.2.1 Selbstverantwortung fördern

Heute wird noch zuviel zentral geregelt, was sinnvoll und zügig dezentral – also vor Ort – geregelt und entschieden werden könnte. Manch ein Reformansatz schlug daher nach „unten" nicht durch, weil Bedürfnisse und Aktivmotivationen der betroffenen Lehrer nur unzureichend berücksichtigt wurden.

Wer zu Umgang mit Freiheit und Selbstverantwortung erziehen soll, wer Freiräume eröffnen, Eigeninitiativen fördern soll, muß Freiheit, Selbstverantwortung selber erfahren. Wer selber gegängelt wird, gängelt auch andere.

Aus diesem Grunde ist es sinnvoll, die Eigenverantwortung der einzelnen Schule – und bei großen Systemen – auch Teilkollegien oder Abteilungen zu stärken. Ich verspreche mir davon die Entwicklung innerer Reformen, eine stärkere Profilierung der einzelnen Schule, eine deutliche Identifikation mit der einzelnen Schule, eine höhere Arbeitszufriedenheit der Lehrer insgesamt und alles in allem die erforderliche Qualitätsverbesserung und ein sich anbahnendes Qualitätsbewußtsein.

Ich plädiere nicht für eine „autonome" Schule, die es gar nicht geben kann, aber für eine Schule, die eine größere individuelle Eigenständigkeit und Gestaltungsfreiheit erhält, wie sie beispielsweise die Denkschrift[112] empfiehlt, damit sie

---
112) Denkschrift, vergl. Fußnote 17

auf ihre Schüler und die Herausforderungen ihrer spezifischen Lebensumwelt adäquat reagieren kann.

Hierbei muß allerdings auf die notwendige Balance zwischen größerer Selbständigkeit und eigenverantwortlichen Entscheidungen einerseits und der bestehenden Gesamtverantwortung des Landes für die Qualität schulischer Arbeit gewahrt bleiben.

Diese Balance will auch die nordrhein-westfälische Kultusministerin, wenn sie neben der Gestaltungsfreiheit der einzelnen Schule kontrollierende Elemente sicherstellen will[113].

Schließlich sollten die Schüler bei der Auswahl der Inhalte und der Gestaltung des Unterrichtes, der Durchführung von schulischen Veranstaltungen und der Gestaltung der Schule zunehmend Mitverantwortung wirklich und nicht nur formal tragen dürfen. Sie könnten so erleben, daß sie jenseits ihrer schulischen Leistungen ernst genommen werden und die Schule auch **ihre** Schule ist.

5.2.2 Rolle der Schulaufsicht

Da größere Freiheit mit intensiver Beratung, Ermutigung, Hilfestellung, Anregung allerdings auch mit Qualitätskontrolle vergleichbarer schulischer Standards einhergehen muß, kann auch künftig auf eine Schulaufsicht nicht verzichtet werden.
Die Aufsicht über das gesamte Schulwesen ist im übrigen auch grundgesetzlich geregelt (Artikel 7 GG).

Schulaufsicht muß Stärken und Schwächen der einzelnen Schule aufdecken und erforderlichenfalls Hilfestellungen zur Qualitätsverbesserung geben, um vergleichbare Anforderungen und Ergebnisse sicherzustellen. Qualitätssicherung der Bildung muß dabei ihre vordringlichste Aufgabe sein.
Daher sollte verhindert werden, daß die klassische Schulaufsicht zu bloßer Schulverwaltung verkümmert zugunsten einer 2. Institution, der sogenannten pädagogischen Dienste ohne Dienst- und Rechtsaufsicht, wie sie – allerdings auch – in der Denkschrift[114] vorgeschlagen wird.
Sowohl Aufsicht als auch Kontrolle sind neu zu definieren bzw. zu gestalten. Kontrolle kann auch – mit Einschränkungen – Selbstevaluation sein. Sie kann

---

113) Pressekonferenz der nordrhein-westfälischen Kultusministerin Gabriele Behler am 19.2.1997
114) Vergl. Fußnote 17

Aufsicht nur ergänzen, nicht ersetzen und bedarf der besonderen Qualifikation der Selbstevaluierenden, soll sie nicht dazu führen, „sich selbst auf die Schulter zu klopfen und (sich) großartig zu finden[115]".

5.2.3 Beispiele für zu gewährende Freiräume:

Klassenfrequenzen

Genormte Klassenfrequenzen beschränken die Schule in ihren Förder- und Integrationsmöglichkeiten. Können in einer Klasse 20 Schüler zu viel sein, können in einer anderen Klasse 34 Schüler ohne Beeinträchtigung gemeinsam lernen. Die Forderung, zwei Klassen je 24 Schülern zu bilden, entspringt zwar dem schier unbändigen Willen, alles „gleich" zu machen, kann allerdings pädagogischen und fachlichen Zielen deutlich entgegenstehen.

Es sollte daher der Schulkonferenz der Schule überlassen bleiben, die Frequenzen festzulegen, wenn der Pflichtunterricht mit den zugewiesenen Stellen – ich plädiere für ein jeder Schule einzurichtendes „Schulkonto" (Lehrerstellen einschließlich aller Zuschläge) – gesichert ist.

Profile

Profile innerhalb der Schulform fördern individuelle Begabungen, ermöglichen eine stärkere Identifikation, machen Schulen unterscheidbar und lassen die stärkere Berücksichtigung des Standortes zu. Schulen sollten daher das Recht zu einer stärkeren Profilbildung erhalten.

Lehrplangestaltung

Die derzeitigen Regelungen bieten den Schulen Freiräume für die Erstellung standortbezogener Lehrpläne.
Schulen würde ich vorschlagen, in einem Lehrplan-G, der sich am amtlichen Lehrplan zu orientieren hat, die unverzichtbaren, verbindlichen Grundkenntnisse und in einem Lehrplan-P die Ziele, Inhalte und Methoden des schuleigenen Profils festzulegen.
Die gewonnenen Freiräume sollten soweit sie die amtlichen Lehrpläne nicht schon erforderlich machen, für intensives projekt- und erfahrungsoffenes Lernen, für Blockungen und Epochalisierungen genutzt werden.

---

115) Vergl. Glosse in der Frankfurter Allgemeinen Zeitung vom 6.12.1966 zur Selbstevaluation des Landesinstitutes für Schule und Weiterbildung, Soest

Was kann Schule tun?
Stärkung der Verantwortung von Lehrern und Schülern

„Ich fände es an der Zeit, daß ein Kultusminister bei der Bilanzierung seiner Erfolge einmal nicht auf Zahlen und Abschlußzeugnisse verwiese, sondern darauf, daß es im Bereich seiner Verantwortung fünf Schulen gibt, an denen fünf Tage im Monat Menschen ohne Stoff-, Noten- und Zeitdruck Erfahrungen machen und sie gemeinsam nachdenklich durchdringen könnten[116]*".*

Mitwirkung bei schulorganisatorischen Maßnahmen

Erreichen Schulen nicht eine normierte Betriebsgröße, droht ihnen nach heute geltendem Recht die Schließung. Statt sich ausschließlich an der numerischen Norm zu orientieren, sollte bei schulorganisatorischen Maßnahmen zuvörderst ihre Qualität untersucht werden.

Was ist dagegen einzuwenden, wenn die Schulkonferenz einer Schule mit einer geringeren Schülerzahl mit ihren Stellen Schule mit einem überzeugendem Programm auch künftig gestalten will?

Eine leichte Kürzung der Pflichtstunden muß nicht zu einem Niveauverlust führen.

Mit mehr Flexibilität hätte bisher manche innerlich intakte kleine Schule ihre anerkannte und akzeptierte Bildungsarbeit fortsetzen können. Überschaubarkeit und Nähe können durchaus Gütesiegel einer Schule sein.

Haushaltsmittel

Viele Schulträger in Nordrhein-Westfalen griffen – allerdings aus unterschiedlichen Gründen – die Anregung der Denkschrift auf, und übertrugen die Verwaltung der zugewiesenen Finanzmittel der Schule.

Damit ist es Schule besser als früher möglich, mittelfristig auch größere Anschaffungen zu planen, Sachmittel umzuschichten oder auf das nächste Haushaltsjahr zu übertragen.

Sehr problematisch ist der aus der Wirtschaft kommende Vorschlag, Schulen sollten sich zur Finanzierung an Sponsoren wenden können, weil damit leicht 2 Klassen von Schulen geschaffen werden: Die Schule mit einer langen Tradition in einem gehobenen sozialen Wohnviertel wird eher potente Sponsoren finden

---

[116] Horst Rumpf, Die künstliche Schule und das wirkliche Lernen, Ehrenwirth, München, 1986

als die Schule in einem sozialen Brennpunkt, die vermutlich besonderer finanzieller Mittel bedarf.
Der Schulträger darf aus seiner Verpflichtung nicht entlassen werden.
Nichts dagegen ist einzuwenden, wenn eine Schule sich über Sponsoren oder Fördervereine zusätzliche über den staatlich zugewiesenen Bedarf hinausgehende Mittel beschafft.

Regelung der Pflichtstunden

Solange Schulen mit erheblichen teils durch die Schule selbst, größtenteils jedoch durch die gesellschaftlichen Verhältnisse verursachten Probleme belastet werden, sollten die Schulleiter in Abstimmung mit der Schulkonferenz das Recht erhalten, in einem festzulegenden Rahmen und gestaffelt nach der Größe der einzelnen Schule, bei bestehendem erhöhten Beratungsbedarf bei Schülern und deren Eltern Lehrer flexibel mit Unterricht, aber auch mit Beratungsaufgaben oder mit Aufträgen zur Betreuung einsetzen zu können.
Heute gilt – verkürzt – die Formel Pflichtstunden = Unterrichtszeit; zeitlich befristet sollte für einzelne Lehrer die Formel gelten können Pflichtstunden = Unterrichtszeit + Beratungs-/ Betreuungszeit.
Meine Erfahrung lehrt, daß größere Freiheit und delegierte Verantwortung nicht zu Mißbrauch führen.

> Nieman kan mit gerten
> Kindes zuht beherten.
> Den man z'êren bringen mac,
> dem ist ein wort als ein slac.
> Dem ist ein wort als ein slac,
> den man z'êren bringen mac.
> Kindes zuht beherten
> nieman kan mit gerten.
>
>   Walter von der Vogelweide[117]

---

[117] Gedicht, Mittelhochdeutscher Text und Übertragung, ausgewählt und übersetzt von Peter Wapnewski, Frankfurt 1962, Fischer.
Übersetzung: Niemand vermag mit Ruten
  Kindes Erziehung zu erzwingen.
  Den man zu einem Mann von Ehre erziehen kann,
  dem ist ein Wort wie ein Schlag.
Im Gegensatz dazu: „Gewalt ist eher mit Gewalt zu vertreiben". Johann Wolfgang von Goethe, Dichtung und Wahrheit, Hamburger Ausgabe, Band 9

Lehrereinstellung

Die zentrale und unpersönliche Lehrerzuweisung erweist sich als schwerfällig, unflexibel und führt dazu, daß neue Kollegen nach dem Zufallsprinzip bestehenden Kollegien zugewiesen werden und häufig bereits mit dem Versetzungsgesuch in der Tasche den Dienst antreten.

Ich kann mir keinen funktionierenden Betrieb vorstellen, in dem Einstellungen ausschließlich aufgrund bestimmter Datenlagen – ohne ein persönliches Gespräch – vorgenommen werden.

Würden freie Stellen an der einzelnen Schule ausgeschrieben, könnte man den Wünschen und Bedürfnissen sowohl der bestehenden Kollegien als auch der neuen Kollegen entgegenkommen; die Kollegien und die Einstellungsbewerber könnten prüfen, ob sie zueinander passen und künftig miteinander arbeiten wollen.

Das würde die Zahl der Versetzungsbewerber auf ein Minimum senken, Kontinuität in den Kollegien sichern und äußerst positive Auswirkungen auf das gesamte Schulklima haben.

Das Land Nordrhein-Westfalen – vorangetrieben durch die Kultusministerin selbst – versucht diesen Weg mit den sogenannten „schulscharfen Ausschreibungen"; wurden zunächst 5% der besetzbaren Stellen so ausgeschrieben, sind es zum Schuljahr 1997/98 bereits 25%, und im darauffolgenden Jahr sollen 60% der Stellen über dieses Verfahren besetzt werden.

Zum Vorstellungsgespräch kann die „Auswahlkommission" neben den Leistungsbesten (§ 7 Landesbeamtengesetz NRW) auch zu der Schule – ihrem Fachbedarf und ihrem Profil – besonders „passende" Lehrer einladen.

Abgesehen von einigen überflüssigen und das Verfahren lähmenden Regelungen handelt es sich um – wie Politiker zu sagen pflegen – einen „Schritt in die richtige Richtung".
Kontraproduktiv und das Verfahren verwässernd finde ich Überlegungen, nur Bewerber künftig zuzulassen, die über einem bestimmten Notendurchschnitt liegen. Damit würde das dezentrale Verfahren wieder zentral gesteuert, und die eine oder andere Schule müßte ggf. auf einen besonders passenden Lehrer verzichten.

Nächster Schritt sollte die Einrichtung von Schulkonten sein, die es der Schule ermöglichten, auch unterjährig der Bezirksregierung Lehrer zur Einstellung vorzuschlagen, damit beispielsweise Abgänge im laufenden Jahr ausgeglichen werden können. Die Schule sollte auch selbst entscheiden können, ob sie bei einem besonderen Bedarf einen Lehrer oder beispielsweise einen Sozialpädagogen einstellen will.

Bandbreitenregelung in Nordrhein-Westfalen – ein guter Ansatz

Ein begrüßenswerter Schritt ist die Festlegung von Bandbreiten in den Stundentafeln nordrhein-westfälischer Schulen:

Beispielhaft will ich einen Vorteil für die Hauptschule aufzeigen: Im Wahlpflichtunterricht sind in den Klassen 7 und 8 zwei Stunden, in den Klassen 9 und 10 zwei bis vier Stunden anzubieten. Insgesamt müssen zwischen acht und zwölf Stunden erteilt werden. Zur Setzung eines schulspezifischen Schwerpunktes in Naturwissenschaften könnte eine Schule die Höchststundenzahl wählen, also jeweils 4 Stunden anbieten. Berücksichtigt man dazu noch die fachgebundenen Stunden in Naturwissenschaft, dann könnte ein Schüler wöchentlich ab Klasse 8 bis zu acht Stunden Unterricht im naturwissenschaftlichen Bereich erhalten und damit ein individuelles Profil erwerben, das abschlußrelevant ist; denn in Klasse 10A gehören Deutsch, Mathematik, Naturwissenschaften und Arbeitslehre zu den herausgehobenen Fächern (Fächergruppe I). Eine derartige Förderung kann die Kompetenz in einem Bereiche stärken, zu größeren Leistungen führen und damit die Zahl jener Schüler erhöhen, die einen Sekundarabschluß I – Hauptschulabschluß nach Klasse 10 anstreben.

5.2.4 Mitbeteiligung und Delegation

Auch eine Schulleitung kann zur Stärkung der Verantwortung des Kollegiums beitragen, wenn sie beispielsweise mitbeteiligt und Aufgaben zur Mit-Gestaltung von Schule delegiert.

Schließlich kann ein an der Erwachsenendidaktik orientierter Konferenzstil einen Beitrag zur Pflege einer Konferenzkultur leisten. Eine „gute" Schulleitung wird dem Kollegium Gestaltungsspielräume eröffnen und innovative Aktivitäten nach Kräften fördern.

Zu einem intakten Schulleben gehören Lehrerinnen und Lehrer. Der Schulleiter muß sie dafür gewinnen, daß sie sich auch außerhalb ihres Unterrichtes gern in der Schule aufhalten.

Was kann Schule tun?
Stärkung der Verantwortung von Lehrern und Schülern

Stundentafel für die Sekundarstufe I — Hauptschule —

Klasse	5	6	7	8	9	10	Gesamtwochen-stunden 180
Wochenstundenrahmen*)	28–30	28–30	29–31	29–31	30–32	30–32	
Lernbereich/Fach							
Deutsch	5–6	4–6	4–5	4–5	4–5	4–5	25–27
Gesellschaftslehre[1)2)] Geschichte, Erdkunde, Politik	2–3	4–5	3–4	3–4	3–4	3–4	18–22
Mathematik	4–5	4–5	4–5	4–5	4–5	3–4	23–25
Naturwissenschaften[1)2)] Biologie, Physik, Chemie	4–5	3–4	2–4	3–4	3–4	2–4	17–21
Englisch	5–6	5–6	4–5	3–4	3–4	3–4	23–25
Arbeitslehre[1)3)] Technik, Wirtschaft, Hauswirtschaft	–	–	2–4	2–4	3–4	3–4	11–13
Kunst, Musik, Textilgestaltung[1)4)]	3–4	3–4	2–4	2–4	2–3	2–3	15–18
Religionslehre	2	2	2	2	2	2	12
Sport	2–4	2–4	2–4	2–4	2–4	2–4	17–19
Wahlpflichtunterricht[5)]	–	–	2	2	2–4	2–4	8–12/5–9[6)]
Verstärkungsunterricht	–	–	–	–	1–3	1–3	2–3/5–6[6)]

Anmerkungen:
*) Über die Klassen 5 und 6 sind mindestens 57 Wochenstunden vorzusehen (gemäß KMK-Vereinbarung vom 28. 2. 1974).
1) Innerhalb der Lernbereiche sind die einzelnen Fächer gleichgewichtig zu berücksichtigen.
2) In den Lernbereichen Gesellschaftslehre (Geschichte, Erdkunde, Politik) und Naturwissenschaften (Biologie, Physik, Chemie) wechseln fachbezogene Lehrgänge mit fachübergreifenden Projekten.
3) Inhalte des Lernbereichs Arbeitslehre (Technik, Wirtschaft, Hauswirtschaft) werden in den Klassen 5 und 6 in den Lernbereichen Gesellschaftslehre (Wirtschaft) und Naturwissenschaften (Technik) berücksichtigt.
4) Im Lernbereich Kunst, Musik, Textilgestaltung sind für die Klassen 5 und 6 mindestens 7 Wochenstunden vorzusehen (gemäß KMK-Vereinbarung vom 28. 2. 1974). Im 9. und 10. Jahrgang werden Kunst/Musik/Textilgestaltung nach Wahl angeboten.
5) In den Klassen 7 und 8 können alle Fächer der Stundentafel angeboten werden. In den Klassen 9 und 10 werden die Lernbereiche Arbeitslehre und Naturwissenschaften angeboten.
6) Typ A/Typ B

Abb. 17: Bandbreiten fördern die Profilbildung einer Schule

5.2.5 Freiräume nutzen

Häufig ist es allerdings auch so, daß die schulrechtlichen Bestimmungen mehr Freiräume ermöglichen als allgemein angenommen wird. Kollegien sollten verstärkt werden, Regelungen extensiv – bei Bedarf bis an der Grenze des zulässigen – im Interesse unserer Schülerinnen und Schüler auszulegen. Bestehen Bedenken, so sollten der Schulrat oder der Dezernent um Rat gefragt werden.

„Für mich sind diejenigen die besten Lehrer, die meine Richtlinien und Erlasse als lockere Handlungsanweisung verstehen und sie deshalb kreativ auslegen[118]".

5.3 Aufbau von Beziehungen

5.3.1 Beziehung als Voraussetzung von Erziehung

Jedermann, erst recht der junge Mensch, braucht stabile, personale Bindungen an andere Menschen. Sie sind die Voraussetzung für die Gewinnung einer Identität und für die Bildung eines moralischen Gewissens („Beziehung erzieht", Martin Buber). Wo diese Beziehungen fehlen, können die „Menschen kein oder nur ein rudimentäres moralisches Gewissen ausbilden. Sie orientieren ihr Verhalten dann meist an mehr oder minder geeigneten Vorbildern oder durch die Normen der sekundären Sozialisation[119]".

„Schülerinnen und Schüler benötigen in der Schule sowohl zu ihrer Altersgruppe als auch zu den Lehrerinnen und Lehrern langfristig stabile Beziehungsmöglichkeiten, damit sie sich in der Schule wohl fühlen können, emotionale und soziale Sicherheit gewinnen, Vertrauen zu sich selbst und zu anderen entwickeln können[120]".

Werden in unserer Gesellschaft, aus welchen Gründen auch immer, Kinder vernachlässigt, so muß die Schule daraus die Konsequenzen ziehen und Ersatzbeziehungen anbieten.
Damit wir Schüler besser verstehen, sollten wir sie öfter fragen, wie es ihnen geht, wie sie sich fühlen, wie ihnen zumute ist und nicht, warum sie dies oder jenes (nicht) getan haben.

---
118) Der frühere niedersächsische Kultusminister Remmers, zitiert von Andreas Lindemeier, in: Jahresheft VI, Bildung, Friedrich-Verlag, Velber
119) Rupert Lay, vergl. Fußnote 93
120) Denkschrift, vergl. Fußnote 17

Allein schon aktives Zuhören, das nicht wertet, nicht kritisiert, trägt zum Aufbau von Beziehungen bei.

„Das Erlebnis, von einem anderen Menschen verstanden zu werden, ist so befriedigend, daß es den Sender stets veranlaßt, dem Zuhörer gegenüber herzlich zu empfinden[121]".

Eine Vorstufe bilden „Kontakte". Martin Buber bezeichnete sie als das „Grundwort der Erziehung".

Erziehung – wohl Dressur – ist ohne Kommunikation nicht möglich, also nicht ohne Beziehungen.

5.3.2 Aufnahme von Beziehungen – erste Schritte

○ Signale senden: Gesten, Blicke, verbale Bestätigung geben;
○ Jemand ansprechen, Interesse zeigen, Anteil nehmen, Zeit haben für ihn, dasein;
○ Körperliche Nähe ermöglichen, gewähren;
○ Eigene Bedürfnisse, Gefühle zeigen, mitteilen.

5.3.3 Beziehungen pflegen

Schulische Konflikte erweisen sich in aller Regel als Beziehungsstörungen; aus diesem Grunde sollten der Aufbau und Erhalt von Beziehungen gepflegt werden. Statt – in der Störung – „Maßnahmen zu ergreifen" („Sieger" sein wollen nach dem DU-oder-ICH-Prinzip), ist es sinnvoller, auf den störenden Schüler zuzugehen und mit ihm gemeinsam eine Lösung suchen: DU-und-ICH-Prinzip. Beziehungen verhindern und entschärfen Konflikte, weil sie eine Meta-Kommunikation darstellen: Beziehungen interpretieren Worte und Handlungen und nehmen vielem, auch ungeschicktem Handeln, die verletzende Schärfe. Man „weiß, wie es gemeint" war.

5.3.4 Erziehungsbeziehungen anbieten

Zunehmend bieten daher Lehrerinnen und Lehrer Kindern und Jugendlichen kompensatorisch „Erziehungsbeziehungen" (Otto Speck) an und stehen ihnen als Gesprächspartner in allen sie bewegenden Fragen zur Verfügung. Sie haben

---

121) Thomas Gordon, Die Neue Familienkonferenz, Hoffmann und Campe, Hamburg, 1993

gelegentlich erfahren, daß Lernprobleme sich auflösen, wenn Schüler Partner für Lebensprobleme haben, jemand haben, der „einfach da ist".

Persönliche Gespräche sollten in der Schule in weitaus größerem Umfange als bisher gepflegt werden. Sie haben auch eine befreiende Funktion: Sie befreien von falschen Annahmen und Vorurteilen über den anderen. Sie dienen auch dem Abbau von Feindbildern, die auf Projektionen beruhen und die Kommunikation beträchtlich stören können. Watzlawick zeigt dies an einem sehr eindrucksvollen Beispiel[122].

Der Schulleiter muß allerdings wissen, daß Zeithaben zum Miteinander-Sprechen und Zeithaben zum Zuhören eine diese Kommunikation fördernde Pausengestaltung und Rhythmisierung des Unterrichtes voraussetzen.

5.3.5 Schlüsselstellung der Grundschule

Eine Schlüsselstellung kommt der Grundschule zu: Kinder reagieren viel empfindlicher, unkontrollierter, hilfloser auf Lebensprobleme als ältere Jugendliche. Beziehungsangebote an einen 9jährigen können einen problembeladenen Lebenslauf verhindern, bei einem Jugendlichen mit 13 oder 15 Jahren kann eine Korrektur erheblich schwieriger sein.

In einer guten Schule werden nicht nur Beziehungen zwischen Lehrern und ihren Schülern gefördert, sondern auch Beziehungen unter den Schülern. Lehrer sollten Kontakte unter den Kindern fördern und jeglicher Ausgrenzungen und Isolationen entgegenwirken.

5.3.6 Hierarchie der Bedürfnisse

Aufgrund des gesellschaftlichen Auftrages muß die Schule immer wieder neu die Balance zwischen den Bedürfnissen der Jugend (z.B. Liebe, Geborgenheit, Dazugehörigkeit, zwischenmenschlicher Bezug, Verantwortung, Selbstverwirklichung usw.) und denen der Gesellschaft (Anpassung, Selektion, Erfahrungen tradieren, Sozialisation, Enkulturation), die sich teilweise decken, sich aber auch widersprechen, herstellen. Jede einseitige Ausrichtung führt zu ihrer Disfunktionalität, zu einer „Betriebsstörung".

---

[122] Paul Watzlawick, Geschichte mit dem Hammer, in: Anleitung zum Unglücklichsein, Piper, München, 1983

Was kann Schule tun?
Aufbau von Beziehungen

```
  ⎛ Bedürfnisse ⎞           ⎛ Bedürfnisse ⎞
  ⎜     der     ⎟ ——— ∧ ——— ⎜     der     ⎟
  ⎝ Gesellschaft⎠           ⎝ Jugendlichen⎠
```

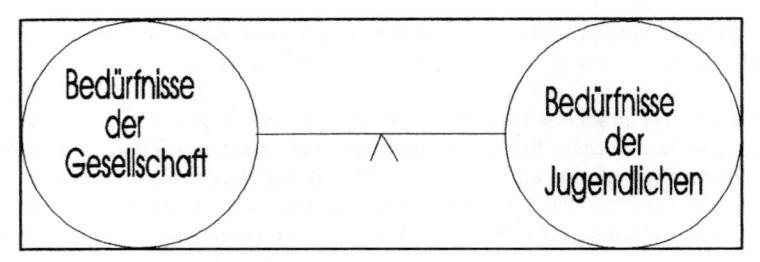

Abb. 18: Eine erforderliche Balance

A. H. Maslow gelangte nach zahlreichen Analysen und Experimenten zu der Erkenntnis, daß man von einer Hierarchie menschlicher Bedürfnisse ausgehen könne. Er unterschied:
○ Grundbedürfnisse: Physiologische Bedürfnisse, Sicherheitsbedürfnis, soziale Bedürfnisse wie Zugehörigkeit, Liebe und
○ ICH-Bedürfnisse: Subjekt sein wollen in Lernprozessen und bei der Entfaltung seiner Fähigkeiten, eigene Erfahrungen machen und ständig erweitern, der Sinnfrage nachgehen, sich selbst verwirklichen.

„Diese Bedürfnisse stehen in einer tendentiell hierarchischen, aber durchaus interdependenten Ordnung[123]".

Allerdings gilt die allgemeine Regel, daß Grundbedürfnisse befriedigt werden **müssen**. Geschieht dies nicht, wird der Mensch krank. Hurrelmann bezeichnet daher konsequent junge Gewalttäter als „sozial krank".
„Höhere" Bedürfnisse werden erst geweckt, wenn basale Bedürfnisse befriedigt sind. Eine Absolutsetzung der Hierarchie verbietet sich. Die Kalikumpel, beispielsweise, in Bischofferode ließen während ihres Hungerstreiks Grundbedürfnisse unbefriedigt, um höhere Ziele zu erreichen. Der Musikstudent verzichtet unter Umständen auf ein warmes Mahl zugunsten einer Eintrittskarte zu einem Konzert.

Schließlich kann das Bedürfnis nach Anerkennung durch die Mitschüler das Verhalten so stark beeinflussen, daß Lernen gefördert oder im ungünstigen Fall fast

---

[123] Doris Bosch / Reinhard Fischer, Wohin geht die Schule?, Wingen, Essen, 1985. Dort findet sich eine sehr gründliche Darstellung der Konzeption A. H. Maslows.

```
                    Sinn
              Freude am ⬈aktive
               Schönen  ⬈
              /neue Erfah- ⬈Motive
              /rungen machen⬈

                  Lernen
                  Wissen

           Stärke, Status haben
              leisten können
           Liebe, Dazugehören         Defizit-
          Bezugspersonen haben        Motive
         Sicherheit, Stabilität, Ordnung
         Kontinuität, Grenzen, angstfrei
           physiologische Grundbedürfnisse
        wohlfühlen, behaglich, schmerzfrei
```

(links aufsteigend: Selbstverwirklichung)

Abb. 19: Kegel der Bedürfnisse nach A. H. Maslow und V. E. Frankl

verhindert wird. Der „Klassenkasper", der erfahren hat, daß er nur Beachtung durch die Mitschüler erfährt, wenn er den Unterricht stört, vermindert seine Lernchancen und nimmt dies auch dafür in Kauf.

5.3.7 Defizit- und Aktivmotive

Zur Befriedigung von Grundbedürfnissen entwickelt jeder Mensch Motive, die den Mangelzustand beseitigen sollen: Wir sprechen von Defizitmotiven.
Bei der Entfaltung seiner Ich-Bedürfnisse ist er außerordentlich aktiv und kreativ: Aktivmotive werden wirksam.
Selbstverwirklichung – („Was ein Mensch sein kann, muß er sein", Reinhard Fischer) – darf jedoch nicht zu individualistisch gesehen werden:

„Da (aber) jeder Mensch durch andere und mit anderen lebt, muß Selbstverwirklichung auch auf andere verweisen und sie mitbedenken[124]",

Selbstverwirklichung hat daher immer auch einen notwendigen sozialen Aspekt.

Die Erkenntnisse A. H. Maslows machen in diesem Zusammenhang zweierlei deutlich:
1. Lernenwollen und Wissenwollen hängen entscheidend davon ab, daß Kinder sich wohl und sicher fühlen, daß sie sich akzeptiert, angenommen und dazugehörig wissen.
2. Wissenwollen und Lernenwollen werden da zu einer Aktivmotivation, wo Unterricht zur Identitätsfindung und Selbstverwirklichung beiträgt und für den Lernenden einen „Sinn" darstellt.

Lehrer werden diese Erkenntnisse bei der Gestaltung ihres Unterrichtes ebenso berücksichtigen müssen wie Schulleiter bei der inneren Gestaltung von Schule und bei der Mitbeteiligung des Kollegiums.
Ich habe den Kegel aus didaktischen Gründen ausdifferenziert und um den Ansatz Viktor E. Frankls – dem Bedürfnis nach Sinnorientierung – erweitert. Dabei bin ich den Anregungen der humanistischen Psychologie und auch Reinhard Fischers gefolgt.

---

124) Reinhard Fischer, vergl. Fußnote 123

5.3.8 Personaler Bezug und Emotionalität

Dieses Buch hätte vor etwas mehr als zwei Jahrzehnten kaum Akzeptanz gefunden, nicht etwa, weil es damals keine Gewaltprobleme gab, sondern, weil das didaktische Denken seinerzeit durch die Forderung nach einem zweckrationalen Unterricht, einer generellen Operationalisierungstendenz aller Lernziele und – in ihrer ausgeprägtesten Form – durch das kybernetische Lernmodell Felix von Cubes gekennzeichnet war. Für Interaktionen zwischen Lehrern und Schülern oder gar einem personalen Verhältnis zwischen ihnen war in dieser „Didaktik ohne Schüler" (Horst Rumpf) kein Raum.

In der Zwischenzeit fand – für die Didaktik in Deutschland nicht untypisch – eine Akzentverschiebung statt: Aufgrund der kommunikativen Didaktik von Karl-Hermann Schäfer und Klaus Schaller[125], die auf Watzlawicks Kommunikationstheorie basiert, wurde neben dem Inhaltsaspekt des Unterrichtes dem Beziehungsaspekt und damit der erziehenden Funktion des Unterrichtes die ihm zukommende Bedeutung wieder beigemessen. Lehrer und Schüler machen wieder „gemeinsam Unterricht" (Wolfgang Böttcher), sie – die Schüler – wurden „wiederentdeckt".

Die in Hermann Nohls „Pädagogischem Bezug" immanente emotionale Dimension wurde durch die Ergebnisse der Sozialisationsforschung empirisch bestätigt, verhalf dem Konzept einer entsprechenden Unterrichtsgestaltung zu einer Renaissance.

5.3.9 Handlungsfähigkeit fördern

Als Ergebnis der Entwicklung bahnt sich heute – im Vergleich zu damals – ein radikal anderes Verständnis von Unterricht an, dessen Ziel die Handlungsfähigkeit der Schülerinnen und Schüler in den verschiedensten sozialen Kontexten ist. Handlungsfähigkeit gewinnt man, wenn man als Person handelt, praktisch und gedanklich, gedanklich und praktisch. Das bedeutet allemal auch, in allem Tun die individuelle Biographie, die individuellen Bedürfnisse, Erfahrungen und Interessen aller in offenen Kommunikationssituationen zu berücksichtigen und alle Kräfte junger Menschen zu fördern. Der Mensch wurde wieder als primär emotionales und handelndes Wesen begriffen.

---

125) Karl-Hermann Schäfer, Klaus Schaller, Kritische Erziehungswissenschaft und kommunikative Didaktik, Quelle & Meyer, Heidelberg, 1971

5.3.10 Folgen guter Beziehungen

Wertschätzen, Anerkennen, Vertrauen sind Verhaltensweisen, die den Aufbau von Beziehungen, Identität ermöglichen und damit Lernen und die Freude am Lernen fördern.
Wie bereits Reinhard und Anne-Marie Tausch nachwiesen, führen Achtung, emotionale Wärme und gegenseitige Rücksichtnahme zu Selbstvertrauen, Sicherheit, Sensibilität, Bereitschaft zur Kooperation und aktiver Teilnahme am Unterricht, konstruktivem Verhalten, intensiveren Leistungsanstrengungen und einem höheren Leistungsstand bei gleichzeitigem Rückgang der Schulangst[126].
Eine gute Schule wird daher um eine Balance zwischen der Inhaltsdimension und der Beziehungsdimension bemüht sein.

5.3.11 Bestätigen

„In allen Gesellschaftsschichten bestätigen Menschen einander...in ihren menschlichen Eigenschaften und Fähigkeiten, und eine Gesellschaft kann in dem Maße menschlich genannt werden, in dem ihre Mitglieder einander bestätigen...Wirkliche Menschlichkeit besteht nur dort, so sich diese Fähigkeit entfaltet[127]".

Kollegien müssen sich fragen: Welche Einstellung haben wir zu unseren Schülern?
Nehmen wir jeden so an, wie es ist? Nehmen wir unsere Arbeit selbstkritisch unter die Lupe und zwar auch dann, wenn die Leistungen der Kinder nicht gerade zufriedenstellend sind[128]?
Unsere Einstellung ist eine wesentliche Grundlage bei der Entstehung des kindlichen Selbstkonzeptes. Sie kann diese fördern und – behindern, je nach dem, welches Tun wir bestätigen.

5.3.12 Positive Aktivitäten auszeichnen

Ich vermisse in den Schulordnungen der Bundesländer einen Katalog von Anerkennungen, Belobigungen oder Auszeichnungen für besondere, herausgehobene pädagogische Aktivitäten: eine schülerfreundliche, eine elternfreundliche, eine gastfreundliche Schule sollte ebenso eine Anerkennung oder Auszeichnung er-

---

126) Reinhard Tausch, Anne-Marie Tausch, Erziehungspsychologie, Hogrefe, Göttingen, 10. Auflage, 1991
127) Martin Buber, zitiert in: Paul Watzlawick, Menschliche Kommunikation, Huber, 1974
128) Der verstorbene Kultusminister Hans Schwier, Was ist eine gute Schule?", Schulverwaltung Nr. 2, 1993

fahren können, wie Lehrerinnen und Lehrer mit besonders pfiffigen Ideen beispielsweise zur Förderung der „Toleranz und Solidarität[129]" oder Schülerinnen und Schüler mit vorbildlichen kognitiven oder musischen, sportlichen, handwerklichen oder sozialen Leistungen.

Sinnvolle Auszeichnungen könnten sein: Zuschüsse zu Klassenreisen, zu besonderen Projekten, zum Besuch von Ausstellungen, Theaterbesuchen usw. Es wird häufig beklagt, daß positive Nachrichten rar sind. Hier öffnete sich eine Möglichkeit, mehr positive Meldungen über Schulen zu verbreiten. Es ist typisch für die verwaltete Schule, daß sie ein Bündel von Ordnungsmaßnahmen bereithält, aber sich darüber ausschweigt, wie man vorbildliches Verhalten fördern, stabilisieren und „veröffentlichen" könnte.

5.3.13 Ermutigung praktizieren

Ermutigen heißt Mut machen zu personaler Selbstverwirklichung. Bei vielen Schülern ist es dringend erforderlich, ihren Lernprozeß mit Ermutigungen, die sich qualitativ vom Loben unterscheiden, zu begleiten.

Lob ist die einfachste Form der Ermutigung und birgt die Gefahr in sich, Abhängigkeiten zu schaffen: Einer, der Macht hat zu loben, steht jemanden gegenüber, der Lob dankbar empfangen darf. Einen gesellschaftlich Höherstehenden zu loben gilt daher in unserer Gesellschaft noch immer als unschicklich.

Lob kann sogar – wie Konrad Joerger zeigt – unter Umständen zur Entmutigung führen[130].
Voraussetzung und Grundlage jeder Ermutigung ist eine positive Einstellung zum Kinde bzw. Jugendlichen, die klare Absicht, helfen zu wollen, fördern zu wollen[131].
Ermutigen setzt eigenen Mut – zu sich – voraus. Wer selbst mutlos ist, vermag andere nicht zu ermutigen. Das gilt selbstverständlich auch für Lehrerinnen und Lehrer und muß, ja muß, Konsequenzen haben für Schulaufsichtsbeamte, Politiker und natürlich auch für die Eltern.

---

129) Vergl. KMK-Beschluß, im ANHANG
130) Vergl. Reaktanz-Theorie, dargestellt von Konrad Joerger, Lernanreize, Scriptor, Frankfurt a. M., 1980
131) Vergl. Hannelore Gräser, Margarete Lederer, Störende Schüler, unruhige Klasse, Kösel, München, 1982

„Ermutigung ist also zur Entwicklung des Kindes unbedingt notwendig. Es entwickelt sich zu dem, wozu es ermutigt wird[132]*"*.

Ermutigen bedeutet, jemand die Chance einzuräumen, einen persönlichen Erfolg zu erleben, etwas Positives an jemandem entdecken und diese Eigenschaft fördern. Wir benötigen dringend eine Kultur des Ermutigens.

Leider neigen wir immer noch dazu, dem Ermutigung zu geben, der sie „verdient", anstatt sie dem zu geben, der sie „braucht".

Hier wäre also das „versteckte Curriculum" der Einzelschule zu durchforsten:
○ Wie gehen wir an unserer Schule mit schwachen Schülern um?
○ Welches Beispiel geben wir damit?
○ Sind wir bereit, bei jedem Schüler Positives zu suchen, um es zu verstärken?
○ Was tun wir konkret, um Schüler zu ermutigen?
○ Welche Chance räumen wir Kindern an unserer Schule ein, Identität zu gewinnen?

Das Modell „Ermutigung als Lernhilfe" macht deutlich, daß Schüler mit Leistungsinsuffizienzen nach Entlastungen suchen. Sie antizipieren den ihr Selbstwertgefühl beeinträchtigenden Mißerfolg und versuchen – ihrer „privaten Logik" (Alfred Adler) folgend – diesen zu vermeiden. Einige spielen den „Klassenkasper", einige zeigen versteckte oder auch direkte Aggressionen, andere entwickeln eine andere Vermeidungsstratgie. Ihre Unterbrechung des Lernprozesses führt dann zu weiteren Lerndefiziten, möglicherweise zu weiterem Leistungsversagen; der Teufelskreis wird von neuem in Gang gesetzt.

Beispiel:
Peter ist ein „schlechter" Rechner. Er fürchtet, erneut an der Tafel vorrechnen zu müssen und versucht, sich dieser mißlichen Lage durch „auffälliges Verhalten" zu entziehen. Der Lehrer besteht auf seiner Aufforderung, an die Tafel zu kommen – Peters Reaktion: „Ich denke im Traum nicht daran, mich von ihnen wieder schikanieren zu lassen" (Abwehr der als „Angriff" interpretierten Aufforderung). Er zeigt im weiteren Verlauf kein Interesse mehr am Fortgang des Unterrichtes mit der Konsequenz, daß neue Defizite entstehen.

---

[132] Don Dinkmeyer, Rudolf Dreikurs, vergl. Fußnote 77

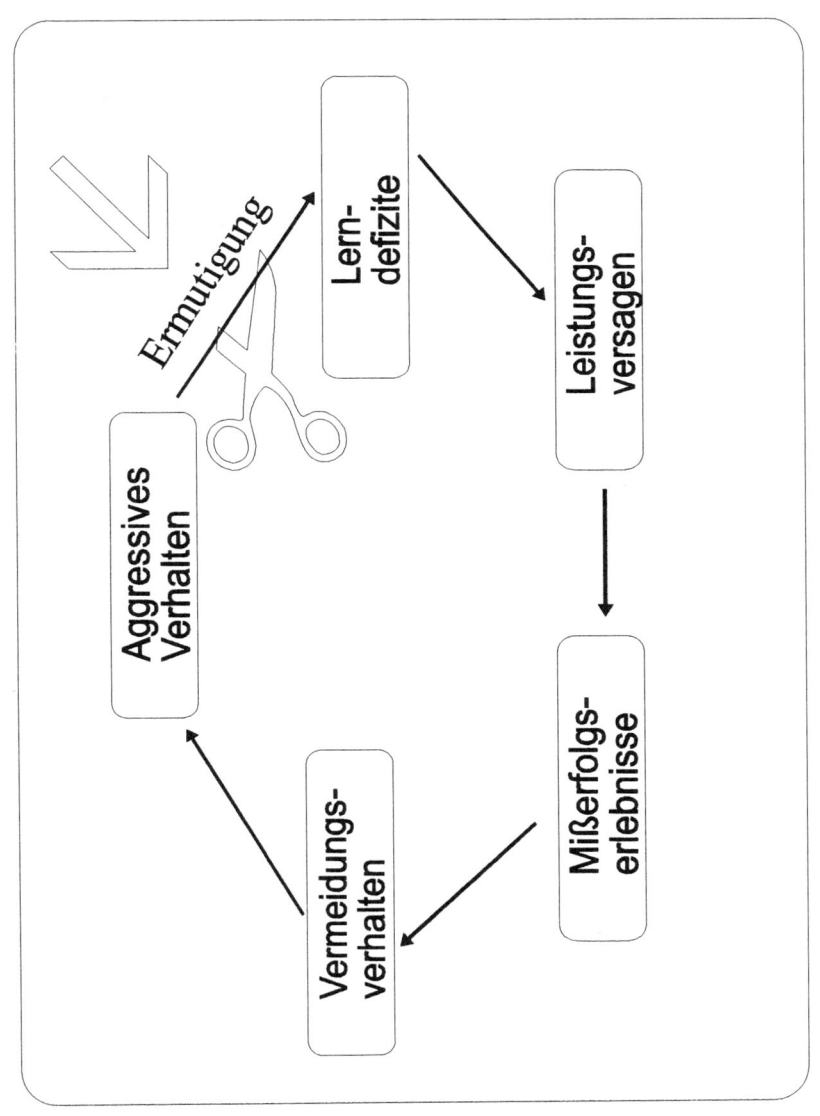

Abb. 20: Mit „Ermutigung als Lernhilfe" den Kreislauf stoppen

Was kann Schule tun?
Aufbau von Beziehungen

Peter gelang es gut, das Problem von der Sachebene (vorrechnen müssen) auf die Beziehungsebene („Ich denke im Traum nicht daran, mich von ihnen wieder schikanieren zu lassen") zu schieben. Von seinen Mitschülern und einem unerfahrenen Lehrer erfährt er die gesuchte Aufmerksamkeit – eine positive Verstärkung. Homöostase ist wieder hergestellt.

Um dem Teufelskreis entrinnen zu können, benötigte Peter Hilfe, um endlich seine Lerndefizite, die immer neues Leistungsversagen verursachen, kompensieren zu können: Mut zu sich selbst.

Das Modell zeigt, daß Ermutigung und Förderung den sichersten Weg darstellen, um den Teufelskreis von Leistungsversagen und aggressivem Verhalten zu durchbrechen.

Hier wird eine persönliche Stärke zur Statusverbesserung genutzt, um unangemessenes Verhalten überflüssig zu machen.

Wer etwas leistet, schlägt – in aller Regel – nicht.

Diese Feststellung gilt in aller Regel; auch aus diesem Grunde ist es wichtig, alle Kinder und Jugendliche erfahren zu lassen, daß sie etwas leisten können.

Aufgrund der Mängel in der Ausbildung ist das Handlungsrepertoire der Lehrenden – für heutige Aufgaben – unzureichend ausgebildet. Sie müssen daher noch lernen, wie man ermutigt, Beziehungen und ein Lernklima aufbaut.

Ermutigen ist keine „Technik", sie ist eine Form schulischer Kultur. Sie setzt ein Verhalten voraus, das einer konstruktiven, positiven Einstellung zum Jugendlichen folgt und die Beziehung mit dem DU sucht.

In unseren Schulen sitzt eine Vielzahl entmutigter Schüler; wir könnten ihnen helfen, sich selber zu helfen, wenn wir uns um den Erwerb einer Kultur der Ermutigung bemühten.

Welche Rolle eben Mut bei der Überwindung von Aggressionen spielt, zeigt u.a. Michael Spreiter:

„Aggressive Handlungen und Gefühle können zwar Ängste und Unterlegenheitsgefühle überdecken und verringern helfen, aber letztlich nicht zu einer konstruktiven Auseinandersetzung und eigentlichen Bewältigung

beitragen. Nur aus einer bewußten Auseinandersetzung mit der eigenen Angst kann der Mut entstehen, der unsere Ängste kontrollierbar macht. Dieser Mut ist unabdingbar bei der Lösung von Gewaltproblemen[133]".

Kinder benötigen ermutigende Impulse, damit sie sich erproben können. Ermutigungen wirken auf den, der ermutigt, zurück. Das hat Stephanie Krenn[134] eindrucksvoll beschrieben:

„Jede Verneinung eines anderen Menschen ist eine Verneinung eines Stückes Menschlichkeit in mir, und jede Verneinung eines Kindes oder Jugendlichen ist darüber hinaus die Verneinung neuer Perspektiven in mir. Der Satz erlaubt eine Umkehrung: Jede Bejahung eines anderen Menschen ist eine Bejahung eines Stückes Menschlichkeit in mir, und jede Bejahung eines Kindes oder jungen Menschen fördert darüber hinaus mein eigenes inneres Wachsen und innovatives Lernen in besonderer Weise".

Entschieden widerspreche ich jenen, die meinen, Kritik treibe an, motiviere zu besserer Leistung. Für den Bereich der Schule, also in einer Phase, in der ein Selbstkonzept aufgebaut werden muß, ist negative Kritik grundsätzlich zu vermeiden.

5.3.14 Zwei Beispiele

1. Willi, der „Erfinder"

Willi litt unter seinem aggressiven Bruder, der von seinen Kameraden abgelehnt wurde. Das führte schließlich auch zu einer Ablehnung seiner Person. Willi flüchtete in eine Gleichgültigkeit, die er auch deutlich durch Gähnen, Herumlaufen, Träumen zur Schau stellte. Seinem wachen Lehrer fiel auf, daß er sofort aufmerksam wurde, wenn er ihn ansah oder ansprach: Willi wollte Aufmerksamkeit, Beachtung und verschaffte sich diese.
Während der Physikstunde beim Thema „Anwendungen des Elektromagnetismus" gelang ihm als erstem die „Erfindung" der elektrischen Klingel (Wagnerscher Hammer). Diese Stärke nutzte der Lehrer als Chance.

---

133) Michael Spreiter, u.a. Waffenstillstand im Klassenzimmer, Beltz, Weinheim, 1993
134) Stephanie Krenn, Zum Verhältnis Schülerschaft – Lehrerschaft, in: Doris Bosch / Reinhard Fischer, vergl. Fußnote 123

Der Lehrer bat ihn:
○ seine Erfindung der Gruppe vorzustellen,
○ anderen Gruppen Hilfen zu geben und
○ eine Bauzeichnung zu entwerfen, die zum Protokoll der Stunde genommen wurde.

Seine Klingel kam schließlich nach einiger Nacharbeit, die er gerne verrichtete, in den Ausstellungsschrank.
Immer wieder machte er nach dieser Stunde neue Erfindungen.
Durch die deutliche Ermutigung konnte Wlli nicht nur integriert, sondern in seiner Kompetenz erheblich gefördert werden.

2. Bernd, der eine „Position" erreicht

Bernd war in den Augen vieler Kollegen „unmöglich". Aufgrund seines Sitzenbleibens war er überaltert. Der neuen Lehrerin wurden im Lehrerzimmer schnell Stories über ihr „Erbe" erzählt.
Sie, allerdings, suchte konsequent nach einer Gelegenheit, Bernd eine Chance einzuräumen. Als im Biologieunterricht mit Mäusen ein Lerngesetz entdeckt werden sollten, gab es viel Unruhe. Bernd zeigte seine Furchtlosigkeit und assistierte. Dabei fielen ihr seine hohe Sensibilität, Behutsamkeit und Umsicht auf. Er wurde so zum „Versuchsleiter" und war bei dem Team, das zuerst das Lerngesetz (Verstärkung) entdeckte.

Die Lehrerin
○ nutzte ihre eigenen Erfahrungen, nicht die Vorurteile anderer,
○ half Bernd zu einem persönlichen Erfolg,
○ half Bernd zu Anerkennung, zu einer „Position", in der Gruppe,
○ zeigte Vertrauen zu ihm und konnte ihm die Chance zur Integration eröffnen.

Ermutigung macht aus dem „Ich bin allein!" ein „Ich kann es allein!".

5.3.15 Wege, um Lernen zu Ermutigungsfeldern zu machen

○ Jugendliche annehmen, wie sie sind,
○ Interesse an ihnen, an schulischen und außerschulischen Dingen zeigen,
○ Vertrauen schenken, das fördert das Selbstvertrauen,
○ An Fähigkeiten jedes Schülers glauben,
○ Eine Stärke suchen und sich zunächst auf diese konzentrieren,
○ Jedem Schüler einen positiven „Platz" verschaffen, „Platzierung" ermöglichen,
○ (Das fällt nicht leicht:) Das Fehlen eines „unmöglichen" Schülers bedauern.

5.3.16 Was zu vermeiden ist

Strafandrohungen oder Strafen sind keine geeigneten Mittel zum Aufbau eines konstruktiven sozialen Verhaltens; sie verfestigen das gezeigte Verhalten und eröffnen dem Jugendlichen keine Handlungsalternative.
Auch Verhaltensmodifikationen nutzen in aller Regel wenig, weil sie die Ursache auffälligen Verhaltens nicht beheben.

Vermieden werden müssen stigmatisierende Schülerbeschreibungen, z.B. „Peter ist faul". In 95% der Fälle ist das eine unzulässige, aggressive Wertung. Durch diese Attribuierung wird eine Pseudorealität geschaffen, der ein Kind schwerlich entrinnen kann.

Kinder und Jugendliche ändern häufig ihr Verhalten. Ein „falsches Bild" kann Schüler festschreiben, ihre Entwicklung – auch zum Positivem – hemmen.

Äußerungen wie „Du bist faul!" machen allerdings darauf aufmerksam, daß Lehrer als Erzieher ihre eigene Lebensgeschichte aufarbeiten müssen, damit sie eigene Anteile in Aussagen erkennen und damit bearbeiten können.
Norbert Groddeck zeigt dies an einer konsequenten Ausdifferenzierung dieser Aussage:

„Wenn er (der Lehrer) offen genug ist und seine Empfindungen noch weiter differenziert wahrnehmen kann, wird er feststellen, daß dies in der Tat sein Problem ist, daß es sein Ärger über den untätigen Schüler ist, und er kann dann darauf verzichten, seinen eigenen, aggressiven Anteil stigmatisierend und festschreibend dem anderen überzustülpen.
Es wird deutlich, daß das innere Bewertungssystem des Lehrers die Normen, an denen er sein Verhalten orientiert, die Pseudorealität des ‚faulen Schülers' erzeugt haben[135]".

5.3.17 Entmutigungen vermeiden

Das ist ein Dilemma: In unseren Schulen sind Tausende freundlicher, engagierter und kompetenter Lehrer tätig, und doch ist sie der Ort von Entmutigungen, der Betonung des Fehlers, des Nichtkönnens.
Schulversagen resultiert in den meisten Fällen aus Entmutigungen. Die sechsjährigen Kinder freuen sich auf die Schule, und sie kommen die erste Zeit gerne

---

135) Norbert Groddeck, Aspekte zu einer Theorie erfahrungsoffenen Unterrichts, in: Ariane Garlichs, Norbert Groddeck, Erfahrungsoffener Unterricht, Freiburg, Herder, 1973

zur Schule. Aufgrund permanenter Entmutigungen glauben viele bald nicht mehr an sich und erwerben ein negatives Selbstbild.

„Ich frage mich: Wie verkraftet ein Kind, das langsam und schwer lernt, diesen elenden Leistungsvergleich, bei dem es trotz allen Einsatzes doch immer nur am unteren Ende der Leistungsskala rangiert? Was will man damit erreichen, daß ein sechsjähriges Mädchen zusehen muß, wie der Tischnachbar seine Fleißkärtchen sammelt[136]".

In besonders tragischen Fällen machen sich die Kinder ihre Schwäche zu eigen („Schwäche" als Identität). Sie verlieren den Glauben an sich und zeigen sich dann unbildsam, uninteressiert, faul, ungezogen und aggressiv. Konsequenterweise meiden sie den Ort ihrer Entmutigungen und lehnen (schulisches) Lernen ab.

Viele von ihnen wurden in ihren Lernprozessen gehemmt, weil sie das Lernmodell „richtig" – „falsch" verinnerlicht haben und die Alternative dazu, das „richtig" – „noch nicht richtig" nicht kennenlernten. Mit der schier unausrottbaren Betonung des Fehlers hat die Schule bei Generationen von Kindern Lernfreude und Selbstbewußtsein demontiert, sogar – sabotiert.

Wenn es uns gelänge, lediglich Entmutigungen aus unseren Schulen zu verbannen, wäre dies die effizienteste Schulreform und jene, die den Namen wirklich verdiente!

5.3.18 Ich-Kann-Es-Schulen

Die Bereitschaft und Fähigkeit, Ermutigung als Lernhilfe konsequent zu praktizieren und der Entschluß eines Kollegiums, Entmutigungen aus ihrer Schule zu verbannen, sollte zur Begründung von „Ich-Kann-Es-Schulen" führen:

Unsere heutige Situation erfordert mehr „Ich-Kann-Es-Schulen", d. h. Schulen, die Schüler mit einer solchen positiven und durchaus realistischen Grunderwartung annehmen, daß Erfolge erfahrbar und Versagen verhindert werden kann. Eine „Ich-Kann-Es-Schule" wird auch versuchen, eine Methodenvielfalt zu entwickeln, um möglichst allen Kindern und ihren spezifischen Lernweisen gerecht zu werden.

---

[136] Der ehemalige nordrhein-westfälische Kultusminister Jürgen Girgensohn während des 1. Grundschul-Symposions 1981 in: Soester Grundschulsymposiom 1981, Landesinstitut für Schule und Weiterbildung Soest.

Jean Piaget machte darauf aufmerksam, daß auch falsche Methoden zu Leistungsversagen führen können: „Was sie nicht verstehen, ist nicht der Stoff, sondern die Art und Weise, wie er im Unterricht dargeboten wird". Neueste Untersuchungen zum Lernen in Mathematik bestätigen diese These.

Wir müssen Konsequenzen aus unserem Wissen ziehen, daß wir über unsere Erwartungen einen großen Einfluß auf die Bildung und Erziehung unserer Schüler haben: „Die erzieherische Macht des Lehrers besteht im Mögen des Schülers[137]".

„Ich-Kann-Es-Lehrer" betonen die Qualifikation, nicht die Disqualifikation; sie suchen das „Fehlende, um Schüler zu fördern, nicht den Fehler" (Peter Moore).

Als wohltuend empfinde ich das Bekenntnis Jürgen Girgensohns:

„Ich muß sagen: Diese ‚Du-Kannst-Es-Nicht-Pädagogik' ist nicht meine Pädagogik[138]".

5.4 Kooperation und Vernetzung

5.4.1 Schule braucht Bündnispartner

Ich wies schon darauf hin, daß die Schulen das Problem „Gewalt unter Kindern und Jugendlichen" nicht allein lösen können. Aber eine Instanz muß initiativ werden, sich Partner suchen und mit ihnen „Netzwerke" aufbauen. Unsere Schulen sollten diese Initiative ergreifen, denn sonst sehe ich niemanden, der es tut oder real tun kann. Alle anderen Maßnahmen greifen nicht oder zu spät.

Beispiel
Um den Abzockern im Stadtgebiet das Handwerk zu legen, haben Schulen der Stadt Neuss mit dem Jugendamt, mit Jugendhilfeeinrichtungen und der Polizei die Aktion „Keine Gewalt!" begründet. Erster Baustein war ein Faltblatt „Laß Dich nicht abzocken!", zweiter Baustein ein Plakatwettbewerb. Jugendliche waren aufgerufen, Entwürfe für dieses Thema zu gestalten. Schließlich wurde aus drei Altersgruppen je ein Siegerplakat ermittelt, das gedruckt, nun im gesamten Stadtgebiet ausgehängt

---
137) Peter Struck, vergl. Fußnote 26
138) Der ehemalige nordrhein-westfälische Kultusminister Jürgen Girgensohn

eine weitere Auseinandersetzung und eine Sensibilisierung in Gang bringt. Natürlich kostet so eine Aktion auch Geld, als Sponsor in Neuss trat der Rotary-Club auf.

5.4.2 Elternarbeit

5.4.2.1 Beratung und Kooperation

Eltern sind die wichtigsten Partner der Schule.
Untersuchungen belegen, daß auf eine vertrauensvolle Kooperation mit den Eltern nicht verzichtet werden kann. Die Beratung der Schule gegenüber den Eltern muß vertieft werden. Ein wesentlicher Beratungsaspekt muß die Schullaufbahnberatung im allgemeinen und die Übergangsberatung im besonderen werden. Ein Teil unserer Jugendlichen versagt auch deshalb, weil sie die hohen Erwartungen des Elternhauses nicht erfüllen können.

Kollegien sollten Elternabende nutzen, um ihre Unterrichtsformen zu erläutern, Arbeitsergebnisse zu präsentieren, Erziehungsprobleme zu artikulieren und einen Konsens über Erziehungsziele und –methoden anzubahnen.

Eltern können für die Schule gewonnen werden, wenn sie Aufgaben übernehmen können und ihre Interessen und Bedürfnisse Berücksichtigung finden.

Aus diesem Grunde gibt es in guten Schulen Müttertreffs, Elternstammtische, Kochkurse (für deutsche und ausländische Eltern), Türkischkurse, Eltern-Schüler-Chöre, Elternseminare, gemeinsame Laienspielgruppen, gemeinsame Wanderungen und Wochenendaufenthalte, Elternabende, sogar Väter-Sport-AGs. Die Gemeinschaftshauptschule Bronkhorststraße in Duisburg-Meiderich ist eine Schule, die vielfältigste Aktivitäten entwickelte und auch daher hohe Akzeptanz im Gemeinwesen genießt.

Oft entstehen aus solchen Aktivitäten auch Freundschaften, familiäre Beziehungen.
Bei informellen Gesprächen bekommen die Lehrer auch eine Rückmeldung darüber, wie Schüler über sie und ihren Unterricht denken. Andererseits kann der Lehrer für die Schule und schulische Maßnahmen werben.

Beispiel

Die Ganztagshauptschule Mülheim-Speldorf begründete „Die andere Elternarbeit". Dort werden Eltern auch emotional und handelnd in das Schulleben eingebunden; sie setzen sich dann auch intensiv mit schulischen Fragen, Angelegenheit und Problemen auseinander und wirken aktiv bei Projekten der Schule mit.

Elterntreffs dienen auch der gegenseitigen Abstimmung, der Konsensbildung und dem Austausch von Erfahrungen.

Miteinander reden schafft Verständnis füreinander, hilft, mögliche gegenseitige Vorurteile abzubauen. Eltern, die sich negativ über einen Lehrer äußern, schwächen die Effizienz schulischen Handelns, setzen Signale, untergraben die Autorität. Manche Kinder setzen auch Verbalaggressionen ihrer Eltern gegen Lehrer ein.

Andererseits gilt auch, daß eine verklausulierte Bemerkung über Eltern in den meisten Fällen bei Schülern Widerstand und Solidarität mit den Eltern hervorrufen wird.

Schließlich müssen Eltern auch daran erinnert werden, daß sie eine Pflicht zur Erziehung haben:

„Pflege und Erziehung der Kinder sind das natürliche Recht der Eltern und die zuvörderst ihnen obliegende Pflicht" (GG, Artikel 6 (2)).

Damit Eltern diese Pflicht stärker wahrnehmen können, sollten ihnen konkrete Hilfen angeboten werden.

5.4.2.2 Gemeinsame Fortbildung

Eltern und Lehrer können sich auch gemeinsam fortbilden. Mögliche Themen ergeben sich aus dem Erziehungsplan der Schule.

5.4.2.3 Kontaktpflege

Elternbriefe und regelmäßige Telefonate stellen Möglichkeiten der Kontaktpflege dar.

5.4.2.4 Hausbesuche

Hausbesuche geben dem Lehrer wichtige Hinweise für sein pädagogisches Handeln (Welche Regeln gelten im Elternhaus? Wie werden diese durchgesetzt? Wie sehen die sozio-kulturellen Bedingungen aus? Welche Vorstellungen haben die Miterzieher?).

Hausbesuche geben auch Gelegenheit, über gemeinsame und unterschiedliche Wertvorstellungen zu sprechen, gemeinsame Absprachen zu treffen.

Eltern können individuelle Hilfen angeboten werden, und es kann versucht werden, sie für ein gemeinsames Handeln zu gewinnen. Sie können wichtige Hilfen beim Abbau von Vorurteilen sein.
Im persönlichen Gespräch kann Eltern auch verdeutlicht werden, daß bestimmte Erziehungsstile ungeeignet sind, daß Strenge und Strafe kaum Disziplin bewirken, sondern nur einen Oberflächenwert haben und abweichendes und kriminelles Verhalten fördern können (Lernen am Modell, Frustrations-Aggressionstheorie, reaktive Feindseligkeit, Rachebedürfnis, Hoffnungslosigkeit). In einem von gegenseitigem Vertrauen und gegenseitiger Wertschätzung getragenen Gespräch können Eltern für eine Erziehungspartnerschaft mit der Schule gewonnen werden.
Wir müssen sie auch dafür gewinnen, ihre Kinder bei der Entwicklung des Selbstvertrauens und des Selbstwertgefühles zu fördern. Dabei können wir sie auch auf Untersuchungsergebnisse aufmerksam machen, die zeigen, daß die Entwicklung des Selbstwertgefühles eng mit drei Verhaltensweisen der Eltern verknüpft ist:

„Mit einem liebevollen, offenem Umgang, mit der Festlegung eindeutiger Verhaltensregelungen und mit der Achtung vor dem Kinde als einer eigenständigen Person"[139].

Wenn Eltern berichten, sie hätten keinen Einfluß mehr, so ist das ein deutlicher Hinweis darauf, daß fehlerhaftes Erzieherverhalten wirkungslos geworden ist.

5.4.2.5 Gesunde Ernährung

Mit den Eltern muß auch über den Einfluß einer gesunden Ernährung auf das Verhalten gesprochen werden.

„Viele Kinder, die in der Hofpause aktiv sind, in der Englischstunde dann aber eindösen, leiden nicht unbedingt an Motivations- aber an Kreislaufschwäche. Sie brauchen keinen Schulpsychologen, sondern ein verbessertes Nahrungsangebot. Schaukelt ein falsch ernährtes Kind in der Mathematikstunde permanent mit seinem Stuhl, so ist es nicht verhaltensgestört, sondern versucht eigentlich nur, gegen seinen körperlichen Zustand anzugehen und sich durch Mobilität für den Unterricht wach zu halten[140]".

---

139) Thomas Lickona, vergl. Fußnote 72
140) Peter Struck, vergl. Fußnote 26

5.4.3 Beratende Dienste

In allen Bundesländern sind mittlerweile Beratungslehrerinnen und -lehrer ausgebildet worden. Sie unterstützen die Beratungstätigkeit unter anderem auch dadurch, daß sie Kontakte zu außerschulischen Einrichtungen der Jugendarbeit und der Jugendberatung pflegen und den einzelnen Schulen gezielt Ansprechpartner benennen können. Lehrerinnen und Lehrer müssen ermutigt werden, mehr als bisher ihren Rat und auch den Gedankenaustausch mit ihnen zu suchen.

5.4.4 Kooperation in Schulzentren

Schulen in Schulzentren müssen gemeinsame Absprachen über Grundsätze ihres Erziehungsplanes und über „Interventionsgrenzen" in schulformübergreifenden Konferenzen treffen. Auch in einem Zentrum dürfen nicht beliebige oder gegensätzliche Kommunikationsformen, Erziehungsziele und -stile gelten.
Strategien für die Wahrnehmung der gemeinsamen Aufsicht müssen abgesprochen und kontrolliert werden, notfalls muß die Schulaufsicht Initiativen ergreifen.
Bei Konflikten sind alle Lehrer „zuständig"; es darf kein „Niemandsland" der Zuständigkeiten geben.

Gewalt erfordert stets unsere Stellungnahme.

Thomas Feltes [141] weist auf den Zusammenhang von Gewaltzunahme in der Schülerschaft und dem Rückzug der Lehrer aus der kollektiven Verantwortung hin.

Müssen einmal Kontrahenten während der Hofpause getrennt werden, so sollte der körperliche Einsatz erläuternd, interpretierend begleitet werden: „Ich halte dich fest, weil du jetzt so sehr erregt bist. Sag es mir, wenn du es wieder alleine schaffst, dann lasse ich dich los!".
Die Kooperation zwischen den einzelnen Schulformen in Schulzentren ist in der Regel „unterentwickelt" (obwohl in Nordrhein-Westfalen beispielsweise die Kooperationsverordnung[142], die nicht nur für Zentren gilt, diese ausdrücklich vorschreibt).

---

141) Thomas Feltes, Sondergutachten der Anti-Gewaltkommission, vergl. Fußnote 3
142) Vergl. in NRW: Kooperationsverordnung – KVO vom 24.3.1995

Was Schulen in Zentren gemeinsam machen könnten:
○ Öffnung von Unterrichtsveranstaltungen für Schüler kooperierender Schulen,
○ Öffnung von Fördermaßnahmen für Schüler kooperierender Schulen oder
○ Gemeinsame Förderangebote,
○ Gemeinsame Arbeitsgemeinschaften,
○ Gemeinsame Projekte,
○ Gemeinsame Sport-, Musik- und Theaterveranstaltungen,
○ Förderung der Zusammenarbeit der Schülervertretungen,
○ Förderung der Zusammenarbeit der Elternvertretungen,
○ Gemeinsame Fortbildung zu gemeinsam interessierenden Themen,
○ Lehreraustausch (Vertretungsunterricht, besondere Unterrichtsangebote).

„Reißt die Zäune ein!" lautete eine Sonderausgabe der Schülerzeitung des Gymnasiums in einem Schulzentrum, nachdem ein Schüler mit einem Messer niedergestochen worden war.

5.4.5 Sonstige Partner

5.4.5.1 Arbeitskreise

Sinnvoll kann die Einrichtung eines Arbeitskreises „Jugendschutz" mit Vertretern der Eltern, des schulpsychologischen Dienstes, der Regionalen Arbeitsstellen zur Förderung Ausländischer Kinder und Jugendlicher (RAA), der Sozialpädagogen, des Jugend-, Ordnungs- und gegebenenfalls des Ausländeramtes, der kirchlichen Einrichtungen, mit Vertretern der Kommune, der Jugendgerichtshilfe und den Vorbeugedienststellen der Polizei sein.

Arbeitskreise können auch eine wesentliche Koordinierungsfunktion übernehmen:
Bieten in einem Stadtteil beispielsweise die Schule, die Stadt, verschiedene Vereine oder Verbände und die beiden großen Kirchen Freizeitaktivitäten an, so kann ein Arbeitskreis die Koordinierung der verschiedensten Aktivitäten übernehmen, um gegenseitige Konkurrenz oder unwirtschaftlichen Umgang mit Ressourcen zu vermeiden.
Die Schule sollte in diesen Kreisen auch deshalb mitarbeiten, um sicherzustellen, daß einzelne Kinder durch eine Vielzahl von Aktivitäten nicht überfordert werden. Mit den Eltern sollte gemeinsam überlegt werden, wieviel Aktivitäten der einzelne Schüler „verkraften" kann und welche Prioritäten gegebenenfalls zu setzen sind.

Die „Jugendkonferenz" beispielsweise der Stadt Duisburg bietet Jugendlichen in Kooperation mit der Schulaufsicht und dem Stadtjugendring ein Forum, sich kennenzulernen, über gemeinsame Erfahrungen zu sprechen und die Einrichtung für erforderlich gehaltener Maßnahmen zu empfehlen.

Eine andere Möglichkeit der Kooperation, Koordination und der Vernetzung stellen „Multiplikatoren-Konferenzen" dar.
Wichtige Gesprächspartner der Arbeitskreise sind ausländische Lehrer und Sprecher ausländischer Bevölkerungsgruppen. Ihnen kommt die Rolle zu, zwischen den verschiedenen Bevölkerungsgruppen zu vermitteln. Mit ihnen zusammen können Konzepte dafür entwickelt werden, wie auch Kinder ausländischer Arbeitnehmer und Kinder von Aussiedlern und Asylbewerbern zu Toleranz, Umgang mit Freiheit und angemessenem Verhalten in unserer Gesellschaft erzogen werden können.

5.4.5.2 Öffentlichkeit

Schließlich müssen alle Bürger für die Verhinderung von Gewalt gewonnen werden:

„Jeder von uns kann durch eigene Aufmerksamkeit zum Schutze seiner Schulkameraden, seiner Arbeitskollegen und Nachbarn beitragen. Dort, wo der öffentliche Schutz nicht immer zur Stelle sein kann, kommt es entscheidend auf die Hilfsbereitschaft und Zivilcourage unter allen Mitbürgern an[143]*".*

Schulen sollten ihren Schülern auch die Rufnummern des Kinder- und Jugendtelefons (regional 1 11 03), überregional (0 13 08-1 11 03) zugänglich machen. Vielleicht bietet das Gespräch mit einem anonymem Partner im Einzelfall einen Einstieg. Wenn – wie mir berichtet wurde – monatlich insgesamt ca. 4000 Anrufe registriert werden, dann weist dies auf eine hohe Akzeptanz hin.

5.4.6 Zusammenarbeit mit dem Jugendamt und der Polizei

Auch die Jugendschutzbeamten der Polizei stellen sich gerne als Partner zur Verfügung. Zielgruppen sind Schüler, Lehrer, Eltern und Mitglieder von Pflegschaften.

---

[143] R. von Weizsäcker während der Trauerfeier für die Opfer von Solingen, in: „basta", vergl. Fußnote 61

Tagungen zu folgenden Themen werden angeboten:
- Darstellung der Polizeitätigkeit (Abbau der oft vorhandenen Hemmschwelle),
- Verlauf eines Jugendgerichtsverfahrens,
- Konsum und Diebstahl,
- Gewaltdelikte und Waffen,
- Gesetz zum Schutze der Jugend in der Öffentlichkeit,
- Jugendmedienschutz,
- Suchtprävention.

5.4.7 Zusammenarbeit mit den Medien (Zeitung, Regionalfunk)

Durch vertrauensvolle Zusammenarbeit kann erreicht werden, daß über die positive Arbeit der Schule in der Region berichtet wird. Schulen sollten viel öfter die Gelegenheit nutzen, um sich in der Öffentlichkeit darzustellen. Manche Schulen melden sich regelmäßig zu Wort, über manche Schulen gibt es auch oft Interessantes zu berichten, einige kann die Öffentlichkeit kaum wahrnehmen.

5.5 Unterricht und Lernen

5.5.1 Lernen „vernetzen"

Schulische Lernplanungen gehen noch immer von einem linearen Modell des Lernens aus: Einzelne Elemente des Wissens stehen unverbunden neben- oder nacheinander. Wiederholungen sind dann mühselig, für die beteiligten Schüler langweilig und unterbleiben daher.
Stärkerer Beachtung bedürfen bei der Auswahl der Inhalte und der konkreten Planung die Anliegen des bedeutungsvollen[144] und signifikanten[145] Lernens. David P. Ausubel regt an, Inhalte so zu „vernetzen", daß sie aufeinander bezogen und miteinander verbunden sind und in einem Zusammenhang miteinander stehen. Dazu entwickelte er für den Aufbau von Lernsequenzen die Prinzipien des progressiven Differenzierens, des integrativen Verbindens und der vorstrukturierenden Lernhilfen.
Erworbenes Wissen bleibt in diesem Modell lebendig, weil es sicher „verankert" und häufig Gegenstand weiterer Differenzierungsprozesse ist. Vernetzen im weiteren Sinne meint auch eine „vernetzende" Methode, durch die Lernen „mit allen Sinnen, über möglichst viele Kanäle" (Frederic Vester) ermöglicht wird

---

144) David P. Ausubel, Psychologie des Unterrichts, 2 Bände, Beltz, Weinheim, 1974. Kurzeinführung in: Gunther Eigler, Grundkurs Lehren und Lernen, Beltz, Weinheim, 1975
145) Carl R. Rogers, Lernen in Freiheit, Kösel, München, 1974

und Behalten sichert durch immanentes und gezieltes Wiederholen, Wiedererkennen und das Einordnen von Wissen in immer größere Zusammenhänge. Signifikantes Lernen, das ist ein Lernen, das die gesamte Person mit allen Gefühlen und allen kognitiven Kräften einschließt. Es ist selbst-initiiert, durchdringt den ganzen Menschen, hat für Lernende einen „Sinn" und wird von ihnen selbst bewertet: „Wir können sagen, daß der geometrische Ort des Bewertens zweifelsfrei im Lernenden selbst liegt" (Carl R. Rogers).

„Hierzu gehört das Bemühen, an geeigneten Stellen den fachlichen Stellenwert und den fachlichen und überfachlichen „Sinn" herauszuarbeiten. Schülerinnen und Schüler benötigen Informationen und Einschätzungshilfen darüber, wozu das einzelne Fach von Nutzen ist, welchen Stellenwert es im Konzert anderer Fächer hat[146]".

5.5.2 Identität fördern

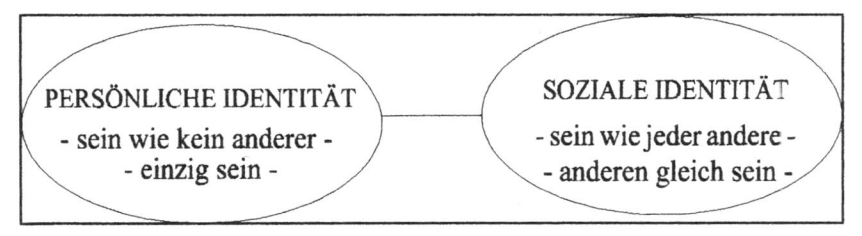

PERSÖNLICHE IDENTITÄT - sein wie kein anderer - - einzig sein -	SOZIALE IDENTITÄT - sein wie jeder andere - - anderen gleich sein -

Abb. 21: ICH-Identität als Balance zwischen persönlicher und sozialer Identität

ICH-Identität kann als Balance zwischen der persönlichen und der sozialen Identität angesehen werden. Der Unterricht muß inhaltlich und methodisch so gestaltet sein, daß er den Aufbau der persönlichen und der sozialen Identität durch deutliche Orientierung am „subjektiven Faktor" (Horst Rumpf) fördert.

Jede Förderung oder Vernachlässigung des einen Aspektes zu Gunsten des anderen kann zu Störungen in der Identitätsbalance und damit zu Störungen in der Entwicklung des jungen Menschen führen.
Wichtige Voraussetzungen für die Herstellung und den Erhalt einer Balance hat Lothar Krappmann benannt:[147] Empathie, Rollendistanz, Ambiguitätstoleranz, kommunikative Kompetenz.

---

146) Klaus Hurrelmann, Streß in der Schule, Forum E, Nr. 9, 1991
147) Lothar Krappmann, Soziologische Dimension der Identität, Klett, 1975

Wird der Aufbau einer Identität gestört, kann es zur Identitätsdiffusion kommen: Jugendliche – auf der Suche nach einer Identität – schlüpfen in „angebotene Identitäten", das können beispielsweise auch „Radikale", „Neonazis" sein.

5.5.3 Personen- und Schülerorientierung

Wenn schulisches Lernen nach den Richtlinien heute als ‚schülerorientiert' gestaltet werden soll, so weisen die Verfasser der Richtlinien selbst darauf hin, daß sich Lernen bisher nicht immer an den Schülern und ihren Vorerfahrungen, Erfahrungen oder Bedürfnissen orientierte. Ich hätte mir gewünscht, man würde von personen-orientiertem Unterricht sprechen; denn Lehrer haben „Schüler" vor sich und – Individuen. Schüler, das ist eine Rollenbezeichnung, die den jungen Menschen nicht zu fassen vermag.

Jedes Kind lernt anders, jedes von ihnen verfügt über hochkomplizierte und -differenzierte Lernmuster. Jedes von ihnen hat unterschiedlich ausgebildete „Eingangskanäle" (Frederic Vester): Eines lernt besser über das Ohr, ein anderes über das Auge, eines über eine Regel und eines schließlich durch das „verlängerte Hirn" (Emanuel Kant), durch die Hand, durch das begreifende Handeln. Das macht „Lernen-Machen" so kompliziert!

Wie man effektiv „personen-orientiert" arbeiten kann, hat beispielsweise Hans Haenisch dargestellt[148].

Herstellung von Identität, Förderung von Identität spielen eine wesentliche Rolle im Zusammenhang mit der Gewaltproblematik. Otto Speck zeigt, welche konstruktiven Erfahrungen ein Jugendlicher auf dem Wege zu seiner eigenen Selbstverwirklichung („Autonomie") machen muß[149].

Wer sich selbst akzeptiert und von anderen akzeptiert wird, also in der Balance ist, neigt kaum zu Aggressionen und akzeptiert auch andere:

„Alle freundlichen Gefühle gegenüber anderen fließen aus den freundlichen Gefühlen, welche jemand sich selbst gegenüber hegt" (Aristoteles).

Lehrer sollten versuchen, ihren Schülern nicht nur in dieser Rolle, sondern auch in ihrer Rolle als „Holger" , d. h. persönlich begegnen. Sie sollten neben ihren Namen, auch ihre Probleme und Lebensumstände, ihre Stärken und Schwächen kennen. Da Lernen ein individueller Akt ist, müssen individualisierende Phasen breiten Raum im Unterricht einnehmen.

---

148) Hans Haenisch, Erfolgreich unterrichten – Wege zu mehr Schülerorientierung, Heft 17, Landesinstitut für Schule und Weiterbildung, Soest, 1991
149) Otto Speck, vergl. Fußnote 98

Kindergeburtstage können Anlaß für gemeinsame Feiern sein: Jeder steht einmal im Mittelpunkt. Vielleicht ist es für einige Kinder die einzige Feier ihres Geburtstages.

Ein entsprechender Unterricht erfordert allerdings die Bereitstellung geeigneter Lehr- und Lernmittel und eine entsprechende Strukturierung der Räume. Daß diese Maßnahmen nicht mit hohen Kosten verbunden sein müssen, beweisen die zahlreichen Schulen, die schulreformerische Konzepte bisher erfolgreich praktizierten.

5.5.4 Kooperation der Schüler fördern

Kooperatives Verhalten gilt als eine wesentliche Qualifikation in unserer zukünftigen Welt, und doch favorisiert Schule vorwiegend den „Einzelkämpfer". Ich sehe insbesondere folgende Vorteile der Kooperation: Förderung des gemeinsamen Lernens, der Teamfähigkeit, Erschließung neuer Motivationsquellen, Überwindung des Konkurrenzverhaltens, Verhinderung des Leistungsversagens.
Es gibt nur wenige Pädagogen, die meinen, kooperative Formen würden zu einer Nivellierung der Leistung auf dem Niveau des Leistungsschwächsten führen. Die überwiegende Mehrzahl hat Erfahrungen dazu sammeln können, daß Kooperation im Sinne Piagets zu einer Leistungssteigerung insgesamt führt und die Leistungsmotivation erheblich steigert. Jugendliche müssen auch die Ergebnisse gemeinsamer Anstrengungen durch Präsentationen sehen und in Feiern und im Spiel erleben können: Nicht jeder macht alles, aber jeder macht das, was er am besten kann. Alle tragen zu einem guten Gesamtergebnis bei, und die Mitarbeit eines jeden ist notwendiger Baustein.

5.5.5 Klassenlehrerprinzip und holistisches Lernen

Schulen, die Bindungen anbieten und ihre Aufrechterhaltung sichern wollen, praktizieren erfolgreich das Klassenlehrerprinzip oder verwandte Formen (Co-Lehrer, Team-Kleingruppen-Modell, Stufenkollegien usw.).
Immer mehr Lehrende aller Sekundarschulen werden mit ihrem Einverständnis in affinen Fächern und / oder in Fächern ihrer Neigung eingesetzt, damit ihre Kontakte zur Klasse intensiviert werden können.
Durch eine enge und kontinuierliche Kooperation der Fachlehrer mit den fachfremd eingesetzten Lehrern lassen sich mögliche fachdidaktische Mängel in der Planung und Realisierung von Unterricht verhindern.
In einigen Schulen begleitet ein Kern von Lehrern die Schüler von der Klasse 5 bis zu ihrem Abschluß.

Lern- und Lebensbedürfnisse verschiedener Jahrgänge

Beachtet werden muß, daß Kinder und Jugendliche einzelner Jahrgangsstufen ganz unterschiedliche Lern- und Lebensbedürfnisse haben, deren Nichtberücksichtigung zu erheblichen Verhaltensstörungen führen kann.

Beispielhaft will ich dies für die 5. Klassen der Hauptschule darstellen, weil dort die Probleme aufgrund des fortschreitenden „Auspowerns" (Peter Petersen) der 4. Klassen besonders eklatant sind und diese Klassen hohe erzieherische und didaktische Anforderungen an den Klassenlehrer stellen.
Für die Kinder der Eingangsklasse der Hauptschule, die vermutlich seit dem 1. Schuljahr erfahren mußten, daß sie nicht gut lernen können und daher seit langer Zeit viele Mißerfolge erlebten, erfolgt in der 5. Klasse die entscheidende Weichenstellung.

Gelingt es den Lehrenden dort, Erfolge erfahrbar zu machen, Lernblockaden aufzubrechen, Lernrückstände aufzuholen, eine Lern- und Leistungsmotivation neu aufzubauen, zielerreichendes Lernen sicherzustellen und alles in allem ermutigende Impulse zu setzen, dann fassen jene Schüler neuen Mut zum Lernen und zum Weiterlernen.

Ein sorgfältig gewählter Lehrereinsatz in den einzelnen Klassen gehört daher zu den wesentlichen Aufgaben des Schulleiters bei der Vorbereitung auf ein neues Schuljahr.

Es gilt einerseits, sie „dort abzuholen, wo sie sind", andererseits sie in die schulformspezifische Art einzuführen, eine etwa homogene Lernausgangslage herzustellen und das Lernen in Zusammenhängen fortzuführen. Ermutigt muß auch der Klassenlehrer werden: Er muß sich von Lehrplan-Vorgaben verantwortlich lösen, wenn Kinder noch große Mängel in den elementaren Kulturtechniken zeigen, weil es zunächst darauf ankommt, Grundlagen für weiterführendes Lernen zu legen.

Spezialisierung vermeiden

Die stärkere Berücksichtigung des Klassenlehrerprinzips kann auch zur Überwindung der vielfältigsten Spezialisierungen führen, denn „Kindern tut die arbeitsteilige Spezialisierung als Antwort auf ihr die ganze Person umfassendes Bildungsbedürfnis nicht gut[150]".

---
150) Peter Struck, vergl. Fußnote 26

Peter Struck und viele andere sehen die Gefahr der Aufspaltung in Kompetenzen (Fachlehrer, Schulpsychologen, Sozial- und Verhaltensgestörtenpädagogen und Beratungslehrer) als einen Irrweg an und regen an, alle diese Qualifikationen nach Möglichkeit in der Hand des Klassenlehrers zu vereinigen.

In einer guten Schule verbietet es sich, Lehrer zu haben für den Unterricht, Sozialpädagogen für die Beziehungen und Psychologen für Konfliktelösungen.

Hartmut von Hentig gibt in gleicher Absicht den Rat, dem „Therapismus"[151] zu widerstehen.

Das Klassenlehrerprinzip verhindert auch die Bildung eines „Verantwortungsvakuums" (Peter Fauser). Sind zehn oder mehr Lehrer in einer Klasse tätig, ist eine Verantwortlichkeit für Disziplin, Haltungen usw. nicht auszumachen.

Wir sind dankbar für die engagierte Arbeit unserer Beratungslehrer. Unser Ziel muß es jedoch sein, Schule und Unterricht so zu gestalten, daß Beratungslehrer und Beratende Dienste im schulischen Raume immer seltener erforderlich werden.

Lernbiologie

Mehr als bisher sollten Formen praktiziert werden, die die Erkenntnisse der Lernbiologie[152] berücksichtigen, die Handeln und Lernen[153] konsequent verbinden und kognitive Probleme und sprachliche Anforderungen in Zusammenhänge mit Lebensproblemen stellen.

Handlungsorientierung

Viele unserer Schüler haben eine geringe Handlungskompetenz, weil kaum noch etwas mit der Hand gemacht werden kann. Vielleicht vandalisieren sie gelegentlich auch Räume und Einrichtungen, weil es das einzige ist, das sie noch „machen" können (Gewalthandlung als Kompensation des eingeschränkten körperlichen Ausagieren-Könnens). Dabei wird völlig übersehen, daß Handeln und Lernen „zwei Seiten einer Medaille" sind und etwas machen, allein oder mit anderen zusammen, zu einem positivem Selbstkonzept führt.

---

151) Hartmut von Hentig, vergl. Fußnote 52
152) Frederic Vester, Denken, Lernen und Vergessen, DVA, Stuttgart, 1975. Die „Lernbiologie" geht u.a. davon aus, daß Lernen bei positiven Hormonlagen gefördert, bei negativen (Streß, Angst) gehemmt wird.
153) A.N. Leontjew, Probleme der Entwicklung des Psychischen, Fischer-Athenäum, Frankfurt, 1971 und Jean Piaget, Psychologie der Intelligenz, Kindler, München, 1974

Viele Schulen klagen über den zu „abstrakten" Lernbereich „Wirtschaftslehre". Ich habe Unterricht gesehen und Schulen erlebt, wo Schüler Wirtschaftslehre „machten" – im Piagetschen Sinne, versteht sich; es ist in fast allen Bereichen möglich. Schüler der inzwischen geschlossenen Hauptschule in Moers-Kapellen gründeten real einen Produktions-Betrieb und konnten dann Wirtschaft tun, erleben, erfahren.

Das in der Grundschule erfolgreich praktizierte Modell des Lernens mit „Kopf, Herz und Hand" sollte zum Repertoire aller weiterführenden Schulen gehören. Das häufig noch praktizierte „Kurzschlußlernen"[154] hat mit Bildung wenig zu tun. Ein einseitig verbal und kognitiv orientierter Fachunterricht widerspricht auch neueren wissenschaftlichen Erkenntnissen:

„Die Ergebnisse der psychologischen Untersuchung über die Entwicklung der Verstandesoperationen und den Erwerb oder Aufbau der Grundbegriffe aber sprechen eindeutig zugunsten eines Arbeitsunterrichtes... Die wirkliche Ausbildung der Verstandeswerkzeuge erfordert (doch) vielmehr eine gemeinschaftliche Atmosphäre aktiven Forschens, Experimentierens und miteinander Diskutierens[155]".

Alternative Vermittlungsformen

Ein holistisches, d. h. den ganzen Menschen bewegendes Lernen gibt Schülern die Möglichkeiten, auch ihre Vorstellungen, ihre Emotionen und Erfahrungen einzubringen. Wir können zwar Tatsachen und Zusammenhänge kognitiv erfassen, sinnvolles Lernen ist jedoch beim Menschen als psychosomatischem Wesen nur effektiv möglich, wenn alle Sinne, Gefühle und Emotionen beteiligt sind[156]. Aus diesen Gründen müssen neben der Sprache auch andere, alternative Vermittlungsformen stärker praktiziert werden: beispielsweise Bilder und Musik, um damit auch die leider vernachlässigten rechtshemisphärischen Gehirnfunktionen auszubilden.

Einige Schulen bieten bewußt Phasen der Muße, der Ruhe, des Sammelns und der ganzheitlichen Erholung als Ausgleich für den rationalen, kopflastigen

---

154) Konrad Joerger, vergl. Fußnote 130
     Joerger meint ein Lernen vom Ohr in den Mund, also hören und reproduzieren des Gehörten.
155) Jean Piaget, vergl. Fußnote 94
156) Ruth Cohn, Von der Psychoanalyse zur themenzentrierten Interaktion, Klett-Cotta, Stuttgart, 1975

Schulalltag an. Musisch-meditative Phasen dienen der Entspannung nach der Anspannung und der Pflege des körperlich-seelischen Gleichgewichtes[157].

"Allein die Auswirkungen von Rhythmus, Klang und Musik auf künstlerische und erziehliche Bereiche können alles übertreffen, was bisher auf rein kognitivem Wege erreicht wurde[158]".

Horst Rumpf weist zurecht auf eine notwendige „Kultivierung der sinnengebundenen Tätigkeiten" hin und auf die Auswirkungen eines körper- und sinnesfeindlichen Umfeldes, in dem er R. Kahl zitiert:

„Man muß in diesen Tagen die Studie des amerikanischen Literaturwissenschaftlers Bill Bullford „Geil auf Gewalt" lesen, in der er über englische Hooligans schreibt, denen er sich einige Monate angeschlossen hatte: Da wird deutlich, keine Ideologie verführt irgendeinen Jugendlichen. **Zur Randale treibt sie ihr ungelebtes Leben.** *Sie putschen sich im Kampf auf wie mit Drogen.* **Sie leiden an sensorischer Deprivation.** *Fast 60% der Jugendlichen in den neuen Ländern neigen zu dieser ultima ratio:* **Geil auf Gewalt.** *Dagegen kommt keine Aufklärung an, und dagegen helfen keine Botschaften. Das Verdrängte meldet sich mit Gewalt zurück[159]"*.

Suggestopädisches Lernen

Suggestopädisches Lernen[160] ist ein Modell ganzheitlichen Lernens, das die Erkenntnisse neuzeitlicher Hirnforschung (Aktivierung der rechten Hirnhälfte) berücksichtigt und das beispielsweise das Erlernen einer Fremdsprache erheblich erleichtert. Da es zum „Bild" des herkömmlichen Unterrichts gar nicht paßt, hat suggestopädisches Lernen in Deutschland bisher kaum Verbreitung gefunden. Aus suggestopädischer Sicht führt die Alltagsregel: „Wenn man sich anstrengt, schafft man es" zu Lernblockaden. Diese werden in diesem Konzept vermieden, bestehende werden durch ein spezifisches Klima, Entspannungen, Phantasiereisen, Rollenspiele und Theaterspiele überwunden.

---

157) Rudolf Bauer, Musisch-meditatives Experimentieren, 5-10 Schulmagazin, Nr. 7-8, 1993
158) Frederic Vester, Neuland des Denkens, DVA, Stuttgart, 1980
159) H. Rumpf, Über den zivilisierten Körper und sein Schulschicksal, Pädagogik, Heft 6, 1996
160) 1. E. Philipov, Suggestopädie – ein Modell ganzheitlichen Lernens, Sonderdruck der Pädagogischen Arbeitsstelle für Erwachsenenbildung in Baden-Württemberg,
2. Max Feurer, Die Suggestopädie – eine pädagogische Herausforderung, Schweizer Lehrerzeitung, Nr. 11/12, 1981,
3. Projekte an den Universitäten Essen (R. Baur, Seminar für Sprachlernforschung), Duisburg (H. Pürschel, Linguistik) und Bremen (Gerl, Sprachenlernen)

10 Artikel für eine Schule ohne Mobbing und Schikane

1. Wir achten in Wort und Tat die Würde unserer Mimenschen.

2. Wir leisten jedem Mitmenschen, der darum bittet, Beistand gegen Schikane und stellen uns demonstrativ an seine Seite, auch wenn wir nicht in allem seine Meinung teilen. Wir lassen Angefeindete nicht allein.

3. Wir wollen den Anfängen von Psychoterror in unserer Schule wehren, von wem er auch ausgeht.

4. Wir wollen uns in Toleranz und Zivilcourage üben.

5. Wir begegnen fremden Fehlern ebenso nachsichtig wie unseren eigenen.

6. Wir wollen uns nicht an der Entstehung und Verbreitung von Gerüchten beteiligen. Unser Grundsatz sei, mit den Menschen, nicht über sie zu reden.

7. Wir erklären ausdrücklich, daß wir uns an die Gesetze und die sonstigen Bestimmungen zum Schutz der Schwachen halten und verpflichten uns, auf deren Einhaltung in unserer Schule zu bestehen.

8. Wir erklären, daß wir niemanden schikanieren. Niemand soll andere über- oder unterfordern. Niemand soll andere bewußt Situationen aussetzen, denen sie nicht gewachsen sind.

9. Wir wollen uns stets Mühe geben, mit jedermann in unserer Schule höflich und offen zusammenzuarbeiten und dabei Problemen nicht aus dem Wege gehen.

10. Wir verpflichten uns, mit anderen gemeinsam gegen Mobbing und Psychoterror vorzugehen, wo wir dies beobachten. Wir handeln gemeinsam, statt einsam.

Horst Kasper

aus: Profil, Bonn, 1997, Heft 5/97

Suggestopädisches Lernen vereinigt die Koppelung des Lernens an „Bilder" (rechte Hirnhälfte) und an bestimmte Musik (um einen das Lernen fördernden 60-er Rhythmus des Herzens zu erreichen).
Suggestopädie ist kein „Nürnberger Trichter", aber eine Möglichkeit, lernen zu erleichtern und Erfolge sicherer zu machen.
Nicht hereinfallen sollte man auf jene Verlage, die in ihrer Werbung „Lernen im Schlaf" versprechen und Kassetten mit Musik versenden. Sie brachten und bringen dieses Verfahren – leider – in Mißkredit.
Das erste Mal habe ich vor 10 Jahren darauf aufmerksam gemacht und Erprobungen im Unterricht angeregt. Eine Vielzahl großer Firmen (z.B. KRUPP, AEG, SEL, LUFTHANSA, MBB, VEBA, SIEMENS, ARAL, DEGUSSA, HENKEL) setzt dieses Verfahren – sehr erfolgreich – für die Mitarbeiterschulung ein. Dazu muß man wissen, daß in der Wirtschaft Neues erst nach langen Erprobungsphasen übernommen wird.

5.5.6 Projekt-/Erfahrungsorientierter Unterricht

Diese Unterrichtsformen bieten sich an, um selbstorganisiertes, selbstgesteuertes, selbsttätiges, aber auch soziales Lernen und Lernen in Zusammenhängen zu fördern und den permanenten Frontalunterricht zu überwinden, der „lähmende und aggressionsgenerierende Effekte"[161] hat.

Viele Schüler reagieren ganz natürlich: Sie wollen sich nichts einfüllen, sondern etwas einfallen lassen. Sie wollen nicht Wissen aufnehmen, sondern Wissen operativ erwerben durch Handeln (Operation), durch Probieren, Erkunden oder Entdecken.
Aktive Unterrichtsformen fordern sie heraus, passive lassen sie eher abschweifen: Sie wollen einsteigen, oder sie steigen aus. Ein solcher Unterricht bedarf einer Uminterpretation sowohl der Lehrer- als auch der Schülerrolle und der Verabschiedung von der „heimlichen Theorie des Lehrerverhaltens":
○ Der Lehrer setzt Inhalte und Methoden fest.
○ Er ist für den Wissenserwerb verantwortlich.
○ Er muß die Schüler zum Lernen motivieren.
○ Lernen ist Faktenwissen, Erziehung ein kognitiver Prozeß usw.

Die Formel „Der Lehrer lehrt – die Schüler lernen" ist im Lichte neuerer Lerntheorien nicht haltbar.

---
161) Rainer Winkel, Neue Deutsche Schule, Nr. 10, 1993. Gemeint ist ein rigider, ständiger Frontalunterricht, der den Schüler zum „Empfänger" degradiert und Kommunikation be- oder verhindert.

Projekt- und erfahrungsorientierter Unterricht erfordert eine gemeinsame Planung der Fachlehrer bzw. des Lehrerteams und mit zunehmendem Alter der Schüler. Er bietet Möglichkeiten zur Leistungs- und Neigungsdifferenzierung und kann Formen der äußeren Differenzierung zumindest in den unteren und mittleren Jahrgängen der Sekundarschulen verzichtbar machen.

Projektorientierter und erfahrungsorientierter Unterricht ermöglicht es auch, den unnatürlichen 45-Minuten-Takt zu überwinden, der ganzheitliches Lernen und Lernen in Sinn- und Sachzusammenhängen eher stört als fördert.

In unserer Gesellschaft, in der fast alles „schon gemacht" ist, in der reale Begegnungen der Schüler kaum noch möglich sind, in der auf Erfahrungen aus zweiter Hand zurückgegriffen wird, ist es dringende Aufgabe der Schule, Schülern Gelegenheit zu geben, primäre Erfahrungen zu machen.

Schule sollte nicht der Vermittlungsdidaktik folgen und nur an Erfahrungen „anknüpfen". Sie muß die Erfahrungen der Kinder in den Unterricht einbeziehen und stets neue Erfahrungen ermöglichen. Wie dies möglich ist, hat u.a. Ingo Scheller dargestellt.[162]

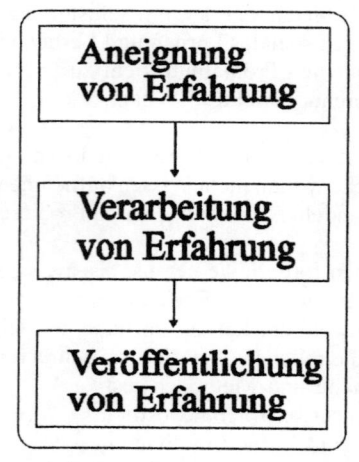

```
┌─────────────────────┐
│    Aneignung        │
│   von Erfahrung     │
└─────────────────────┘
          ↓
┌─────────────────────┐
│   Verarbeitung      │
│   von Erfahrung     │
└─────────────────────┘
          ↓
┌─────────────────────┐
│  Veröffentlichung   │
│   von Erfahrung     │
└─────────────────────┘
```

Abb. 22: Modell des erfahrungsorientierten Lernens

Handlungszielen ist auch deshalb der Vorzug zu geben, weil sie den ganzen Menschen ansprechen.

---

162) Ingo Scheller, Erfahrungsbezogener Unterricht, Scriptor, Frankfurt, 1981

Die Frage: „Wie können wir Fremdenfeindlichkeit beggegnen?" löst verbale Aktivitäten aus. Der Plan: „Wir helfen einer Familie in Not" lehrt, wie man Probleme unter Beteiligung von Kopf, Herz und Hand löst.
So, beispielsweise, kann praktische, effektive Friedenserziehung durch friedliche Aktionen – und nicht durch Reden darüber – erreicht werden. Urie Bronfenbrenner regte vor Jahren schon entsprechende Curricula an, so ein „curriculum for caring".

Beispiel
Personen-orientierter Unterricht geht immer von praktischen, realen Gegebenheiten aus. Der sorglose Umgang mit den Fahrrädern zum Beispiel verursacht an etlichen Schulen viele, unnötige Kosten. Ist es einem Kollegium völlig gleich, wie es im Fahrradkeller zugeht, dann werden die Sachbeschädigungen zu- und die Sicherheit im Straßenverkehr abnehmen.
Der zu erteilende Verkehrsunterricht wird verschult; er wird auf Reden darüber reduziert.
Eine Chance zur Verkehrserziehung bleibt ungenutzt. Wie sagte doch der verstorbene nordrhein-westfälische Kultusminister Hans Schwier: „In unseren Schulen wird zuviel durchgenommen, aber zu wenig gelernt".
Erziehender Unterricht wird dieses „reale schulische Problem" zu einem Problem der Schüler machen. In aller Regel werden dann so viele Lösungen gefunden werden, daß sich schulische Überwachungsrituale erübrigen. Richtet die Schule gar einen Fahrrad-Reparaturdienst ein, wird sich das Problem optimal lösen lassen und technisches Verstehen und pflegerischen Umgang fördern.
In beiden Beispielen sind die Schüler einmal mehr – Subjekte in ihrer Schule, nicht Objekte irgendwelcher Regelungen oder Belehrungen.

Daß die Realisierung offener Unterrichtskonzepte in allen Schulformen und -stufen möglich sind, kann beispielhaft dem Heft 1/97 „Der Altsprachliche Unterricht" aus dem Velber Verlag entnommen werden.

Es muß also nicht sein, wie Peter H. Nissen in dem Beitrag „Öffnung von Unterricht" schreibt, daß am Gymnasium die Wochenplanarbeit immer noch ein Schattendasein fristet und vielen Vorurteilen begegnet. Die Autoren zeigen, wie sie Offenen Unterricht im Fremdsprachenunterricht (Englisch), Wochenplanarbeit und Freiarbeit in Latein praktizieren[163].

---
163) Das lesenswerte Heft enthält neben vielen praktischen Hinweisen auch eine kommentierte Bibliographie zu „Wochenplan und Freiarbeit" und ein Verzeichnis von Verlagen, die Freiarbeitsmaterialien anbieten.

Projektunterricht fördert in besonderem Maße auch soziales Engagement und tutorielles Lernen[164]:

> „‚Lehren' heißt im ‚Haus des Lernens', daß die kompetenteren Lerner anderen beim Aufbau und bei der Entfaltung ihrer Lernkompetenz beistehen. Ein zentrales Organisationsprinzip ist die Hilfe der ersteren für die letzteren".

Ich habe dies mehrfach erlebt, beispielsweise
- wenn eine Klasse 10 B eine Lerneinheit multimedial für ihre parallele Klasse 10 A erstellt;
- wenn eine höhere Klasse für jüngere Schüler Lernmaterialen erstellt, entwickelt und nebenbei wesentliche Einsichten in menschliches Lernen gewinnen kann.

Projektunterricht leistet einen grundlegenden Beitrag zur Förderung lebenslangen Lernens, weil er Lernstrategien vermittelt und Lernhaltungen ausbildet und stabilisiert.

In einem Großteil der Schulen werden regelmäßig Projekte durchgeführt; damit leisten sie einen wichtigen Beitrag zum sozialen Lernen und zu einer wünschenswerten Binnendifferenzierung. Das sollte allerdings nur ein erster Schritt sein.
Projekte sollten nicht isoliert durchgeführt werden, sondern als Teil eines gemeinsam von einem Lehrerteam (Jahrgangsstufe) vereinbarten umfassenden Zieles geplant und realisiert werden; dabei sollten Beziehungen nicht nur innerhalb der Projektmitglieder gepflegt werden; eine Pflege von Außenbeziehungen, die sich regelmäßig anbietet, fördert eine erforderliche „Vernetzung".

5.5.7 Beiträge der einzelnen Fächer

Zum Abbau von Gewalt und Aggressionen können alle Fächer ihren Beitrag leisten.
Eine zentrale Rolle kommt den Fächern Geschichte/Politik und Religion zu.

Deutschunterricht

Deutschunterricht muß auch sicherstellen, daß die Schüler grundlegende identitätsfördernde Fähigkeiten erwerben. Sprachunterricht kann einen erheblichen

---
164) Denkschrift, vergl. Fußnote 17

Beitrag zur Förderung der Ich-Identität leisten. Dietmar Larcher[165] zeigt, wie so ein Unterricht aussehen kann.
Er bietet „strukturierte Hilfen zum Bearbeiten von lebensgeschichtlich bedeutsamer Erfahrung und zur Auseinandersetzung mit den oft nur teilweise bewußten Normen des Alltagshandelns". Sprache ist Medium, mit dessen Hilfe Erfahrungen symbolisiert, damit aber auch bearbeitbar, verinnerlicht und organisiert werden. Ähnlich sieht dies Ingo Scheller; er hat es umfassend dargestellt.
Schüler benötigen Vorbilder, Maßstäbe, Orientierungsmuster für ihre eigene Wertebildung. Ein entsprechender Literaturunterricht kann hier wesentliche Hilfestellungen geben.
Ein identitätsfördernder Unterricht stellt Aufsatzformen und Schreibaktivitäten bereit, damit Schüler sich – auch kritisch – einbringen können. Auch dies fördert den Aufbau der eigenen Identität und der Selbstvergewisserung[166] und leistet einen konstruktiven Beitrag zum sozialen Lernen.

Beispielsweise in Projekten kann die Wirkung sprachlicher Elemente auf andere Menschen untersucht werden; die Verwendung gleicher Elemente in verschiedenen sozialen Kontexten erhöht die Sensibilität im Sprachgebrauch und fördert auch die interaktive Kompetenz. Hier ist auch der Ort, die „erhebliche Gewalt im alltäglichen Sprachgebrauch und ihre stimulierende Wirkung für extremes Handeln" (Fritz Behrens) zu reflektieren.

Beispielhaft können Witze zur Reflexion Anlaß geben (Sich auf Kosten anderer lustig machen, Vorurteile zementieren, Witze über Frauen, Behinderte, Gebrechen, andere Völker). Die Ergebnisse können veröffentlicht werden und einen Beitrag zur Sensibilisierung leisten.
Lesen und Vorlesen fördern die innere Sammlung, Stille und Begegnung bilden ein Äquivalent zu Oberflächlichkeit, Leere und ständigem Lärm.

Rechtschreibreform – eine Reform?

Daß gut gemeinte Reformen nicht auch gut sein müssen, zeigt die sogenannte Rechtschreibreform. Ich befürchte – schaue ich mir beispielsweise die Wortlisten an – eine große Verunsicherung, die an die Stelle jahrzehntelanger Rechtschreibsicherheit getreten ist.
Daß nun „Flusssand" korrekt ist und „Flußsand" nicht mehr, kann ich ebenso wenig verstehen wie die Vorschrift, daß Teenager nun als Tee-nager oder Teenager getrennt werden dürfen.

---
165) Dietmar Larcher in: Ariane Garlichs, Norbert Groddeck, vergl. Fußnote 135
166) Kaspar H. Spinner, Identität und Deutschunterricht, Vandenhoeck, Göttingen, 1980

Sie ist – wie Bundespräsident Herzog sagte, „überflüssig wie ein Kropf".
Sie
- ○ kostet viele Milliarden für die Umstellungskosten der Verlage und der Softwarefirmen.
- ○ „spaltet" die Familien: Die jüngste Generation lernt eine Rechtschreibung, die sich von der Praxis ihrer Eltern und Großeltern unterscheidet; verschiedene Mitglieder einer Familie werden also verschieden rechtschreiben (oder recht schreiben?).
- ○ verunsichert, weil die Jüngsten eine Rechtschreibung lernen, die sie in den allermeisten Büchern nicht wiederfinden werden. Welches (Schrift-) Bild sollen sie sich einprägen?
- ○ verunsichert, weil es nunmehr konkurrierende Wörterbücher gibt. Nach welchem soll man sich richten? Soll ich von „hochbegabten" (Bertelsmann) oder „hoch begabten" (Duden) Jugendlichen schreiben?
- ○ findet weder in der Öffentlichkeit noch bei den Schriftstellern eine Akzeptanz.

Da bei ihrer Einführung das Wesentlichkeitsprinzip beachtet werden muß, bezweifele ich, ob die Kultusministerkonferenz (KMK) auch das legitime Gremium zur Verabschiedung war.

Musisch-künstlerische Erziehung

Sie stellt ein Äquivalent zu einer vorwiegend analytischen Arbeit der Schule dar, vermittelt vielfältige, bearbeitbare Ausdrucksformen, weckt und fördert kreative Kräfte. Ergebnisse können einen Beitrag zur Ausgestaltung der Schule leisten. Gewalterlebnisse können künstlerisch aufgearbeitet werden, „Waffen" möglicherweise nach einer erforderlichen Abrüstung umfunktioniert werden („Waffen zu Pflugscharen").

Sportunterricht

Gemeinsames sportliches Anstrengen fördert das WIR-Gefühl, stärkt die ICH-Identität, verfeinert durch tägliche Bewegungsangebote im Sinne der Vermittlung elementarer Körpererfahrung die Wahrnehmungsfähigkeit, verbessert die Konzentrationsfähigkeit und das Koordinationsvermögen.

Gefördert werden:
- ○ das Erkennen eigener Stärken und Schwächen,
- ○ das Akzeptieren eigener Stärken und Schwächen,
- ○ das Erkennen der Bedürfnisse anderer,

○ die Versuche, eigene und fremde Bedürfnisse in Einklang zu bringen,
○ das Akzeptieren der Stärken und Schwächen anderer,
○ die Bereitschaft zur Übernahme von Verantwortung auch für andere.

Nicht der Sieg, sondern das Mitmachen, das Spiel, gewinnt an Bedeutung; die traditionellen Spiele werden von kooperativen Spielen, von Spielen ohne Sieger, begleitet. Mit höherem Alter erleben sie sich in wechselnden Gruppen als Sieger oder Verlierer; dabei lernen sie auch, mit Frustrationen umzugehen.
Die abnehmenden Bewegungserfahrungen unserer Jugendlichen und ihre zunehmenden Koordinationsprobleme zeigen deutlich, wie wichtig – insbesondere in der Grundschule – intensive Bewegungserziehung ist.
Im Sportunterricht läßt sich auch effizient erfahren, daß Spielregeln keine immer gültigen Normen darstellen: Regeln sind nach Absprache veränderbar, und es macht Mädchen und Jungen Spaß, neue Spiele und neue Regeln zu finden, zu beachten und sinnvolle von sinnlosen Regeln zu unterscheiden.
Gemeinsames sportliches Anstrengen leistet einen Beitrag auch zur Integration sozialer und ethnischer Minderheiten.

„Bei uns im Team spielen Deutsche, ein Ägypter, ein Argentinier, ein Brasilianer, ein Türke, ein Russe und ein Österreicher. **Wenn wir nicht zusammenspielen, verlieren wir alle.** *Das hat jeder verstanden. Gott sei Dank spielt die Nationalität auch außerhalb des Spielfeldes keine Rolle. Weil meine Vereinskollegen ganz unvoreingenommen auf mich zugegangen sind, habe ich mich in meiner neuen Heimat schnell eingelebt. Fairneß und Toleranz sind wichtige Voraussetzungen für das Zusammenleben und auch für ein erfolgreiches Spiel"*[167].

Sportunterricht sollte auch stets dem Bedürfnis der Kinder und Jugendlichen nach unkoordinierter Bewegung, nach Toben und Austoben Rechnung tragen.

Sexualerziehung

Die zunehmende Kinderpornografie und die Schändungen von Kindern machen deutlich, wie wichtig eine gezielte Sexualerziehung ist. Kinder aus Familien, in denen Sexualerziehung tabuisiert wird, sind besonders gefährdet.

---

167) Rodolfo-Esteban Cardoso, Mittelfeldstar bei Werder Bremen, in: „basta", vergl. Fußnote 61

Auch hier – wie beim Umgang mit Aggressionen und Gewalt – gilt: Eine effiziente Hilfe stellen nicht „Programme" dar, sondern Prinzipien: Sexualerziehung als Unterrichtsprinzip wird auch die Ich-Stärke eines Kindes fördern.
Zur Kompetenzerweiterung unserer Lehrenden gehört auch, daß sie „Signale" mißbrauchter Kinder wahrnehmen.

5.5.8 Leistungsprinzip

Es ist ein großer und verhängnisvoller Irrtum mancher Bestrebungen gewesen, Leistungen zu diffamieren: Kinder und erst recht Jugendliche wollen leisten, wenn die Lernbedingungen, die eine kultivierte Schule sicherstellt, stimmen.

Eine harmonische Schule ist eine Leistungsschule.

Sie lehnt einen Leistungskult ab, pflegt aber eine Leistungskultur und läßt den Schüler erfahren, daß er etwas „leisten" kann.

In der Grundschule sollte die Leistung ausschließlich am individuellen Schüler gemessen werden. Kinder sollten lernen, sich mit sich und nicht sich mit anderen zu vergleichen: Was kann ich heute besser als gestern? Was kann ich heute besser als vor vier Wochen? Diese Haltung muß bei den Kindern aufgebaut werden.
In diesem Sinne darf Leistung nicht als Ergebnis, sondern als Prozeß, der sich auf die kognitiven, sozialen und emotionalen Bereiche bezieht, verstanden werden.

Leistungsvergleiche dienen der Ermutigung der Mutigen (sie sind also überflüssig) und der weiteren Entmutigung der Entmutigten; sie sollten daher unterbleiben, ebenso die „Notenspiegel".

Verwundert bin ich darüber, daß in nordrhein-westfälischen Grundschulen der „Zensurenspiegel" und „Musteraufgaben", um für die Klassen 3 eine Vergleichbarkeit herzustellen, künftig wieder zugelassen werden[168].
In der Sekundarstufe wird mit zunehmendem Alter der Leistungsvergleich zugelassen, weil Jugendliche sich messen, sich vergleichen wollen. Dabei wird eine Schule mit einer Leistungskultur stets – der Zukunftsbedeutsamkeit wegen – neben der individuellen Leistung die kooperativ erbrachte Leistung fördern und berücksichtigen.

---

168) Die nordrhein-westfälische Kultusministerin, vergl. Fußnote 113

Den Lehrenden fällt die Aufgabe zu, Lern- und Leistungschancen sicherzustellen, eine „Chancenstruktur" (Hurrelmann).

Diese Aufgabe erfüllt sie, indem sie
○ Grundlagen legt und ihre Verfügbarkeit durch Übungen und Wiederholungen sichert,
○ Schüler während des Lernprozesses berät, Rückmeldungen, zusätzliche Anregungen gibt und individuelle Hilfen bereithält,
○ signifikantes und „vernetztes" Lernen ermöglicht und damit den Aufbau von Aktiv-Motivationen fördert,
○ das Lernen selbst lehrt und bereits in der Grundschule beginnend selbstgesteuertes Lernen ebenso fördert wie solidarisches Lernen („Was tun wir, damit alle in unserer Gruppe es schaffen?").

Kriterien für eine Beurteilung von Leistungen sollen Schülern und ihren Eltern bekannt sein.

Zur Sicherstellung schulischer Standards halte ich zentrale Prüfungen bei der Vergabe von Abschlüssen für sinnvoll: Sie gewähren Vergleichbarkeit, Transparenz und dienen der Orientierung: den Eltern, dem Kollegium, den Schülern und der Schulaufsicht.

5.5.9 Mißerfolgsbetreuung

Kumulieren Lernrückstände, ist für viele Schüler ein Neubeginn notwendig; ein Aufarbeiten ist aber außerordentlich schwierig. Daher müssen diesen Schülern Förderangebote gemacht werden. Bei guten Schulen gehören sie zum Programm. Leistungsschwache Kinder benötigen neben ermutigenden Impulsen Erfolgserlebnisse und die permanente Einbeziehung in die Lerngemeinschaft. Lernversagen bedarf regelmäßig der Mißerfolgsbetreuung, damit Ausgrenzungen vermieden werden.
Psychisch verletzte Kinder und Jugendliche besitzen eine untrügerische Sensibilität: Sie merken, wenn sie nicht akzeptiert, wenn sie herabgesetzt werden. Einige von ihnen übernehmen allmählich die Bewertung der Umwelt und entwickeln ein negatives „Bild" von sich selbst mit dem Ergebnis, sich selbst abzulehnen; sie wenden sich gegen sich selbst: Auto-Aggression.

„Für alle Schulen sollte es eine Herausforderung sein, alle Schüler erfolgreich zu integrieren, besonders jene, welche das höchste Risiko von Frustrationen wegen ihrer niedrigen oder bescheidenen Begabung oder

Geschicklichkeit in sich tragen. Indem man Schüler ausstößt oder Enklaven von widerspenstigen Schülern oder Randgruppen von Schülern mit subkulturellem Hintergrund zuläßt, schafft man einen sicheren Weg in die **Entwicklung von kriminellen Bedingungen an Schulen**[169]*".*

Die Art, wie die einzelne Schule mit Leistungsschwächeren umgeht, hat großen Einfluß auf das soziale Klima der gesamten Schule und das Selbstkonzept des einzelnen Schülers. Vor jeder Fördermaßnahme muß die gewissenhafte qualifizierte Förderdiagnose stehen. Wer aufgrund von Ängsten, Mißerfolgserwartungen, geringem Selbstvertrauen, Entmutigungen oder einer gestörten Beziehung Defizite aufweist, wird auch mit ausdifferenzierten Förderprogrammen kaum Fortschritte erzielen.

Zu einer sinnvollen Förderstrategie gehören:
○ Die Herstellung eines ermutigenden Lernklimas,
○ die Wahl der „passenden" (Heinz Heckhausen) Repräsentationsebene,
○ die Erschließung der „Sinnfrage" und schließlich
○ die Beachtung der individuellen Bedürfnisse,
○ die Einräumung der erforderlichen Zeit,
○ die Vermeidung jeglichen „Drucks" (Zeitdruck, Leistungsdruck).

Angst macht bekanntlich „dumm". Viele Schüler mit Lernschwierigkeiten würden besser lernen, wenn der Druck, der sie uns als „dumm" erscheinen läßt, von ihnen genommen würde.

Viele Fördermaßnahmen führen deshalb nicht zum gewünschten Erfolg, weil nicht berücksichtigt wird, daß es sinnlos ist, Kinder auf dem Niveau, auf dem sie scheiterten, fördern zu wollen. Eine erfolgreiche Förderung wird meist auf einer niedrigeren Repräsentationsebene beginnen müssen (Jerome S. Bruner, A. N. Leontjew). Auch, wenn man es ihnen schon hundertmal „erklärt" hat, müssen sie es eben noch nicht begreifen, vielleicht deshalb nicht, weil sie es operativ im Piagetschen Sinne noch nicht „begreifen" konnten, weil ihnen erforderliche Voraussetzungen fehlen, weil das zu Lernende nicht mit ihren bisherigen Erfahrungen korrespondiert, weil individuelle Bedürfnisse alles andere überlagern.

---

169) Robert J. Kelly, Rufus Schatzberg, Kriminalität in amerikanischen Schulen, aus dem Amerikanischen übersetzt von Dieter und Alexander Reich, Hervorhebung durch mich.

Mit Tutoren-Modellen[170] oder Patenschaften wurden bisher gute Erfahrungen gemacht. Ich kann mir vorstellen, daß es die Klassenidentität fördert, wenn auch die Lerngruppe in ein Förderkonzept mit eingebunden wird.

Mißerfolge, möglicherweise über einen längeren Zeitraum, führen zur Abwendung
○ vom einzelnen Lehrer,
○ vom Lernen allgemein und schließlich der Schule,
○ der Ausbildung,
○ möglicherweise der Gemeinschaft.

Versagen hat immer zwei Dimensionen:
Subjektiv: Verletzung der Selbstachtung: „Ich bin ein schlechter Rechner".
Objektiv: Verlust der anderen: „Ich werde ausgegrenzt, zurückgestellt". Auch manch eine äußere Differenzierung wird als Ausgrenzung erfaßt.

„Ein pädagogisch wirkungsvoller Ansatz, Minderheiten- und Fremdenfeindlichkeit bei Jugendlichen zu begegnen, ist in der Schule die Förderung einer positiven Identität. Jugendlichen muß dabei geholfen werden, verantwortungsorientiertes Selbstbewußtsein zu entwickeln[171]".

Schulen sollten Mißerfolge nachhaltiger kontrollieren. Eine sinnvolle Einrichtung sollte am Ende jeden Schuljahres eine Konferenz mit dem Thema „Mißerfolge" sein.
Folgende Fragen sollten erörtert werden:
○ Wieviel Schüler bleiben in unserer Schule sitzen?
○ In welchen Klassen?
○ Welches sind die besonderen Barrieren?
○ Welche Maßnahmen haben wir ergriffen?
○ Welche Maßnahmen führten – warum – zu keinem befriedigenden Erfolg?
○ Welche Maßnahmen wollen wir (zusätzlich) ergreifen?

Entsprechend sollte im Hinblick auf die Schüler gefragt werden, die keinen Abschluß erreichen konnten oder ihre Schule verlassen mußten.

---

170) Vergl. Peter Struck, vergl. Fußnote 29
171) Denkschrift, vergl. Fußnote 17

10 Gebote für den Umgang mit Kindern

1. Du sollst Kinder achten wie dich selbst.

2. Du sollst einem Kind nicht vorenthalten, was dir wichtig ist: nützliche Arbeit, Verantwortung, Verfügung über ein Eigentum, über die Einteilung der Zeit, über die Wahl der Freunde.

3. Du sollst ein Kind nichts lehren, woran dir selbst nicht liegt; du sollst es nicht langweilen.

4. Du sollst nichts für ein Kind tun, ohne es zu fragen; auch wenn es weder deine Fürsorge noch deine Frage versteht – es ist gut, wenn du diese Gewohnheit hast.

5. Du sollst nicht wegsehen, es soll dir nicht gleichgültig sein, wenn ein Kind etwas Falsches tut, Unwahrheiten, Torheiten, Grausamkeiten begeht.

6. Du sollst eines Kindes Liebe und Vertrauen nicht zurückweisen – so wenig wie seine Trauer, seine Angst, seine Neugier, seine Phantasie.

7. Du sollst ein Kind nicht anders „machen" wollen als es ist – aber du sollst ihm helfen, anders zu werden, wenn es das will. Du sollst vor allem nicht machen, daß es will.

8. Du sollst, wie du einen Zehnten für die Kirche gibst, in dieser Welt einen zweiten Zehnten für die Kinder geben – die fernen und die nahen, die dies brauchen.

9. Du sollst an der Welt arbeiten, so daß du sie ohne Scham den Kindern übergeben kannst.

10. Du sollst nicht Kinder haben, wenn du dir nicht vorzustellen vermagst, daß sie ein würdiges Leben in ihrer Zeit führen können.

Aus der Bibelarbeit – H. v. Hentig am 19.6.1987 beim 22. Deutschen Evangelischen Kirchentag in Frankfurt/Main

5.5.10 Fördern

Planvolles Fördern

An einigen Schulen wird eine individuelle Förderung noch nicht praktiziert. An anderen sind Förderstunden eher „Füllstunden" und liegen am Rande des Unterrichtstages, mit Lehrern besetzt, bei denen noch eine Stunde „unterzubringen" ist.

Ob es sinnvoll ist, beispielsweise den Mathematiklehrer der Klasse, der den Lernstand eines Schülers gut kennt, mit Förderunterricht zu beauftragen oder einen weiteren Lehrer, der möglicherweise über eine höhere Fachkompetenz, mehr Erfahrungen in der Förderung verfügt, muß im Einzelfall entschieden werden.

Eine verläßliche Schule wird versuchen, Lernschwierigkeiten durch ein planvolles, individuelles Förderkonzept für einzelne Schüler oder Schüler in Kleingruppen auszugleichen.

Eine individuelle Förderung könnte so verlaufen:
○ Analyse der Lernschwierigkeit(en),
○ Gespräch mit dem Schüler über einen Förderplan unter Beachtung auch seiner Wünsche, Anregungen und Bedürfnisse,
○ Konkretisierung der Maßnahme, Zerlegung in Schritte und Teilschritte,
○ Regelmäßige Rückmeldungen an den Schüler,
○ Feststellung des erreichten Zieles oder Absprache über weitere Hilfen.

Förderunterricht wird in den einzelnen Jahrgangsstufen einen verschiedenen Schwerpunkt haben:

○ 5. und 6. Jahrgang: Erleichterung der Integration in die neue Schulform und Behebung von Lernrückständen aufgrund der unterschiedlichen Vorkenntnisse.
○ 7. und 8. Jahrgang: Behebung von Lerndefiziten, die insbesondere mit Entwicklungsstörungen zusammenhängen.
○ 9. und 10. Jahrgang: Förderung, um einen schulischen Abschluß zu erreichen.

In vielen Fällen führt allein die Tatsache, daß sich jemand intensiv um einen Schüler bemüht, diesen zu besseren Lernleistungen.

Frühabgänger fördern

„Problematisch ist die Situation der Jugendlichen, die das Schulsystem ohne Grundausbildung verlassen, in eine Randgruppe abgedrängt werden und der beruflichen und sozialen Ausgrenzung anheimzufallen drohen[172]".

Jugendliche ohne Aussichten auf einen qualifizierten Abschluß, ohne Aussichten, das Schuljahr „erfolgreich" zu beenden, neigen zu unkontrolliertem Handeln. Sie spüren ihre Chancenlosigkeit und antizipieren ihren möglichen Ausschluß aus der Gemeinschaft.

„Die Menschen stärken, die Sachen klären" meint auch, die Zahl der Frühabgänger nicht nur zu verringern, sondern – präventiv – möglichst zu verhindern. Von der gängigen Beschreibung jener Schüler, sie seien „lernmüde", halte ich gar nichts, sie sind in meinen Augen „dummes, hilfloses Geschwätz". Diese Beschreibung ist auch anthropologisch nicht haltbar.

Es gehört zum Wesen des Menschen, während seines ganzen Lebens ein Lernender zu sein, und es ist in hohem Maße elitär und arrogant, Hunderttausenden von Menschen ihre Lernfähigkeit abzusprechen.

In dieser Alltagstheorie wird auch nichts darüber gesagt, in welchen Kontexten (Inhalte, Methoden) sie angeblich „lernmüde" sind. Ich habe während meiner Tätigkeit auch – wenige – Unterrichtsstunden erlebt, einige sogar erlitten, die mich „lernmüde" hätten erscheinen lassen.

Bei einigen Schulen gehört es zu ihrem Programm, gezielt Maßnahmen zu ergreifen, damit Schüler einen Abschluß erhalten können durch die Bildung klassenübergreifender Kleingruppen, handlungsorientierten, abschlußbezogenen und auf Anwendbarkeit hin ausgerichteten Unterricht. In Planspielen lernen sie beispielsweise auch realistische Vorstellungen ihrer Berufsmöglichkeiten zu entwickeln, um ihnen Frustrationen zu ersparen.

Das sollte zum Ethos von Schulen gehören: Schüler, die wir aufnehmen, werden wir so fördern, daß sie einen Abschluß erreichen können. Kann diese „Versicherung" nicht abgegeben werden, dann sollte dies den Eltern bei der Anmeldung und im Jahr danach nochmals deutlich gesagt werden. Sie sollten eine eingehende Beratung erfahren. Über diese Beratung sollte ein Protokoll erstellt werden, das den Eltern vorgelegt wird.

---

172) Denkschrift, vergl. Fußnote 17

Sonderpädagogische Förderung – Gemeinsamer Unterricht

Der Trend, Kinder auszugliedern, führt beispielsweise dazu, daß 10 verschiedene Typen von Sonderschulen begründet wurden. Aufgrund des gewandelten pädagogischen Selbstverständnisses, erziehungswissenschaftlicher Denkanstöße und einer zunehmenden personen- statt institutionenbezogenen Sichtweise[173], letztendlich auch nach einer Rückbesinnung auf das Diskriminierungsverbot des Grundgesetzes (Art. 3 Abs. 3 Satz 2)[174] erfährt das bisherige „Auswahlverfahren" in einzelnen Bundesländern eine Korrektur: Nach der Feststellung eines sonderpädagogischen Förderbedarfs wird über den Förderort getrennt entschieden: Förderort kann neben der Sonderschule nunmehr auch die öffentliche Schule sein, in der dann behinderte und nichtbehinderte Kinder in einem gemeinsamen Unterricht gefördert werden sollen.

Derzeit herrscht sehr viel Euphorie – auch von politischer Seite.

Der gemeinsame Unterricht behinderter und nichtbehinderter Kinder darf nicht als ein „deus ex machina" gesehen werden; er darf weder zur Überforderung behinderter noch zur Unterforderung nicht behinderter Schüler führen. Seine Einrichtung ist nur dann zu legitimieren, wenn damit eine Qualitätssteigerung für beide Gruppen sichergestellt ist.

Derzeit besuchen beispielsweise Geistig-Behinderte vorzüglich geführte und ausgestattete Sonderschulen. Sollten die erforderlichen Rahmenbedingungen nicht geschaffen werden können, könnte sich der gemeinsame Unterricht als nachteilig für sie erweisen. Statt Förderung und Integration könnten sie – Isolation und Vernachlässigung erfahren.

Gemeinsamer Unterricht darf daher keine bloße Anwesenheit behinderter Kinder in der Regelklasse bedeuten, behinderte Kinder dürfen nicht zu „Beistell-Kindern" oder „Sozialmaskottchen" (Hanna-Renate Laurin) mißbraucht werden. Für viele von ihnen wird nur die Grundschule ein alternativer Förderort sein können, späterer Förderort wird in vielen Fällen nur die Sonderschule sein können.

---

173) Vergl. Empfehlungen zur sonderpädagogischen Förderung in den Schulen in der Bundesrepublik Deutschland, Beschluß der KMK vom 6. Mai 1994, in: Hermann Pricking †, Ralf Schmidt, Wingen-Texte, Verwaltungsvorschriften für Grund- und Hauptschulen, Essen.
174) Vergl. Frowein-Gutachten, veröffentlicht in „Dokumente" – GEW Hauptvorstand Nr. 26/96: „Behinderte (werden) verfassungswidrig benachteiligt, wenn sie von der allgemeinen öffentlichen Schule ausgeschlossen werden, obwohl nach modernen Erkenntnissen der Pädagogik eine integrative Ausbildung möglich ist".

Förderung Hochbegabter

Alle Kinder und Jugendlichen haben ein Recht auf Förderung. Die Notwendigkeit der Förderung hochbegabter Kinder und Jugendlicher darf nicht länger vernachlässigt werden.

Bislang „werden in 13 Städten rund 350 Schüler durch außerschulische Bildungsmaßnahmen gefördert. Noch vor einem Vierteljahr lag die Zahl der betreuten Kinder um ein Viertel niedriger. Nach wie vor ist die Hochbegabtenförderung e.V. mit Sitz in Bochum nicht in der Lage, alle Kinder... zu betreuen. Lange Wartelisten zeigen den sehr umfangreichen Bedarf nach Förderung der bislang von der Bildungspolitik vernachlässigten Kinder.... für die die Schule in der Regel keine ihrer Denkfähigkeit und Denkgeschwindigkeit adäquaten Bildungsangebote macht[175]".

5.5.11 Üben und Wiederholen

Üben und Wiederholen sind wesentliche Bestandteile des Lernens. Fehlformen führten zu deren Diskreditierung mit dem Ergebnis, daß Schüler ständig „Neues" lernen, aber nicht über das bisher Gelernte sicher verfügen.
Unsere Schulen sollten Lerninhalte so strukturieren, daß auf bereits Gelerntes aufgebaut und häufig darauf – auch in anderen Zusammenhängen – zurückgegriffen werden kann.

Gute Schulen nutzen „natürliche" Situationen zu einer Wiederholung:
- „Peter fehlte gestern, wer will einmal zusammenfassen, was wir gelernt / entdeckt / erkannt usw. haben?
- Wer weiß andere Beispiele dazu?
- Wo hatten wir Schwierigkeiten?
- Einige hatten einen guten Einwand. Wißt Ihr ihn noch?
- Habt Ihr auch behalten, wie wir ihn entkräftet haben?".

Schüler merken dann, daß Inhalte wichtig sind, und daß es wichtig ist, sie zu wissen.
Einfallsreiche Übungen und Wiederholungen geben Schülern auch das Gefühl, etwas sicher zu beherrschen, etwas leisten zu können. Auch das trägt zur Steigerung der Leistungsfähigkeit, des Selbstwertgefühles und der Lernfreude bei.
Üben und Wiederholen können auch Teil des schulischen Ermutigungskonzeptes sein.

---

[175] Hochbegabtenförderung e.V. Sitz in Bochum, in: schule heute, Dortmund, Heft 11/96

Wenn festgestellt wird, daß heutige Jugendliche über unzureichende Leistungen verfügen, dann ist dies auch eine Folge der Vernachlässigung der Übungen und Wiederholungen.

5.5.12 EBA[176]- Schulen – Zeitbudget für besondere Aufgaben

Wie aggressive Spannung in gegenseitiges Vertrauen umgewandelt werden kann, wie jugendlicher Bewegungsdrang zu Konzentration und Disziplin führen kann, wenn Jugendliche ernst genommen und ermutigt werden, zeigt das Projekt „Kreativität in der Schule – KidS" an der Freiligrath-Schule in 10961 Berlin-Kreuzberg[177].
Dieses Projekt ähnelt sehr dem „Erweiterten Bildungsangebot an Hauptschulen – EBA", das zu ähnlich positiven Ergebnissen in vielen Hauptschulen Nordrhein-Westfalens führte und immer mehr den Kürzungen von Haushaltsmitteln zum Opfer gefallen ist, obwohl es aus pädagogischen, bildungspolitischen, sozialen und lernpsychologischen Gründen ausgeweitet werden müßte.

EBA ermöglichte es vielen sogenannten „Lernschwachen", soziale Dazugehörigkeit zu erleben und Identität zu erwerben. Das führte in aller Regel auch zu Mut zum Lernen, auch „schulrelevanter" Inhalte. Groß ist die Anzahl der Schülerinnen und Schüler, die durch EBA-Maßnahmen zu einem Hauptschulabschluß und damit häufig zu einem Beruf, einem Arbeitsplatz und zur Integration in unsere Gesellschaft geführt werden konnten.

Eine vergleichbare Maßnahme wird allen Schulen der Sekundarstufen I und II in Nordrhein-Westfalen zum 1.8.1997 mit der Gewährung eines **„Zeitbudgets für besondere Aufgaben"** angeboten:

„Diese Stellen sollen vorrangig der Entlastung und Unterstützung von Schulen dienen, die aufgrund des sozialen Umfeldes besondere Probleme und Belastungen zu bewältigen haben...

---

176) Erweitertes **B**ildungs-**A**ngebot an Hauptschulen, Runderlaß des Kultusministers NW vom 24.6.1982, in: Wingen-Texte, Fußnote 173
Hauptschulen bekamen einen Zuschlag von 10% auf die Grundstellen zur Einrichtung von Arbeitsgemeinschaften, wahlfreiem Unterricht, Projekte usw. Diese Angebote orientierten sich an den Schülerinteressen und hatten ihre Schwerpunkte in musisch-künstlerischen, technisch-handwerklichen und sportlichen Bereichen.
177) „Künstler zivilisieren eine Hauptschule", in: Frankfurter Allgemeine Zeitung vom 2.4.1993

Die Stellen sind zu verwenden für gezielte Fördermaßnahmen und Vorhaben zur Entwicklung, Erprobung bzw. Sicherung neuer Formen des Lernens und der Zusammenarbeit innerhalb der Schule, mit außerschulischen Partnern und benachbarten Schulen[178]".

5.5.13 Betreuung sichern, z.B. durch Ganztagsschulen

Schulen sollten zunehmend individuelle Betreuungsangebote entwickeln: „freiwillige Ganztagsschulen", Halbtagsschulen mit zusätzlichen Angeboten und Ganztagsschulen. Einige Schulen sind zusammen mit den jeweiligen Schulträgern bisher sehr erfinderisch gewesen. Einzelne Kommunen weisen auf die knappen Haushaltsmittel hin und sind nicht bereit, zusätzliche Gelder zur Verfügung zu stellen. Die Alternative dazu – Kinder und Jugendliche der Straße zu überlassen – erweist sich später in jedem Falle als teurer.

Derzeit werden Stellen für die Errichtung von Schulen in Ganztagsform ausschließlich den Gesamtschulen zugewiesen.

Damit müssen Eltern, die für ihre Kinder eine Ganztagsbetreuung wünschen, die Gesamtschule wählen. Dies stellt eine Einschränkung der Wahlfreiheit der Eltern dar, favorisiert eine Schulform und benachteiligt Schüler der anderen Schulformen.

Mir sagten häufig Eltern, sie würden die Gesamtschule wählen, weil sie ein Ganztagsangebot für ihre Kinder suchten.

Es muß politisch durchgesetzt werden, daß allen Schulformen gleichermaßen Stellen zur Errichtung von Ganztagsschulen oder – zumindest – zur Übermittagsbetreuung zur Verfügung stehen.

Es ist meine Erfahrung, daß beispielsweise Hauptschulen, die in Ganztagsschulen umgewandelt wurden, in der Regel einen signifikant hohen Zustrom von Schülern erfuhren. Manche Hauptschule, die vorher von der Schließung bedroht war, konnte nach ihrer Umwandlung nicht mehr alle Anmeldungen berücksichtigen.

Aufgrund der zunehmenden Veränderungen im familiären und gesellschaftlichen Bereich wird sich eine generelle Verstärkung der Ganztagsschulen als dringend erforderlich erweisen.

---

178) RdErlaß des Ministeriums für Schule und Weiterbildung vom 15.11.1996, in Wingen-Texte, Fußnote 173

5.5.14 Gemeinwesenorientierung – Stadtteilschule

Willi Fährmann, pensionierter Schulrat und erfolgreicher Kinderbuchautor, schreibt:

"Manche Schulen scheinen auf Inseln zu liegen, schwer zugänglich für Eltern, Gäste, Freunde[179]".

Immer mehr Schulen machen sich „zugänglich", weil sie wissen, daß zahlreiche Fakten, gesellschaftliche, wirtschaftliche, historische und politische Zusammenhänge beim Lernen „vor Ort" besser erfahrbar, begreifbar sind. Durch Kontakte zu Vereinen, Theatern, Orchestern, Clubs lassen sich sportliche, musische, kulturelle Aktivitäten entwickeln, die Beziehungen und Bindungen über die Schulzeit hinaus begründen können. Schüler erfahren auch, daß ihr Wohnort, ihr Stadtteil es wert sind, im schulischen Curriculum vorzukommen. Stadtteil-Orientierung sichert auch die Koppelung von Schule und Umfeld und authentische Primärerfahrungen und Akzeptanz der Schule bei der Bevölkerung. Eine Schule im Stadtteil muß sich auch fragen, welche Rolle sie im Stadtteil spielt und spielen will: Wie präsentiert sie sich? Wie dokumentiert sie ihr schulisches Handeln? Welche Beziehungen bestehen zwischen Schule und Stadtteil?

Gemeinwesenorientierung ist allerdings keine Einbahnstraße: Volkshochschulen, Vereine, Verbände, die Kirchen und die politischen Parteien müssen sich fragen lassen, welchen konkreten Beitrag sie zur Vernetzung und damit auch zum Abbau gewalttätigen Verhaltens leisten.

5.5.15 Mammutschulen vermeiden

Die derzeit noch praktizierte Entwicklung steht Erfahrungen und Erkenntnissen entgegen: Kleine, überschaubare Schulen werden geschlossen, während Mammutschulen genehmigt und gefördert werden.
Schulträger sollten den Vorschlag Nr. 30 der Anti-Gewaltkommission und die vielen mahnenden Worte erfahrener Wissenschaftler und angesehener Pädagogen zum Anlaß nehmen, um eingehend zu prüfen, ob sie noch eine Mammutschule errichten wollen; entsprechende schulrechtliche Bestimmungen, beispielsweise die Festlegung von Voraussetzungen eines geordneten Schulbetriebes oder die Bestimmung, daß aus ökonomischen Gründen nur Schulen in Zentren errichtet werden dürfen, sollten überdacht werden.

---

[179] Willi Fährmann, Schule ist mehr als Unterricht, Echter, Würzburg, 1978

Staatliche Fördermittel für Mammutschulen sollten Kommunen nur dann zur Verfügung gestellt werden, wenn zusätzlich zur Zahl der Anmeldungen ein überzeugendes pädagogisches Programm vorliegt (Schaffung einer ein pädagogisches Klima fördernden Wohnlichkeit, Förderung der „Übersichtlichkeit" und der sozialen Kontrolle durch strukturierende Maßnahmen, Berücksichtigung menschlicher Grundbedürfnisse usw.) und die architektonische Gestaltung diese Maßnahmen zuläßt.

Bei der Prüfung, ob eine Schule noch die erforderlichen Voraussetzungen erfüllt, geht man neuerdings realistisch von den Schülerzahlen der 7. Klassen aus; das bedeutet, daß die erforderliche Zweizügigkeit ab Klasse 7 gesichert sein muß. Legt man die Zahlen der 5. Klassen zugrunde, bekommt man ein falsches Bild über die weitere Entwicklung einer Schule und das Bedürfnis nach ihrem Erhalt. Hauptschulen sind beispielsweise häufig in den Klassen 5 und 6 einzügig und werden in der 7. Klasse regelmäßig zwei-, gelegentlich sogar dreizügig durch die Schüler, die ihre Schule verlassen müssen.

5.5.16 Kurssystem

Permanent sollte überprüft werden, ob die Einrichtung von Kursen erforderlich ist. Einige postreformerische Häutungen werden sich als erforderlich erweisen. Dort, wo Kurse nicht durch Formen der inneren Differenzierung (Leistungsdifferenzierung) oder Formen Offenen Unterrichtes (Neigungsdifferenzierung) nachweislich nicht ersetzt werden können, sollten sie auf ein Mindestmaß beschränkt bleiben.

5.6 Entwicklung einer Schulkultur

Eine gute Schule basiert auf einem von allen getragenen „Schulgeist". Dieser kann trotz aller pluralistischen Vorstellungen in einem demokratisch gefundenen Konsens entstehen. Er gewinnt insbesondere dann einen prägenden Einfluß, wenn sich alle Lehrer (und zunehmend Schüler und Eltern) um Stimmigkeit, Widerspruchsfreiheit und gegenseitige Wertschätzung bemühen, wenn

○ Anspruch und Realität,
○ Reden und Handeln

zunehmend identisch werden.

Sie erfordert „kongruente" (Carl R. Rogers) Lehrer, die von ihren Schülern nur fordern, was sie selbst zu geben bereit sind und, was sie selbst vorleben.

Beispiele für nicht-kongruentes Verhalten als verpaßte Chancen:

Beispiel 1
Unterrichtsthema: „Verantwortung für sich und andere".
Schüler bittet Lehrer um Beratung. Er möchte seine schlechte Zensur verbessern und fragt, was er konkret tun könne.
Lehrer: „Besser mitarbeiten" und läßt Schüler stehen.

Was Jugendliche lernen können:
Schulisches Lernen und die Lebensrealität haben nichts miteinander zu tun. In der Schule reden wir über Verantwortung. Verantwortlich handeln ist meinem Lehrer nicht wichtig.

Beispiel 2
Lehrer betritt die Klasse.
Er sieht, wie sich zwei Jungen schlagen.
Lehrer: „Prügeln könnt ihr euch auf dem Heimweg. Jetzt ist Schluß!"

Was Jugendliche lernen können:
In der Schule reden wir über Gewalt. Meinem Lehrer ist gleichgültig, wie wir uns vor dem Schultor und auf dem Heimweg benehmen. Jemanden schlagen, ist nur in der Schule nicht erwünscht.

Beispiel 3
Petra fehlt häufig, auch gestern. Sie hat die Klassenarbeit versäumt.
Lehrerin trifft Petra im Flur.
Lehrerin: „Du mußt morgen in der 3. Stunde die Arbeit nachschreiben".

Was Jugendliche lernen können:
Meine Lehrerin interessiert sich nicht für mich. Sie fragt nicht, warum ich fehlte und wie es mir heute geht.
Meiner Lehrerin bin ich völlig egal.

Kommentar: Die Lehrerin sieht in Petra ausschließlich die Schülerin, Petra als junger Mensch interessiert sie nicht. Sie hat eine Chance verpaßt, Petra ein Beziehungsangebot zu machen. Vielleicht sucht Petra mit irgend jemand ein Gespräch.
Die Lehrerin redete zwar nicht auf sie ein, aber sie redete auch nicht mit ihr: Wie geht es dir heute, du warst gestern nicht da.... Mir fällt auf, daß du öfter fehlst... Kann ich dir helfen...? Wenn du was hast, du kannst gerne zu mir kommen. Petra

hätte gemerkt, daß die Lehrerin Interesse an ihr zeigt, daß sie ihr nicht gleichgültig ist.

Eine „kultivierte" Schule zeigt Interesse an der Person. Sie ist „offen" und auf den Dialog angelegt.
Sie bietet Sinndeutungen und Muster zu einer menschenwürdigen Lebensbewältigung und Umgang mit Freiheit an und fördert erforderliche Kompetenzen. Ihr gemeinsames und konsequentes Handeln vollzieht sich in Tätigkeiten, die ich auf dem Titelblatt zu dem von mir entwickelten Beratungskonzept[180] vorgestellt habe:

da sein	akzeptieren	mögen
verstärken	verstehen	ermutigen
integrieren	helfen	vertrauen
zuhören	sich kümmern	bestätigen.

Abb. 23: Wie in einer guten Schule gehandelt wird...

5.6.1 „Die Menschen stärken, die Sachen klären" (Hartmut von Hentig)

Schüler-Orientierung

Die Menschen stärken, das heißt, Schüler ernst nehmen, ihre Stärken fördern, Schwächen nicht betonen, aber Hilfen anbieten, Kompensationsangebote bereitstellen. Vor allem, ihnen gleichbleibend wohlwollend begegnen. Das setzt eine Änderung der Einstellung zum Kinde, zum Jugendlichen voraus und die Einheit von erziehlichem und fachlichem Handeln, Lehren und Lernen.
Auch die Umkehrung – „Die Sachen klären, die Menschen stärken" – ist denkbar, allerdings nur, wenn Inhalte in den Dienst der Erziehung und Bildung gestellt werden.

Jede Schule muß sich daher zu einer stabilen Schulgemeinschaft entwickeln, in der ein Klima der Fürsorge, des Akzeptiert-Werdens, des gegenseitigen Verstärkens (Paul Watzlawick) und der Sicherheit herrschen.

---

180) Beratungskonzept des Regierungspräsidenten Düsseldorf, Autor: Ralf Schmidt, Düsseldorf, 1993

Sie wird Wert auf freundliche Verkehrsformen legen:
- ○ Wie begegnen, wie begrüßen, wie verabschieden wir uns voneinander?
- ○ Wie sieht die erste Stunde am Montag und die letzte am Freitag aus?
- ○ Frühstücken wir miteinander?
- ○ Was geschieht, wenn jemand krank wird, im Krankenhaus behandelt wird, etwas nicht verstanden hat, Hilfe braucht?
- ○ Wie bringen wir etwas wieder in Ordnung? (Auch in der guten Schule wird schon mal ein Schüler wütend, hat schon mal eine Lehrerin eine Wut im Bauch!)

Gewalttätige Jugendliche suchen sich regelmäßig Schwache, Ängstliche, Mutlose, Einzelgänger, Abgelehnte als Opfer. Wenn es der einzelnen Schule gelingt, die Schüler zu stärken, d. h. Selbstvertrauen, Bindungen, auch Freundschaften zu fördern, leistet sie einen qualifizierten Beitrag zur Prävention.

Es gibt Schulen, die diese Notwendigkeit erkannt haben und gezielt Freundschaften unter Jugendlichen fördern. In einigen Klassen gilt das mit dem Klassenlehrer zusammen verfolgte Ziel: „Wir kümmern uns um jeden in unserer Klasse!"

Lehrer-Orientierung

Lehrerinnen und Lehrer können die oben beschriebenen positiven Einstellungen und Verhaltensweisen allerdings erst dann optimal praktizieren, wenn sie selbst ernstgenommen, wenn sie selbst ermutigt, verstärkt und unterstützt werden, wenn sie schließlich Corporate Identity selbst entwickeln können.
Ein angenehmes Klima entsteht nur dann, wenn sich alle in der Schule handelnden Partner wohl fühlen.
Hier gilt die Feststellung:

Entweder Lehrer und Schüler fühlen sich wohl, oder keiner fühlt sich wohl.

Der Grundsatz manches Vorgesetzten „Solange ich nichts sage, bin ich zufrieden" weist auf erhebliche Defizite in der Personalführung hin. Erich Ringel wies vor dem Deutschen Managementkongreß 1993[181] auf die Notwendigkeit eines entspannten, harmonischen Betriebsklimas hin und sagte zur Rolle des Vorgesetzten, daß es ihm nicht gleichgültig sein dürfe, in welcher psychischen Verfas-

---

181) zitiert von Hans Christian Altmann in: Blick durch die Wirtschaft vom 9.12.1993

sung seine Mitarbeiter erscheinen würden. Er müsse eine Beziehung zu seinen Mitarbeitern aufbauen. Er (der Mitarbeiter) brauche ein Gefühl der Akzeptanz, der Bestätigung und der Geborgenheit. Dies habe nichts mit übertriebener Fürsorge zu tun, sondern spiegele nur ein Gesetz der Motivationspsychologie wider: „Stimmt die Stimmung, stimmt die Leistung!" Und er fügte hinzu, daß ein angespanntes Klima zu Krankheit, Ärger, Frust und Angst führen könne.

Was für die Wirtschaft gilt, hat selbstverständlich die gleiche Bedeutung für den Raum der Schule, für unmittelbare Vorgesetzte (Schulleiter) und Dienstvorgesetzte (Schulaufsicht).

Kollegien, die gemeinsam das „System" zu „ihrer Schule" gestalten wollen, um ihre Anliegen und Pläne – möglicherweise auch ihre Ideale – umsetzen zu können, bietet die Methode der „Organisationsentwicklung (OE)" wertvolle Hilfen[182].

Extra-curriculare Aktivitäten

Zu einem ansprechenden Schulklima gehören auch extra-curriculare Aktivitäten: Gemeinsames Arbeiten, Anstrengen, Bauen, Pflegen, gemeinsames Spiel, gemeinsames Singen und Musizieren – kurzum auch Geselligkeit. Unsere Schulen müßten „gezellig" werden.

> *„Darunter verstehen (die Niederländer) eine Schule, in der die Kinder nicht nur die grundlegenden Kenntnisse und Fertigkeiten erwerben, sondern sich dort zugleich auch Zuhause fühlen, gerne dorthin kommen und sich auf den nächsten Tag freuen können*[183]*".*

> *„Die Chancen von Erziehung können aber nur genutzt werden, wenn in der Schule ein Klima geschaffen wird, das dem Schüler die Identifikation mit der eigenen Schule (Lebensraum) ermöglicht... Soziales Miteinander muß als wichtige Lebensgrundlage erfahrbar gemacht werden, wozu Wandertage und Studienfahrten ebenso wie Gemeinschaftserlebnisse im Sport, bei Musik und Kunst beitragen können*[184]*".*

---

[182] Literatur:
  1. Per Dalin, Hans-Günther Rolff, Herbert Buchen, Institutioneller Schulentwicklungsprozeß, Verlag für Schule und Weiterbildung, Bönen, 1995
  2. Leonhard Horster, Wie Schulen sich entwickeln können, LSW, Soester Verlagskontor, 1991, Soest
[183] Hans Schwier, verstorbener nordrhein-westfälischer Kultusminister, Was ist eine gute Schule?, Fußnote 128
[184] Heinz Durner, Vorsitzender des Deutschen Philologenverbandes, in: Die Höhere Schule, Nr. 7/8, 1993

Musische, sportliche und künstlerische Aktivitäten verbinden Schüler mit Schülern, Lehrer mit Lehrern und Lehrer mit Schülern. Sie vermitteln erfahrbar: „Schule ist mehr als Unterricht[185]". H. Reiß stellte einen Zusammenhang zwischen der abnehmenden Zahl des Unterrichtes in künstlerisch-kreativen Fächern und einer zunehmenden Gewaltbereitschaft fest.
Zu einer ansprechenden, anregenden Schulkultur gehören aber auch Besucher und Freunde.
Schulen sollten sich fragen, ob sie Besucher gerne haben, sich auch Besucher einladen, ob sie ein „Gästebuch" führen und ob an der Schule ein Klima herrscht, in dem auch Besucher sich wohl fühlen. Es gibt Schulen, in denen man sich vorsehen muß, daß man von rücksichtslos tobenden Schülern nicht umgerannt wird.

Und es gibt Schulen, in denen man von Schülern freundlich begrüßt wird, wo von Schülern spontan Hilfen angeboten werden („Wen suchen Sie?", „Ich kann Sie gerne zum Sekretariat bringen").

Schulkultur und extra-curriculare Angebote haben großen Einfluß auf die Akzeptanz einer Schule in der Öffentlichkeit.

Beispiel
Das Anmeldeverhalten der Eltern für die Hauptschule Central in Solingen macht das Gesagte deutlich[186]:
Wurden 1994/95 insgesamt 66 Schülerinnen und Schüler zum Besuch angemeldet, hat sich im Laufe von 4 Jahren die Zahl der Anmeldungen verdoppelt. Bedauerlich für einige Kinder: Die Schule hat nur freie Kapazität für 90 Kinder (3 mal 30 Kinder), 35 von ihnen müssen abgewiesen werden.

Anmeldungen an der Hauptschule Central, Solingen:			
1994/95	1995/96	1996/97	1997/98
66	98	115	125

Abb. 24: Akzeptanz einer Schule und Anmeldeverhalten der Eltern

Die Hauptschule Central ist eine Halbtagsschule mit Angeboten zur Übermittagsbetreuung, Hausaufgabenhilfe und einem umfangreichen

---
185) Willi Fährmann, vergl. Fußnote 179
186) Aus einer Vorlage der Stadt Solingen vom 27.2.1997; zwischenzeitlich hat sich die Zahl der Anmeldungen weiter erhöht.

Nachmittagsangebot; sie wird derzeit von 580 Schülerinnen und Schülern besucht; ca. 60% von ihnen haben keine deutsche Staatsbürgerschaft oder sind Spätaussiedler.

Auszug aus der Angebotspalette der Schule:
- drei tanztherapeutische Gruppen im Rahmen des Tanztheaters (Kulturpreis NW 1996),
- Zirkuswerkstatt mit Auftritten auch außerhalb Solingens,
- Schülercafé im Rahmen der Übermittagsbetreuung, von Schülern eigenverantwortlich geführt und verwaltet,
- Wen Do, Selbstbehauptung und Selbstverteidigung für Mädchen,
- Schulgeländegestaltung,
- Schulhausgestaltung,
- Schülergerechte Gestaltung der Pausenflächen,
- Keramikwerkstatt (künstlerischer und therapeutischer Aspekt),
- „All equal – All different" – Werkstatt für Demokratie und Toleranz,
- Unterhalt eines Schulsanitätsdienstes,
- Jugendpolitisches Forum,
- Kinesiologische Arbeit mit Schülerinnen und Schülern, Lehrerinnen und Lehrern,
- Frühabgängerbetreuung,
- Berufswahlvorbereitung nach dem „Solinger Modell",
- Unterricht in Montessorizweigen.

Da sie keine genehmigte Ganztagsschule ist, erhält sie keinerlei zusätzliche Stellen. Der Schulleiter, Gottfried Clemen: „Das schaffen wir alles mit eigenen Bordmitteln"; dabei weist er auf sein hochmotiviertes Kollegium, Schüler, die gerne zur Schule kommen und eine engagierte Elternschaft mit ihrem Förderverein hin.

Danken wieder lernen

Danken gehört zur Kultur eines Menschen. Leider wird es – durch zunehmendes Anspruchsdenken verursacht – immer weniger praktiziert. Nicht wenige pochen auf ihr Recht, daß ihnen dies oder jenes zustände, daß man verpflichtet sei, dies oder jenes zu tun.

Danken stellt Brücken her zwischen Menschen und Menschengruppen. Danken heißt, auf eine Zuwendung eine Antwort geben, ist also auch eine Form der Kommunikation.

Auch in Schulen sollte daher das Danken gepflegt werden. Viele Schulen haben einen Förderverein. Es ist an einigen Schulen guter Brauch geworden, ihrem Förderverein alljährlich mit einer Veranstaltung zu danken. Solche gepflegten und prägenden Beziehungen bleiben auch bestehen, wenn die Kinder die Schule nicht mehr besuchen. Ja, zu solchen Festen bringt man Freunde mit, und bald hat der Förderverein ein weiteres Mitglied.

An manchen Schulen ist der Überweisungsträger das einzige Verbindungsmittel, und wen wundert es, wenn die Mitgliedschaft spurlos zur ersten besten Gelegenheit gekündigt wird?

5.6.2 Konfliktkultur erwerben

Mit Konflikten umgehen lernen

Eine konfliktfreie Gesellschaft wird es nicht geben. Konflikte zwischen kommunikativ handelnden Menschen sind normal, weil während jeder Interaktion unterschiedliche Bedürfnisse, Gefühle, Wünsche, Erfahrungen oder Interessen aufeinander treffen. Das gilt insbesondere für den Bereich der Schule; denn hier sind Menschen gesetzlich verpflichtet, miteinander (auch über festgelegte Inhalte) zu kommunizieren (Schulpflichtgesetz). Rainer Winkel rät daher für den Unterricht, die Störung mit einzuplanen.

Mit Interessen- und Meinungsunterschieden und mit Konflikten umgehen lernen, muß daher Unterrichtsgegenstand auch deshalb werden, weil Kinder und Jugendliche in außerschulischen Kontexten zunehmend gewaltorientierten Lösungsversuchen begegnen.

Ihre Konfliktfähigkeit muß systematisch aufgebaut werden. Sie müssen erfahren können, wie Gegensätze entstehen, wie man sie erkennt und entschärft und Konflikte – kultiviert – löst; dazu müssen wir ihnen Bewältigungsmuster vermitteln. Wird „sich streiten" gründlich geübt, können Kinder verschiedene Grundmuster entwickeln, erproben und schließlich erwerben.

Gerrits[187] Einsicht ist nicht „vom Himmel gefallen"; sie basiert auf Erfahrungen und Einsichten und Einstellungen, also auf Prozessen.

Der Kompromiß resultiert aus einer inneren Stärke. Nur in diktatorischen Strukturen wird er als Schwäche, gar Feigheit, ausgelegt. Wir müssen Jugendliche

---
187) Vergl. Abbildung 28

Was kann Schule tun?
Entwicklung einer Schulkultur

Abb. 25: Wer hat angefangen? Was ich sehe, hängt von vielen Faktoren ab[188].

„stark" machen, damit sie im Konflikt – von Ausnahmen (fest vereinbarte Regeln, Entscheidungen von grundsätzlicher Bedeutung) abgesehen – den Kompromiß suchen. Was gemeinsam „geregelt" wurde, wird eingehalten. Eine Regel wird nur dann neu verhandelt, wenn alle Beteiligten zustimmen.

---

188) Floyd L. Ruch/Philip G. Zimbardo, Lehrbuch der Psychologie, Berlin 1975, Springer
Mit diesem Bild kann älteren Schülern eindrucksvoll erschlossen werden, daß unsere Diskriminationsfähigkeit von unseren Erwartungen, Erfahrungen, Gewohnheiten, Einstellungen abhängig ist: Wir sehen auf dem Bild eine junge oder eine alte Frau.

Demokratie setzt die Fähigkeit und die Bereitschaft zum Kompromiß voraus.

Kinder und Jugendliche sollen altersabhängig erfahren:
- Menschen haben unterschiedliche Interessen und Wünsche.
- Wenn wir allein sind, können wir eher tun, was wir möchten.
- Wenn wir zusammen leben oder zusammen lernen wollen, müssen wir gemeinsam eine „Regel" finden, wie wir uns verhalten, einen Kompromiß.
- Im Kompromiß bekommen alle einmal recht, nicht immer gleichzeitig, aber nacheinander.
- Ich setze mich dafür ein, daß im Konflikt der andere nicht „verliert".

So angeleitet, macht es Kindern Spaß, „Regeln" zu erfinden und einzuhalten; Kinder mit einem positiven Selbstkonzept werden Lösungen eher akzeptieren als Kinder mit Defiziten; sie brauchen zusätzliche Hilfen.

Ältere können zwei wesentliche Erfahrungen machen:
- Die während eines Streites rückwärtsgewandte Frage: „Wer hat angefangen?" führt in den seltensten Fällen zu einer Lösung. Beide Konfliktpartner werden behaupten, der jeweils andere habe angefangen, und subjektiv hat meist auch jeder Recht.
- Eine totale Durchsetzung des einen ist genau so schädlich, wie die totale Anpassung des anderen.
- Wer eine andere Meinung hat, ist nicht mein „Feind".
- Wenn wir einen Kompromiß finden, bleiben wir zusammen, sind wir „Sieger", und es gibt keinen „Verlierer".

Sprachlosigkeit überwinden

In Konflikten kann es uns die „Sprache verschlagen".

Damit Kinder und Jugendliche ihre Sprache im Konfliktfall benutzen, muß der Unterricht die hierfür erforderlichen sprachlichen Mittel bereitstellen.

Unterricht muß daher Kinder befähigen, im Konflikt reden zu können, die „Sprachlosigkeit" zu überwinden; hierzu gibt es eine Vielzahl bekannter und bewährter Methoden.

Sie greifen dann zur Gewalt, wenn ihre sprachlichen Mittel nicht ausreichen oder versagen, wenn sie merken, daß sie sich nicht ausdrücken zu können (und wenn der „Gegner" möglicherweise – sprachgewandt – sie provoziert!).

Kinder sollen dabei auch die Wirkung sprachlicher Mittel auf den Mitstreiter und auf den Zuhörer erfahren.

Sprache fördert die Entwicklung von Handlungsalternativen.

Wenn wir seit den 70er Jahren einen kommunikationsbezogenen Deutschunterricht erteilen, dann muß die Frage erlaubt sein, warum so viele Schüler noch verbale Defizite aufweisen.

Kinder und Jugendliche müssen lernen:
- eigene Interessen zu formulieren und argumentativ zu vertreten,
- über Konflikte zu reden,
- im Konflikt logisch – ohne andere zu verletzen – zu argumentieren,
- Gefühle verbal mitzuteilen, wenn man sich z. B. ungerecht behandelt fühlt, wenn man Zuwendung braucht,
- über Konflikte zu schreiben, zu malen – und zunehmend auch
- Konflikte auszuhalten,
- Frustrationstoleranz zu entwickeln,
- Sprache nicht verletzend zu gebrauchen. Eine rohe Sprache kann mehr als ein Tritt vor das Schienbein verletzen; sie geht häufig körperlicher Gewalt voraus.
- im Konfliktfall verschiedene Interessen zu erkennen, verschiedene Sichtweisen wahrzunehmen,
- Partei für andere – Menschen und Meinungen – zu ergreifen.

Diese Erkenntnisprozesse können durch sinnvolle Medien unterstützt – nicht ersetzt – werden.

Schritte einer konstruktiven Konfliktlösung

Jede Konfliktlösung hat ihre eigene Dynamik, in groben Schritten könnte sie so aussehen:

1. Konflikte sofort angehen.
    Aufgestaute Konflikte erzeugen einen hohen „Innendruck", der sich unkontrolliert entladen kann. Wir stehen dann betroffen da und sagen: „Das wollte ich aber nicht".
    Daher gibt man bei sich anbahnenden Konflikten ein deutliches „feed-back".

2. Miteinander in Ich-Botschaften reden.
   Schuldzuweisungen vermeiden, eigene Gefühle zeigen. Nicht: „Du machst dich so breit", sondern: „Ich fühle mich so eingeengt". Jugendliche mit zunehmendem Alter können lernen, Aussagen so zu formulieren, daß eine Lösung bereits enthalten ist: „Ich kann – beim lauten Radio – kein Wort verstehen".

3. Auf gleiche Redechancen achten – Symmetrische Kommunikation gewährleisten.
   Wir nehmen „Druck" weg, wenn der andere nicht brüllen muß, um gehört zu werden. Er hat dann das Gefühl, gleich zu sein, wenn er auch reden darf, und wenn ihm auch zugehört wird. Jugendliche müssen lernen, sich für die Meinung anderer zu interessieren.

4. Den „Knackpunkt" finden lernen, zur Sprache bringen und ihn damit bearbeitbar machen.
   Worum geht es wirklich? Was löste den Streit aus? Was macht dich so wütend?

5. Eine Lösung als gemeinsame Übereinkunft durchspielen.
   Dabei sollen sie erfahren können, daß es für jeden Konflikt eine ICH-und-DU-Lösung gibt.

6. Die Lösung in einer Regel formulieren.
   Diese Regel gilt künftig für beide Partner oder alle in der Gruppe.

Der Lehrer als Lern-Modell

Gibt es „Streit" zwischen dem Lehrer und einzelnen Schülern oder einer Schülergruppe, dann ist der Lehrer ein Lernmodell: Er muß zeigen, wie man mit anderen Menschen, anderen Meinungen, anderen Argumenten umgeht und – einen Konflikt löst. In diesem Sinne sind solche Konflikte auch Lernchancen für Schüler. Sie diskriminieren nicht konstruktives von destruktivem Verhalten. Sie ahmen – insbesondere, wenn sie jung sind – beides nach und verinnerlichen es in ihr Verhaltensrepertoire.

5.6.3 Frieden als zivilisatorische und kulturelle Leistung

Frieden als Vertrag

„Krieg – Vater aller Dinge?" (Heraklit)

Dieser Satz kann auch so verstanden werden, daß Gegensätze und Konflikte unter Menschen das Primäre sind:

„Der Krieg ist das Primäre.
Deshalb ist nicht das Erstaunliche,
daß es Krieg gibt,
sondern daß es Frieden gibt".

Andre Glucksmann

Frieden, das ist eine zivilisatorische und kulturelle Leistung, die täglich neu errungen werden will. Friede ist weniger ein Produkt als ein Prozeß.

Eine gute Schule ist eine aggressionsarme, aber keine Schule ohne Konflikte.

Denn:
○ Aggressivitäten können von außen in die Schule getragen werden,
○ Aggressivitäten entstehen durch Fehlverhalten im inneren Bereich.

Aber:
In einer guten Schule geht man mit Aggressivitäten kultiviert um, sie werden abgebaut, aufgefangen, kompensiert und können kaum eskalieren.

Wir müssen daher vom Rezept-Denken Abschied nehmen; denn es ist naiv zu glauben, gegen Aggressivität oder Gewalt gäbe es Rezepte im Sinne eines linearen Wenn-Dann-Schemas.

PAX heißt Frieden, aber auch Vertrag (Pakt). Das bedeutet, daß Friede ist, wo ein Vertrag (gemeinsame Leitlinien, Absprachen, Regeln) besteht. In der Schule sind – wie dargestellt – Leitlinien pädagogisch verantwortet und demokratisch legitimiert gesetzt, Absprachen und Regeln altersabhängig und dialogisch gefunden.

Frieden ist also eine gemeinsame Aufgabe aller an der Schule Tätigen und eine ständige Herausforderung.

Die Friedenstheorie Martin Luther Kings

„Die größte Schwäche der Gewalt liegt darin,
daß sie gerade das erzeugt,
was sie vernichten will.
Statt das Böse zu verringern,
vermehrt sie es.
Gewalt mit Gewalt zu vergelten,
vermehrt die Gewalt
und macht eine Nacht,
die schon sternenlos ist,
noch dunkler.
Dunkelheit kann die Dunkelheit nicht vertreiben;
das kann nur das Licht.
Haß kann Haß nicht vertreiben,
das kann nur Liebe".

Abb. 26: Die Friedenstheorie Martin Luther Kings[189]

„Das lehrt uns das Jahrhundert,
das lehrt uns das Jahrtausend:
Die unmenschliche Logik der Gewalt
muß durch die konstruktive Logik des Friedens ersetzt werden".

Abb. 27: Johannes Paul II im April 1997 in Sarajewo

Johannes Paul II ist daher so überzeugend, weil Botschaft und persönlicher Einsatz übereinstimmen. Seine Botschaft ermutigt: Frieden ist auch in konfliktträchtigen und zerstörten Gebieten möglich.

---

189) aus: basta, vergl. Fußnote 61

> „Ich bin gegen Gewalt,
> denn das ist kein Ausweg.
> Es gibt immer und für alles
> eine Lösung ohne Gewalt".
> Gerrit, 14 Jahre[190]

Abb. 28: Gerrits Einsicht

Do not bully the bully[191] – *ein Neues Denken*

Die Friedenstheorie Martin Luther Kings zeigt, daß wir mit Druck, Repression und Disziplinierungsmaßnahmen zu Gewalt neigende Jugendliche nicht ändern können. Wir können Gewalt stumm machen, auch unterdrücken. Dann wird sie neue Gewalt gebähren.
Jede Legitimierung führt zur Nachahmung – der Legitimierung und der Gewalt.

Die Spirale der Gewalt ist nicht mit einer Spirale der Gegen-Gewalt zu lösen.

Im Gegenteil: Meine Gewalt überträgt sich auf den andern, und dessen Gewalt überträgt sich auf mich.
Hegel sagt das so: „Das Tun des einen ist das Tun des anderen".
Wie oben dargestellt wurde, macht Gewalt für den Täter einen Sinn: Aggressives Verhalten ist in erster Linie die fehlgeleitete Suche nach Orientierung, Sinnstiftung und Anerkennung, nach sozialem Halt, emotionaler Wärme und Beziehung. Wer provoziert, sucht den Kontakt, sucht die Beziehung und möchte dazugehören, verstanden werden. Ihr Verhalten macht ihre Verletzung deutlich, weist auf sie hin.

„Gewalt ist die mißverstandene Antwort auf eine Störung des Zusammenlebens, so viel ist sicher. Aber sie enthält bei noch so großer Brutalität (nicht Destruktivität) doch immer den Keim dessen, was eigentlich gemeint war. **Gewalt ist mithin kultivierbar.** *Der Geist, der die Gewalt besiegt, kommt nicht als Botschaft von außen. Er muß im Handeln selbst*

---

190) aus: basta, vergl. Fußnote 61
191) Dan Olweus, vergl. Udo Schmälzle, Mit Gewalt leben, Knecht, Frankfurt, 1993 – und Lukas, 9,51-56

entdeckt werden. Dabei den Kindern zu helfen, ist ungemein schwierig geworden. Aber möglich ist es nach wie vor[192]".

"Jede Aggression ist ein Ruf nach Kontakt – freilich oft ein entstellter, ein entsetzlicher Ruf[193]".

Gewalt enthält immer den Kern dessen, was gemeint war:
- Aufmerksamkeit haben,
- dazugehören wollen,
- sich präsentieren wollen,
- eine Niederlage ausgleichen wollen.

Diesen Kern muß man entdecken. Dazu muß ich die „Tat" nicht aus meiner, sondern aus der Perspektive des Jugendlichen sehen und diese „Botschaft der Aggression" (Klaus Hurrelmann) entziffern.

Aufmerksamkeit haben, dazugehören, sich präsentieren oder eine Niederlage ausgleichen wollen, sind Bestrebungen in Beziehungen. Um Gewalt zu kultivieren, muß ich in Beziehungen bleiben wollen. Das ist die Gefahr bei Ordnungsmaßnahmen: Der Lehrer verläßt die Beziehung; diese wird nun „verwaltet".

Das eben erfordert ein – wie es Thea Bauriedl nennt – Neues Denken.

"Eine heilende Wirkung kann nur von einem Verhalten ausgehen, das in der jeweiligen Beziehung die Botschaft vermittelt: ‚Ich versuche, mit dir Beziehung aufzunehmen[194]' ".

"Während also viele Versuche, Gewalt durch Gewalt zu beenden, nur zur Eskalation der Gewalttätigkeit führen, gibt es auch Theorien über die Möglichkeiten, durch eigene Gewaltfreiheit in einer Beziehung auch die Gewalttätigkeit des ‚Feindes' abzubauen, bzw. zur Deeskalation beizutragen. Allen diesen theoretischen Überlegungen liegen zwei Prinzipien zu-

---

192) Hans Rauschenberger, Aus der Kinderstube der Gewalt, Die Deutsche Schule, Heft 2/92. Hervorhebung von mir. Rauschenberger verweist auf die Rede Martin Bubers „Über das Erzieherische" und dessen Hinweis auf die „Erfahrung der Gegenseite" und das sehr anschauliche Beispiel einer Gewaltanwendung auf Seite 36ff in: Martin Buber, Reden über Erziehung, Quelle & Meyer, Heidelberg, 1986
193) Rainer Winkel, in: Neue Deutsche Schule, Heft 22/1992
194) Thea Bauriedl, vergl. Fußnote 9
Auch im Neuen Testament ist ein Neues Denken Voraussetzung für eine „Umkehr". Vergl. Markus 1,4, Lukas 3,8

grunde: Das Verständnis von Gewalt als Beziehungsphänomene und der Glaube an die Friedenssehnsucht in jedem Menschen" (ebd, durch mich gekürzt).

Ich darf eine (gestörte) Beziehung nicht abbrechen, nicht verlassen oder jemand zum Verlassen nötigen, sondern muß versuchen, diese zu „entstören", indem ich die Botschaft sende: Ich möchte dennoch mit dir in Beziehung bleiben.

Feindbilder vermeiden

Im Konflikt neigen wir dazu, ein Feindbild aufzubauen:
„Der will mir was!"
„Der will mich fertig machen".
„Der entpuppt sich jetzt und zeigt sein wahres Gesicht".

Feindbilder
○ machen mißtrauisch,
○ mobilisieren negative Erwartungen, die sich schließlich häufig erfüllen und dann das Handeln sogar verstärken,
○ legitimieren den eigenen Rückzug: „Dem ist doch nicht zu helfen" und nehmen dem anderen genau, was er „braucht",
○ führen zur Erstarrung pädagogischen Handelns und
○ sprechen von eigener Verantwortung frei, da „der andere schuld" ist: Das aber ist eine Sündenbock-Strategie.

Feindbildern begegnen wir auch im Makrokosmos: Viele Staatsmänner pflegen ihre Feindbilder. Besonders vor Kriegsausbrüchen werden Feindbilder konstruiert, um eigenes Handeln zu legitimieren.
Der schwierige Friedensprozeß im Nahen Osten begann, als sich Izak Rabin und Jassir Arafat entschlossen, ihre „Feindbilder" zu überwinden.

Täter integrieren

Aus der anomischen Theorie wissen wir, daß aggressive Handlungen ansteigen, wenn sich Menschen als „Verlierer" fühlen, deklassiert, ausgeschlossen, wenn sie nicht gebraucht werden. Dies gilt für Arbeitslose, das gilt auch für Schüler. Wir helfen ihnen bei ihrer Integration, wenn wir ihnen eine Perspektive eröffnen, damit sie ihre Perspektivlosigkeit überwinden können.

Einige Kinder oder Jugendliche haben erhebliche „Desintegrationserfahrungen" (Wilhelm Heitmeyer). Ablehnung schafft Außenseiter, kann zu einer Lernstö-

Aggressive Schüler werden ausgegrenzt

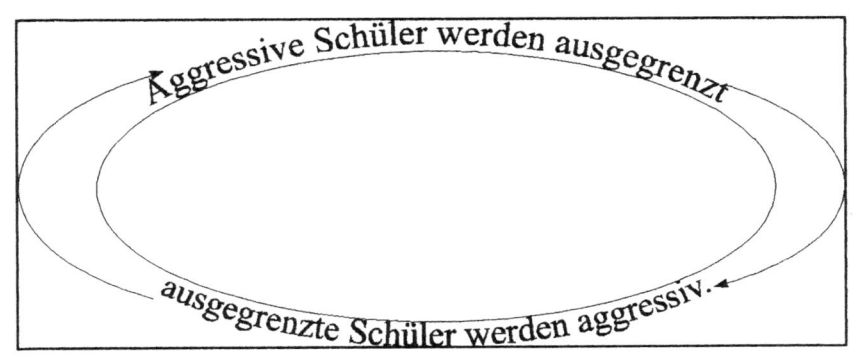

ausgegrenzte Schüler werden aggressiv.

Abb. 29: Der Teufelskreis

rung oder gar zu Leistungsversagen führen, den Aufbau eines negativen Selbstbildes begünstigen und dann auch Aggressivitäten auslösen.

Eine gute Schule wird versuchen, diesen Teufelskreis zu durchbrechen; lernschwache Kinder dürfen nicht auch zu sozial schwachen Kindern werden.

Es muß sich folgende Einsicht durchsetzen:

Einer der größten Fehler ist die Ausgrenzung zu Aggressivität neigender Schüler.

Kontakt ist der Feind der Feindschaft.

Das Grundgefühl aggressiver Jugendlicher ist das der Bedrohung, der Angste und der Ablehnung, also ein Gefühl der Schwäche. Durch ihre Darstellung des Gegenteils versuchen sie zu überleben: Sie demonstrieren Stärke und kleiden sich entsprechend. Um wenigstens etwas zu sein, suchen sie sich (sozial) „Schwächere": Ausländer, Asylbewerber, Behinderte usw.

Dieser Mechanismus ist nicht neu. In Schillers Kriminalerzählung begegnen wir einer Abwertung des anderen:

> „‚Soldatendirne', rief ich und drehte ihr lachend den Rücken zu. Es tat mir wohl, daß noch ein Geschöpf unter mir war im Rang der Lebendigen".
>
> Friedrich von Schiller[195]

Abb. 30: Abwertung des anderen erhöht mein Ich.

Im Zusammenleben der Völker wird aus gutem Grunde vermieden, zu Gewalt neigende Staaten zu isolieren und auszugrenzen; die Geschichte und die aktuelle Gegenwart kennen viele Beispiele.

Mein Signal an Siggi – weiter vorne – : „Ich wollte dich besuchen und sehen, was du machst" enthielt die Botschaft: „Ich möchte mit dir – trotz deiner unfreundlichen Begrüßung – in Beziehung kommen bzw. bleiben. Ich komme deinetwegen".

Im Neuen Testament wird nicht gesagt: „Habt keine Feinde!" – Christus gab den Rat: „Liebt eure Feinde![196]"

Lieben kann auch heißen, auf den anderen zugehen, mit ihm sprechen, eine Beziehung aufnehmen. Das aber kann dazu führen, zunächst das „Feindbild" abzubauen, zu überwinden.

Politische Fragen

Wir sollten uns hüten, jugendliches Fehlverhalten zu etikettieren, zu kriminalisieren oder Jugendliche zu stigmatisieren:
- **Wir können sie mit Ordnungsmaßnahmen belegen.**
- **Wir können sie von unseren Schulen verweisen.**
- **Wir können einige von ihnen sogar wegschließen.**

Ändern wir dadurch ihr Verhalten?

---

195) Der Verbrecher aus verlorener Ehre, Sämtliche Werke, Büchergilde Gutenberg, 1936, S. 419
196) Vergl. Lukas 6,27, Matthäus 5,43. In Joh. 7,53 – 8,11 wird gezeigt: Erst kommt die Annahme des anderen, dann die Ermahnung, das Leben zu ändern.

Was kann Schule tun?
Entwicklung einer Schulkultur

Wir Erwachsenen sollten uns immer vor Augen halten, daß eine Generation noch niemals in so hohem Maße ohne emotionale Wärme, Orientierung, Hilfe, Verständnis und auch – im wahrsten Sinne des Wortes – FÜRSORGE aufgewachsen ist wie die heutige.

Der Vorschlag beispielsweise der Polizeigewerkschaft, das Alter für eine Strafmündigkeit bei Jugendlichen herabzusetzen, ist eine Null-Lösung: Wollen wir tatsächlich nunmehr nicht nur 14-, sondern bereits 12-jährige wegschließen?

Solidarisches Verhalten geht zunehmend in unserer Gesellschaft verloren. Wer fühlt sich noch für den anderen – verantwortlich? Wir versuchen zunehmend Nachbarschaftshilfe –Nächstenliebe also – zu verstaatlichen und wundern uns über deren sukzessiven Rückgang.

Verhaltensauffällige Kinder brauchen unser Verständnis und unsere Hilfe. Gewalt hat ihre eigene Geschichte. Manifeste Störungen haben ihre Ursache in Störungen während der Entwicklung und beim Aufbau der Identität.
Störungen, Zerstörungen, rohes Verhalten können nicht isoliert gesehen und daher nicht isoliert verhindert werden.

Bei genauer Betrachtung wird gelegentlich die Entscheidung schwerfallen, ob jemand Täter oder Opfer ist. Der vom Gymnasium zur Realschule und von der Realschule zur Hauptschule abgeschobene Schüler, der – zugegeben mit falschen Mitteln vielleicht – aber völlig verzweifelt um Beachtung „kämpft": Ist er Täter? – Ist er Opfer?

Beziehungsstrukturen, Genese und die Qualität der Lehr- und Lernprozesse sind bei einer Analyse und bei „Maßnahmen" mit einzubeziehen.

Ich unterscheide deutlich zwischen dem Täter und der Tat. Wir müssen die Tat mißbilligen, den Jugendlichen aber annehmen.

Helmut Jaschke sieht dies anders:

„Mit Recht wendet sich Thomas Gordon, der für die folgenden Überlegungen Pate steht, gegen die Idee, man könne zwar das Kind annehmen, gleichzeitig aber sein Verhalten ablehnen, und zwar so, daß das Kind diesen Unterschied wahrnehme... Kinder und Jugendliche können daraus nur eine Konsequenz ziehen: Ich bin nicht akzeptabel, so wie ich bin. Werden sie sich deshalb ändern? Auf keinen Fall. Denn es gilt: Es ist

eines jener einfachen, aber wunderschönen Paradoxe im Leben: Wenn ein Mensch fühlt, daß ihn ein anderer wirklich annimmt wie er ist, dann ist er frei geworden, sich von dort aufzumachen und mit der Überlegung zu beginnen, wie er sich denn verändern möchte, wie er denn anders werden kann, wie er mehr von dem anderen werden könnte, das zu sein er befähigt ist".[197)]

Aktionen gegen Gewalt – Netze und Einstiege

Wie bereits dargelegt, kann Schule allein die Aufgabe, Gewalt abzubauen bzw. zu verhindern, nicht übernehmen. Es wird daher empfohlen, „Netze zu spannen gegen Gewalt[198)]".

So ein Netz in der Gemeinde, dem Stadtteil oder der Stadt könnte beispielsweise aus Vertretern der Schulen, des Schulträgers, der Jugendhilfe, der RAA, weiteren Trägern mit präventiven Aufgaben sowie der Polizei bestehen und gemeinsame Aktivitäten entwickeln, koordinieren und durchführen.

Mit einem Vortrag eines renommierten Professors und einer sich anschließenden Diskussion kann man weder Gewalt verhindern noch abbauen. Reden darüber ist eine Sache, eine Aufgabe lösen, eine ganz andere.

Abbau von Gewalt muß in allen Gruppierungen zur „Chefsache" werden, zur Oberbürgermeister-, zur Bürgermeistersache, weil ein elementares Grundbedürfnis im Gemeinwesen bedroht ist.

Als Einstiege in ein umfassendes Konzept eignen sich folgende Maßnahmen:

Art:	**Mögliches Thema:**
Schulfest	Gemeinsam gegen Gewalt Miteinander leben
Deutsche und ausländische Eltern	Wir kochen international Wir tanzen international

---

197) Helmut Jaschke, Grenzen finden in der Erziehung, Grünewald, Mainz, 1992
198) Vergl. 1. Materialien zum Schulmanagement „Netzwerke spannen gegen Gewalt" – Beispiele päd. Prävention von Ralf Schmidt, Dieter Reich, Sabine Schröder und Helmut Witte, Herausgeber: VBE, vergl. ANHANG, sonstige Materialien für NRW;
2. „Netzwerke gegen Gewalt an Schulen und im schulischen Umfeld; Einrichtung von Arbeitsgemeinschaften bei den Kreisen und kreisfreien Städten", Gemeinsamer Runderlaß des Kultusministeriums und des Innenministeriums NRW vom 16.2.1994 – im ANHANG

Schulgottesdienst	Gemeinsame Feier der verschiedenen Bekenntnisse
Schreibwerkstatt	Texte für den Frieden Texte gegen Gewalt Märchen – international
Elternarbeit	Elternforen Eltern-Café
Ausstellungen	Kreatives Spielzeug Gewaltfreie Spiele
Video-Projekte	Setz' dich zu mir!
Kreativ-Wettbewerbe	Plakat-Aktion Musik-Kultur-Projekt

5.6.4 Opferschutz

Unseres besonderen Schutzes bedürfen Opfer von Gewalt und Mobbing. Rohe Gewalt verursacht bei ihnen viel Leid. Psychoterror, Drohungen und Erpressungen können zu Konzentrations-, Gedächtnis- und Schlafstörungen, zu Kopfschmerz und Depressionen führen.

Wir sollten Verständnis für Eltern haben, wenn diese – nachdem ihr Kind Opfer von Gewalt wurde – ihre Betroffenheit äußern, Empörung und Zorn. Eine gute Schule bemüht sich darum, „zuverlässig" zu sein: Sie schützt umsichtig und aktiv das Recht ihrer Schülerinnen und Schüler auf physische und psychische Unversehrtheit.

Die Opfer müssen auch erkennen können, daß Gewalt nicht ungesühnt bleibt, sie brauchen die Wiedergutmachung.

Elterngespräche gestalten sich häufig sehr schwierig. Theoretisch sind sie für eine harte Bestrafung gewalttätiger Kinder und Jugendlicher, sie finden allerdings häufig viele Entschuldigungen, wenn ihr Sohn oder ihre Tochter Täter bzw. Täterin ist.

Täter müssen mit dem von ihnen verursachten Leid konfrontiert werden. Sie benötigen Hilfe dafür, daß sie den „Schaden" wieder gutmachen können und wollen. Dies geschieht im Täter-Opfer-Ausgleich – TOA[199].

---

199) Lutz Netzig, Von Wahrheiten und verlorenen Gesichtern – Konfliktschichtung in der Schule, in Gewaltlösungen, Jahresheft 95, Friedrich Verlag, Velber, 1995

Bei besonders rohen Delikten – etwa mit bleibenden Schäden – müssen sie neben einer unverzüglichen Strafe auch erfahren, daß der von ihnen angerichtete Schaden nicht wieder gutgemacht werden kann.
Zum aktiven Täter-Opfer-Ausgleich gibt es eine Vielzahl von Projekten. Hier wird nicht eine naive Konfliktlösung nach dem Motto versucht: „Nun gebt euch mal schön die Hände".
Der Täter soll dabei erfahren: Ich selbst kann etwas wieder in Ordnung bringen. Ihn in die Opferperspektive zu versetzen, ist oft der Schlüssel für eine Umkehr[200].
Das Opfer kann lernen, die Folgen besser zu verarbeiten: den Schmerz, die Angst, die Wut, die Ohnmacht, die Erniedrigung.

5.6.5 Raumgestaltung

Schulgebäude, Klassen- und Fachräume sollten daraufhin überprüft werden, ob ihr Zustand positive Emotionen weckt und Identifikation ermöglicht. Bei einer erforderlichen Gestaltung sollten die Schüler stets zur Förderung des Verantwortungsbewußtseins mit einbezogen werden. Ein strukturierter Raum fördert Lernen und Leben in der Schule. In diesem Falle können die Sekundarschulen von vielen Primarschulen lernen.

Stärker als bisher muß bedacht werden, daß der Raum prägende Wirkung hat. Klassenräume insbesondere, aber auch Flure, spiegeln schulisches und unterrichtliches Handeln wider.
Der Eingang sagt viel über den Geist, der in einer Schule herrscht. „Empfängt" er den Besucher, stimmt er ihn ein auf die fruchtbare Begegnung, oder macht er deutlich, daß hier Bildung und Erziehung „verwaltet" oder gar Nebensache sind...?

Jedesmal, wenn ich die Hauptschule Central in Solingen besuche, merke ich bereits am jahreszeitlich abgestimmten freundlichen, ansprechenden Ambiente des Eingangs, daß sich Schüler und Lehrer dort wohl fühlen und Gäste willkommen sind.

Für Peter Petersen stellte die Schulwohnstube die Grundlage einer humanen Schule dar.
Daß keine Etatmittel zur Verfügung stehen, wird eine freundliche, kreative, lebendige Schule nicht davon abhalten, ihre Räume auszugestalten. Sind keine

---

200) Vergl. Jens Weidner, Anti-Aggressionstraining für Gewalttäter, Forum-Verlag, Bad Godesberg, 1993

> **Was ist eine gute Schule?**
>
> 1. Gute Schulen sind **gestaltete** Schulen:
>   ○ keine Wartesäle 3. Klasse,
>   ○ keine Notunterkünfte.
> 2. Gute Schulen werden von Lehrerkollegien getragen, die pädagogisch diskutieren. Dort gibt es keine Fraktionskämpfe bis aufs Messer, aber auch kein Totschweigen von Problemen.
> 3. In guten Schulen ist viel los: Feste werden gefeiert, Ausflüge organisiert, Ausstellungen gestaltet usw.
> 4. In guten Schulen wird Unterricht wichtig genommen. Aber es gibt neben dem Unterricht auch noch andere wichtige Sachen.
> 5. In guten Schulen freut man sich über Ideen und Einfälle. Wer etwas Neues probieren will, wird – auch von der Schulleitung – unterstützt.
> 6. In guten Schulen herrscht keine aggressive Stimmung gegen Schülerinnen und Schüler. Lehrerinnen und Lehrer reden nicht dauernd von „Schrott", von „Dünnbrettbohrern", von „Pfeifen".
> 7. Wenn in guten Schulen Ansätze von Chaos, Vandalismus, Roheit beobachtet werden, so wird etwas dagegen unternommen.
> 8. In guten Schulen lassen sich Lehrerinnen und Lehrer von Schülerinnen und Schülern nicht tyrannisieren – aber sie wollen auch nicht herrschen.
> 9. In guten Schulen fühlen sich Schülerinnen und Schüler, Lehrerinnen und Lehrer wohl, gekannt und gesehen:
>
> „Ich bin hier – und die anderen wissen das".
>
> Nach Klaus Tillmann (angeregt von Helmut Fend).
> Fundstück vom Kirchentag Hamburg 1995, mit Kreide an eine Schultafel geschrieben.

Mittel da, dann ist das für die eine Schule eine Entschuldigung, für die andere eine Herausforderung.

Manch eine Vitrine im Schulflur erzählt, daß vor vielen, vielen Jahren einmal ein sehr aktiver Schulleiter tätig gewesen sein muß. Arbeitsergebnisse neueren Datums scheinen nicht vorzuliegen oder nicht vorzeigbar zu sein.
Der Impuls in einer kultivierten Schule: „Wir wollen unsere Schule schmücken, aber wir haben kein Geld" wird vielfältigste Aktivitäten auslösen.

5.6.6 Raumkonstanz

Bei der Lernorganisation sollte auf eine möglichst hohe Raumkonstanz geachtet und der Raumwechsel auf ein dringend notwendiges Maß reduziert werden. Schüler sollen in „ihrem" Raum leben und lernen, arbeiten und gesellig sein können.

5.6.7 Pausengestaltung

Pausen müssen so gestaltet sein, damit sie den elementaren Bedürfnissen der Schüler nach Ruhe, Entspannung und Muße, nach Gespräch, Begegnung und Spiel entgegenkommen.
Eine sinnvolle Pausengestaltung[201] setzt einen entsprechenden Schulhof voraus. Asphaltierte Höfe sollte man umgestalten: Kleine Beete, Rasenflächen und Sitzgruppen, Spieltische und -felder strukturieren den Raum und fördern positive Emotionen.

Eltern, denen die Schule Handlungsmöglichkeiten einräumt, sind immer gerne bereit, mitzuhelfen. Auch das schafft Kontakte, Beziehungen, Identifikation und – spart Kosten.
Langeweile in der Pause führt zu Aggressionen; räumliche Enge kann Konflikte fördern.

Einige Schulen bieten ihren Schülern eine „Tobestunde" während der Mittagsfreizeit an, in der die Schüler auch einmal „Dampf ablassen" können. Sinnvolle Spiel- und Sportgeräte können für eine „aktive Pause" auf einem Teil des Schulhofes genutzt werden.

5.6.8 Tägliche Bewegungsangebote

Über den Sportunterricht hinaus bedeuten tägliche Bewegungsangebote für den schulischen Alltag eine Berücksichtigung der biologisch bedingten Schwankungen im Leistungsvermögen der Kinder und Jugendlichen. Diese machen Lernpausen nötig und erfordern Möglichkeiten der Entspannung und der Aktivierung. Bewegungszeiten im Klassenraum und auf dem Schulhof können hier kompensatorisch wirken.

---

[201] Vergl. Projekt „Vielfalt statt Asphalt", Diesterweg-Schule, Duisburg, unveröffentlichtes Manuskript, 1993

Kinder können ihre Sinne für vielfältige Wahrnehmungen nutzen:
○ gegenseitige Hilfsbereitschaft und Rücksichtnahme üben,
○ Regelbewußtsein und Kooperationsfähigkeit entfalten,
○ Geselligkeit und soziale Integration erleben,
○ sich entspannen oder aktivieren,
○ ihren Körper erleben und
○ die Umwelt erfahren.

5.7 Das Schulprogramm – das Schulprofil

Schulen, die sich im Sinne einer Qualitätsverbesserung entwickeln wollen, können ihre Methode an der Organisationsentwicklung (OE) orientieren. Die Organisationsentwicklung unterstützt den in den 80er Jahren begonnenen Paradigmenwechsel bei der Gestaltung von Schule: Entwicklung von Schule erfolgt nicht mehr „von oben" als verordnete, zentrale Maßnahme, sondern durch Entwicklung „von unten", d. h. durch die Betroffenen selbst.

Damit wird die einzelne Schule zum Motor ihrer eigenen Entwicklung.

Organisationsentwicklung meint hier eine planmäßige, langfristige und partizipative Veränderung von Schule, die vom Willen der Beteiligten zur Anpassung der Schule an aktuelle Herausforderungen getragen wird und ihre Einstellung zum Menschen als einem mündigen zu Selbstverantwortung und zum Lernen fähigen Wesen deutlich macht.
Ihre innere Gestaltung schafft Lebens- und Lernräume für Schüler und Lehrer.

Eine Schule, die sich verändern will, kann mit einem Alltagsproblem oder mit einer besonderen Stärke, die sie beispielsweise ausbauen will, beginnen; darauf habe ich bereits hingewiesen.

Ich schlage folgenden **Verlauf** vor:
Eine gemeinsame **Situationsanalyse** bildet die Basis für den gesamten Entwicklungsprozeß.
Aufgrund dieser Daten entwickelt das Kollegium einen **Schulprogramm-Entwurf**, der ihre Vorstellungen von dem, was erreicht werden soll, enthält.
Zwischen dem Entwurf und dem endgültigen Schulprogramm liegt das **Realisierungskonzept**, das die Entwicklung darstellt. Es veranschaulicht, welche Maßnahmen (Entwicklungsbausteine), in welcher zeitlichen Folge mit welchen inhaltlichen und methodischen Schwerpunkten erprobt und auch überprüft werden

sollen. Entwicklungsbausteine stellen Stufen zu diesem Ziele dar. Sie weisen auf den Prozeßcharakter hin und verhindern eine Überforderung des Kollegiums, das bei der Entwicklung komplexer Pläne aus dem Stand möglicherweise den „Wald vor lauter Bäumen" nicht mehr sieht.
Mit der Realisierung der Entwicklungsbausteine gewinnt das Schulprogramm an Qualität und erhält schließlich eine am Ende des Prozesses gültige Form.

Schulentwicklung ist nicht abschließbar; sie muß als dynamischer Prozeß verstanden werden: Durch eine systemimmanente Kontrolle wird kontinuierlich geprüft, ob Situationsanalyse – Entwurf – Programm noch „stimmen". Neue Erkenntnisse werden stets zur Ergänzung oder zum Ersatz vorhandener Entwicklungsbausteine führen.

Im **Schulprogramm** sind auch die abgestimmte Verhaltens- und Ermutigungskultur, die vorherrschende Lernkultur und die vereinbarte Raumkultur dokumentiert.

In ihrem Programm sollten auch Aussagen zu folgenden Dimensionen enthalten sein:

	Beispiele
1. Anregungsdimension:	Eine gute Schule regt selbstorganisiertes Lernen an: Einrichtung von Lernecken, Leseecken, Erkundungsecken, Dichterlesungen, Vorträgen usw.
2. Ereignisdimension:	Eine gute Schule ist eine aktive Schule, die musische, musikalische, künstlerische, sportliche, bildnerische, handwerkliche Aktivitäten entfaltet und pflegt. Ihre Aktivitäten münden in Feiern, Festen, Konzerten, Spielen, Ausstellungen ein. Mit ihrer Vielfalt will sie viele ihrer Schüler ansprechen und zum Handeln anregen. Sie bietet Wandertage, Ausflüge, Spieltage, Schüleraustausch, Schulpartnerschaften usw. an und nimmt an Wettbewerben teil.
3. Ergebnisdimension:	Eine gute Schule organisiert Möglichkeiten, damit sich ihre Schüler präsentieren können: Ausstellungen, Aufführungen, Publikationen usw.

SCHULPROGRAMM
mit qualifizierenden Elementen: SCHULPROFIL

Entwicklungsbaustein

Entwicklungsbaustein

Entwicklungsbaustein

Entwicklungsbaustein

Entwicklungsbaustein

Entwicklungsbaustein

Entwicklungsbaustein

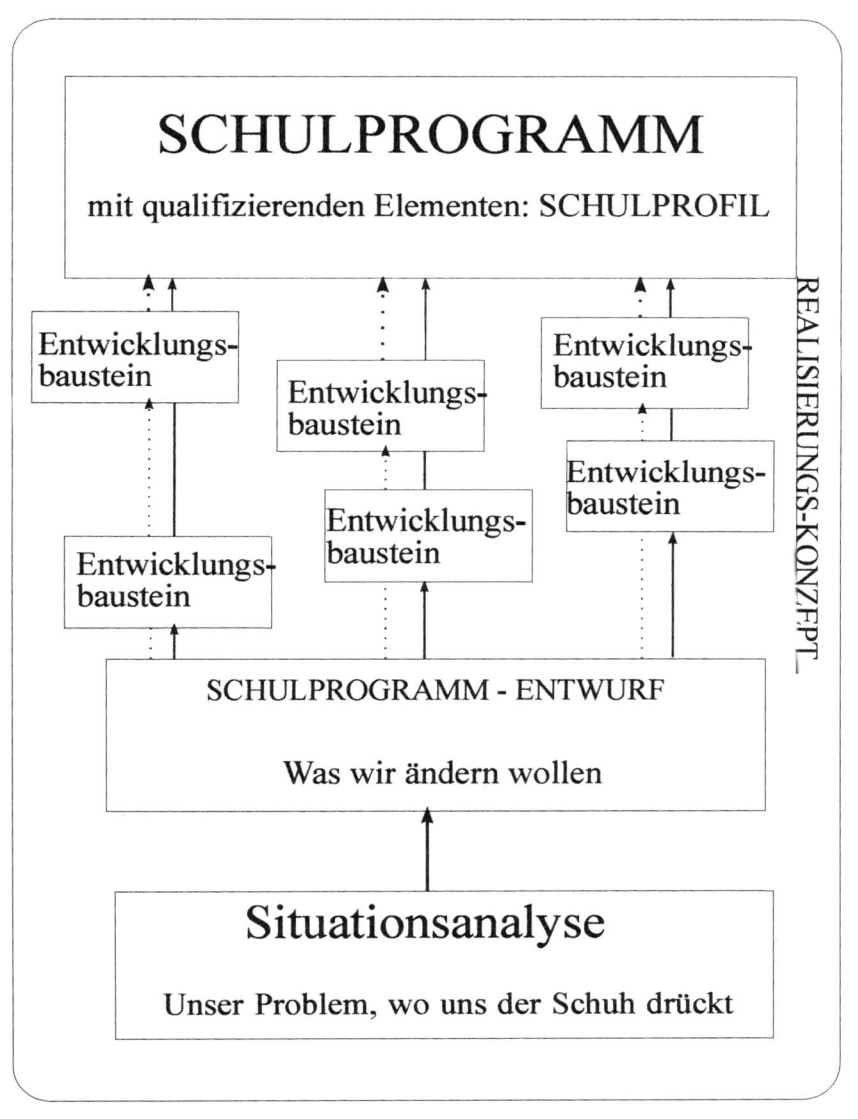

REALISIERUNGS-KONZEPT

SCHULPROGRAMM - ENTWURF
Was wir ändern wollen

Situationsanalyse
Unser Problem, wo uns der Schuh drückt

Abb. 31: Auf dem Wege zu einem Schulprogramm (Verlaufstruktur)

Das Schulprogramm enthält auch das besondere **Schulprofil**, das sie von anderen Schulen unterscheidbar – im Idealfall auch – in der Region unverzichtbar macht.
Maßnahmen zur Mißerfolgsbetreuung, zur Förderung der Frühabgänger, zur Verringerung der Sitzenbleiber-Quote können ebenso der Schule Profil verleihen wie das Konzept einer „musischen Schule". Einige Schulen leiten ihr Profil ganz aus dem Namen der Schule her oder geben sich einen sie verpflichtenden Namen.
Per Dalin und Hans-Günther Rolff zeigen, daß Daten sammeln, Problemsituationen klären und Bedürfnisse feststellen die Grundlage für Veränderungen, Anpassungen und Erneuerungen darstellen.

Sie unterscheiden 3 Typen von Schulen:
○ die fragmentierte Schule, das ist die Schule der „Einzelkämpfer",
○ die Projektschule, das ist die Schule mit Innovationssegmenten und die
○ Problemlöseschule, die ihre Entwicklung selbst voranbringt durch eine systemimmanente Kooperation der Beteiligten. **Sie ist jene Schule, die am wirksamsten Aggressivität und Gewalt begegnen kann.**

Schulen, die sich entwickeln wollen, werden in den einzelnen Bundesländern durch Moderatoren unterstützt, die bei den jeweiligen Landesinstituten angefordert werden können.

Schulen, die sich „allein auf den Weg machen wollen", erhalten auch wichtige Anregungen durch die empfohlene Literatur[202].

Ein beispielgebendes Schulprogramm hat die Geschwister-Scholl-Schule in Neuss[203] entwickelt.

---

202) Vergl. Literatur-Empfehlung in Fußnote 182, weitere Hinweise enthalten die Denkschrift, Fußnote 17 und Leonhard Horster, Störungen bearbeiten, Verlag für Schule und Weiterbildung, Kettler, Bönen, 1995
203) Vergl. ANHANG; der Sonderdruck zeigt auch den Weg dorthin in Kurzform auf.

6. INTERVENTIVE MASSNAHMEN

6.1 Kinder vor Gewalt schützen

Gewalt gegen Mädchen bedarf unserer erhöhten Aufmerksamkeit. In fast allen Veröffentlichungen über Gewalt wird verschwiegen, daß es sich hierbei im wesentlichen um ein Jungen-Phänomen handelt. Mädchen sind meist Opfer.

> 77% der 14-17 jährigen Mädchen wurden schon einmal geschlagen, niemand mit einem Gegenstand.
> 47% der 14-17 jährigen Jungen wurden schon einmal geschlagen, 5% davon mit einem Gegenstand.
> 54% der 10-13 jährigen Mädchen wurden schon einmal geschlagen, 17% davon mit einem Gegenstand.

Abb. 32: Aus einer mir vorliegenden Umfrage an einer Schule

Sexuelle Gewalt ist kein Ausnahmedelikt, sondern gehört – leider – zur Alltagserfahrung sehr vieler Mädchen.
Erhebungen[204], die allerdings nicht völlig unumstritten sind, ergeben, daß ungefähr ein Drittel aller Mädchen sexuell mißbraucht werden.
Mißbrauch geschieht meist im sozialen Nahbereich, in den Familien: durch Väter, Stiefväter, Verwandte, Freunde der Familie, und nur zu einem geringen Teil (5%) durch Fremde.
Konsequenzen müssen insbesondere die Kindergärten und die Grundschulen ziehen, weil die Opfer meist sehr jung sind.

Die Folgen sexuellen Mißbrauchs:
○ Schlafstörungen,
○ Eß- und Konzentrationsstörungen,
○ Phobien und Zwänge,
○ Aggressionen, Autoaggressionen, Distanzlosigkeit,
○ Mißtrauen, Delinquenz.

---

204) Barbara Kavemann, Überlegungen zur sexuellen Gewalt gegen Mädchen auf dem Hintergrund struktureller Gewalt gegen Frauen, in: Gewalt gegen Mädchen an Schulen, Senatsverwaltung für Arbeit und Frauen, Berlin, 1992

Oft vermischen sich körperliche mit sexuellen Mißhandlungen:

„Sie wurden ins Gesicht, auf den Kopf und am ganzen Körper geschlagen. Immer wieder gab es das geschlechtsspezifische und damit in den sexuellen Mißbrauch übergehende Schlagen auf die Brust, den Po und die Geschlechtsorgane, meist verbunden mit dem Zwang zur völligen oder Teilentkleidung [205] *".*

Mädchen müssen altersadäquat lernen können, bedrohliche Situationen zu erkennen, zu entschärfen und sich selbstbewußt – aber nicht aggressiv – gegen Anquatschen, Anmachen, Anfassen zu wehren. Sie müssen Neinsagen lernen, ohne zu provozieren.

Schule muß einfallsreich ihr Selbstbewußtsein stärken. Opfer werden meist vernachlässigte, wenig selbstbewußte und auch unaufgeklärte Mädchen. Sie müssen lernen, sich zu bejahen und den Mut haben, zu sein, wie sie sein möchten und nicht, zu sein, „wie ein Mädchen eben ist".

Mädchen haben regelmäßig Angst vor psychischen Verletzungen. Sie müssen lernen, diese Ängste abzubauen. Ihre Lehrerinnen und Lehrer sollten sie beraten, Selbstbehauptungskurse und Selbstverteidigungskurse zu besuchen. Sie sollten auch ermutigt werden, die Angebote der Sportvereine wahrzunehmen. Einige Schulen bieten Mädchen entsprechende Kurse an; eine gemeinwesen-orientierte Schule dürfte keine Probleme damit haben, einen Sportverein zu finden, der seine Hilfe anbietet.

Kinderprostitution ist kein Phänomen der 3. Welt mehr, auch unsere Kinder sind diesen Gefahren ausgesetzt.
Sexualerziehung muß daher deutlicher ein Schwerpunkt der Gesamterziehung in unseren Schulen werden.
Mißbrauch von Kindern im allgemeinen und von Mädchen im besonderen sollte durch ein zu schaffendes Schutzkonzept verhindert werden:
○ Heraufsetzung der Mindeststrafe, um ein deutliches Signal dafür zu setzen, daß der Schutz von Kindern vor sexuellem Mißbrauch ein hohes Schutzgut ist. Außerdem führte eine Heraufsetzung der Strafe dazu, daß sexueller Mißbrauch nicht mehr als Vergehen, sondern als Verbrechen eingestuft würde, das geahndet werden muß.

---

[205] Bericht der wissenschaftlichen Begleitung der Zufluchtstelle Mädchen in München, Bayerisches Staatsministerium für Arbeit und Sozialordnung, München, 1990, in: Gewalt gegen Mädchen. Diese Veröffentlichung enthält viele Literaturhinweise und wichtige Anschriften.

○ Lebenslange Freiheitsstrafe für Kinderschänder, die – wie die letzten Beispiele zeigen – ihre Opfer töten, um nicht erkannt zu werden.
○ Bestrafung mit der Verpflichtung zur aktiven Mitarbeit während einer Therapie.
○ Strafaussetzung zur Bewährung nur bei gleichzeitiger intensiver therapeutischer Begleitung.
○ Vorzeitige Entlassung nur bei erfolgreicher Therapie und wenn gutachterlich sichergestellt ist, daß dies unter Berücksichtigung der Sicherheitsinteressen verantwortbar ist.
○ Konsequente Umsetzung des Verbotes der Kinderpornografie, dessen „Markt" sich ständig vergrößert.

Das Problem: Für die 2.600 verurteilten Sexualstraftäter stehen nur weniger als 900 Haftplätze in sozialtherapeutischen Einrichtungen zur Verfügung. Wie die Reaktionen der Bevölkerung Hertens – dort ist die Errichtung einer Klinik „Eickelborn II" für 90 psychisch Kranke geplant – zeigte, wehren sich Gemeinden gegen die Errichtung entsprechender Zentren.

6.2 „Abrüsten" in der Schule

Werden in eine Schule tatsächlich „Waffen" mitgebracht[206], dann muß sie Schritte zur „Abrüstung" ergreifen. Das ist beispielsweise möglich durch:
○ Analyse der konkreten Risikofaktoren: Wozu haben unsere Schüler Waffen?,
○ Gespräche mit Jugendlichen und deren Eltern,
○ Gemeinsame Projekte und Fallstudien,
○ Sozialpädagogische und sozialpsychologische Rollenspiele,
○ Thematisierung im Fachunterricht,
○ Kooperation mit Jugendamt und Polizei.

Nach einer Umfrage haben viele Mädchen Reizgas – zu ihrer Verteidigung. Reizgas darf aber nur an Jugendliche über 18 Jahre ausgegeben werden: In den meisten Fällen bekommen sie es von ihren Eltern. Auch das macht auf die Notwendigkeit einer engen Zusammenarbeit von Elternhaus und Schule aufmerksam.

---

206) Vergl. Joachim Schäfer, Hans-Georg Diehl, Gewalt an Schulen, Reihe Consilium, Bergisch-Gladbach 1993. Diese Schrift beinhaltet eine Zusammenstellung mit Begriffsbestimmungen aus dem Waffen- und Strafrecht. Sie enthält zahlreiche Abbildungen und kann als Leitfaden für die Beurteilung von Waffen und verbotenen Gegenständen dienen.

In einer Schule, in der keine Angst herrscht, erübrigen sich Waffen. Ein schülerfreundliches Klima im Rahmen einer Schulkultur herzustellen ist daher der effektivste Weg, zur Abrüstung zu kommen.

In aller Regel wollen Jugendliche mit Waffen zeigen, daß sie „cool" sind, bereit zum Tabu-Bruch. Sie tragen sie, weil sie imponieren, auffallen, bewundert werden wollen. Jede Schule muß das Mitbringen von Waffen verbieten und das Verbot konsequent und erfahrbar durchsetzen.

Einige Jugendliche versuchen, sich durch die Beherrschung asiatischer Kampfsportarten aufzuwerten.

6.3 Pädagogische Sondersituationen

Treten in einer Schule gehäuft besonders gravierende Fälle von Gewalt auf, muß die Schule – nach Absprache mit der Schulaufsicht – die Genehmigung erhalten, auch unkonventionelle Formen des Unterrichtes und seiner inneren Gestaltung zu praktizieren (Bildung von konstanten Kleingruppen, erfahrungsorientierte Inhalte mit überwiegendem Anwendungs- und Handlungsbezug, ohne kognitive Überfrachtung, mit deutlicher Berufsorientierung). Dabei sollte jeder Eindruck einer „selektiven" Maßnahme vermieden werden; eine „Zusammenfassung" besonders auffälliger Jugendlicher an einer Schule verbietet sich von selbst.

Der Vorschlag der Anti-Gewaltkommission, für besonders schulunwillige Jugendliche Regelungen zur Befreiung von der Schulpflicht zu entwickeln, sollte auch im Hinblick auf die von mir dargestellten Auswirkungen überlegt werden. Bei erhöhtem Förderbedarf wird die Erstellung eines individuellen Erziehungs- und Bildungsplanes[207] empfohlen.

6.4 Erziehungs- und Ordnungsmaßnahmen

Erziehungs- und insbesondere Ordnungsmaßnahmen erfordern einen behutsamen Einsatz.
Treten in einer Klasse oder Jahrgangsstufe gehäuft Vorfälle auf, sollte der Rat eines Kollegen oder des Beratungsteams gesucht werden.

---

[207] Ingo Windeck, Der Erziehungs- und Bildungsplan – ein besonderes Problem bei integrativer Beschulung sonderschulbedürftiger Kinder und Jugendlicher, Zeitschrift für Heilpädagogik, Nr. 3, 1989

Sinnvolle Strategien zum Abbau auffälligen Verhaltens können in der kollegialen Fallberatung gewonnen werden; in jedem Fall sollten auch Lehrende nach möglichen Ich-Anteilen forschen.

Wird unangemessenes Verhalten als Signal interpretiert, dann gilt es auch, Hilfen anzubieten.

Die bekanntesten Erziehungsmaßnahmen sind das Gespräch, die Beratung, das Auferlegen von Pflichten und die Nacharbeit.
Wer anderen Schaden zufügt, muß lernen, daß man Schaden wiedergutmachen muß. Die Wiedergutmachung[208] bietet die Möglichkeit, positives Handeln, die Handlungsalternative, einzuüben.
Sinnvoll ist es, Kinder und Jugendliche zur Selbsterziehung zu veranlassen; hierfür machen Rudolf Dreikurs und Loren Grey konkrete Vorschläge[209]. Erziehungsmaßnahmen sind dann besonders erfolgreich, wenn es gelingt, die Kooperation mit dem Elternhaus zu intensivieren.

Werden Rechte anderer bedroht oder eingeschränkt (Störung einer geordneten Unterrichts- oder Erziehungsarbeit), können Ordnungsmaßnahmen angewandt werden, und zwar durch die Konferenzen der Schule.

Der schriftliche Verweis, die Überweisung in eine parallele Klasse, der Ausschluß vom Unterricht und anderen schulischen Veranstaltungen, die Entlassung von der Schule oder die Verweisung von allen Schulen sind die wesentlichsten Ordnungsmaßnahmen.

Weder Erziehungs- noch Ordnungsmaßnahmen sollen „strafen", sondern unangemessenes Verhalten korrigieren. Es muß die berechtigte Aussicht bestehen, daß mit der Maßnahme eine Verhaltenskorrektur angebahnt wird.

Das muß deutlich werden: Beim Regelverstoß wird Hilfe angeboten. Die Ordnungsmaßnahme darf keine „Abrechnung" sein, weil damit endgültig die Beziehung gestört würde. Macht-ausüben-wollen ist regelmäßig die Quelle einer Beziehungsstörung.

---

208) Helmut Witte, Wiedergutmachung – auch eine Möglichkeit, in der Schule mit aggressiven/ gewalttätigen Kindern und Jugendlichen umzugehen, vergl. Fußnote 198
209) Rudolf Dreikurs, Loren Grey, Kinder lernen aus den Folgen, Herder, Freiburg, 1977

Beispiel

Ich erlebe es öfter, daß Jugendliche von einer Wanderfahrt oder Skifreizeit ausgeschlossen werden, weil sie mehrfach dem Unterricht unentschuldigt ferngeblieben sind. Das ist m.E. keine Ordnungsmaßnahme, sondern eine „Strafe" bzw. Rache.
Schule sollte gerade diese soziale Form nutzen, um Beziehungen zu knüpfen, eine Integration anzubieten. Sachlich gerechtfertigt wäre die Entscheidung, wenn der Jugendliche sich wiederholt von unterrichtlichen Veranstaltungen entfernt hätte.

Die Schule als der sozial stärkere Partner sollte dem Jugendlichen nach der Ordnungsstrafe eine Brücke bauen, an neues Beziehungsangebot machen und sich so verhalten, daß der Jugendliche „nicht sein Gesicht verlieren muß".

Schüler sollen allerdings auch lernen, daß Versicherungen nicht für vorsätzlich verursachte Schäden oder Zerstörungen aufkommen. Bei der Abfassung von Unfallberichten muß klar zwischen einem Unfall und einem bewußt herbeigeführten Schaden entschieden werden.

Wer sich bewußt destruktiv verhält und/oder andere schädigt und die Schule massiv und andauernd hindert, ihre Aufgaben wahrzunehmen, verwirkt das Recht, die Schule besuchen zu dürfen.

Für ihn müssen besondere Formen der Beschulung entwickelt werden. Im Sinne einer politischen Bildung sollen Jugendliche früh lernen, daß sich die demokratische Einrichtung wehren kann.
Hierbei sollte die Schule von der Schulaufsicht jede denkbare Unterstützung erfahren.
Durch gezielte Fortbildungsmaßnahmen müssen die Lehrenden ein breit gefächertes Repertoire erzieherischer, präventiver und interventiver Maßnahmen erwerben.

Interventive Maßnahmen
Erziehungs- und Ordnungsmaßnahmen

Wie Schulen reagieren

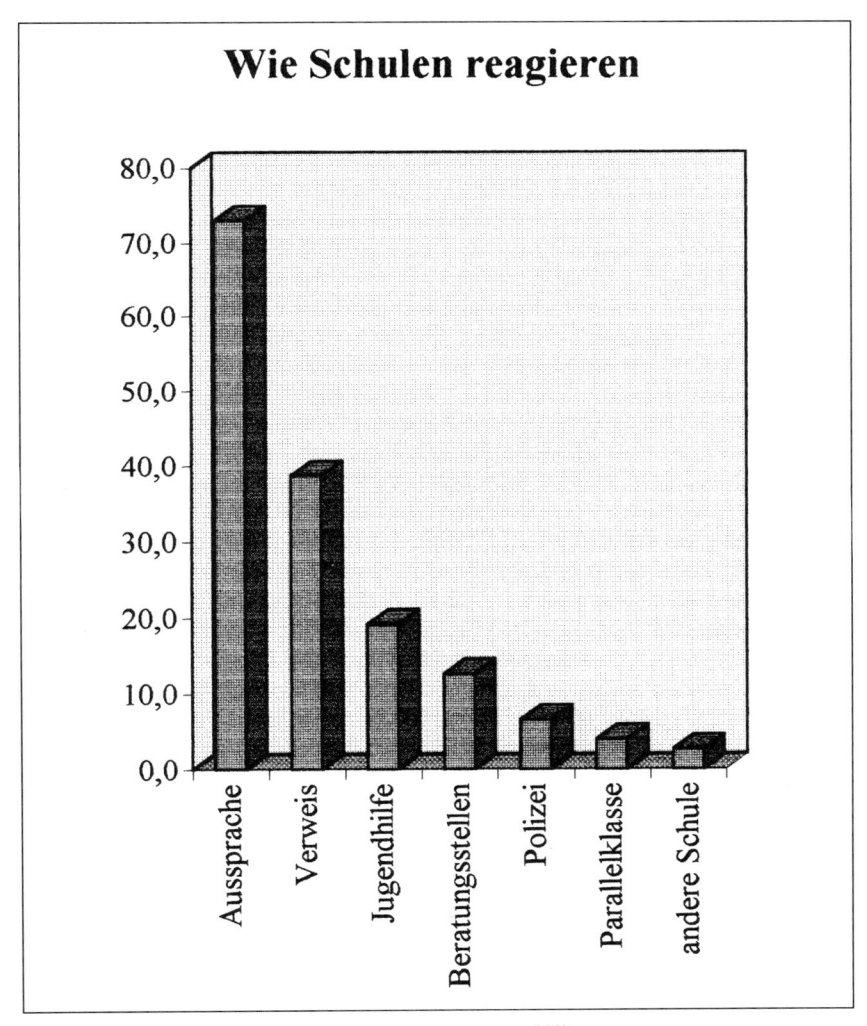

[Balkendiagramm mit folgenden Kategorien und ungefähren Werten:
- Aussprache: ~73
- Verweis: ~38
- Jugendhilfe: ~18
- Beratungsstellen: ~12
- Polizei: ~6
- Parallelklasse: ~4
- andere Schule: ~3]

Abb. 33: Schulen müssen reagieren. Aber wie? [210]

---

210) Aus: Deutsche Lehrerzeitung vom 1.10.1994. Die Grafik zeigt die Reaktionen auf Gewaltdelikte und abweichendes Verhalten an Schulen in Sachsen (Mehrfach-Antworten waren zugelassen, Angaben in Prozent).

6.5 Strafanzeige

Bei strafbaren Handlungen, die in Verbindung zur Schule stehen (Diebstahl, Raub, Erpressung, Tragen verbotener Abzeichen, Körperverletzung), liegt es allein in ihrem Ermessen, Strafanzeige zu erstatten oder einer Handlung mit einer Ordnungsmaßnahme zu begegnen.

> *„Eine Strafanzeige kommt erst in Betracht, wenn der gewalttätige Schüler mindestens 14 Jahre alt ist. Sie sollte nur erfolgen, wenn das Maß der Gewalttätigkeit den Rahmen alterstypischen Raufens qualitativ und quantitativ übersteigt.* **Es wird empfohlen, Zurückhaltung bei der Erstattung von Strafanzeigen zu üben, nicht um kriminelles Verhalten zu schützen, sondern um dem Auftrag, auch Schonraum für die charakterliche Entwicklung der Schüler zu sein, gerecht zu werden.** *Eine Zusammenarbeit mit dem Jugendamt ist auf jeden Fall sinnvoll. Strafanzeige sollte in aller Regel erstattet werden, wenn Fälle von Banden- und Serienkriminalität oder Delikte gegen hochrangige Rechtsgüter (Leben, Gesundheit, Brandstiftung) bekannt oder entdeckt werden. Wird dies unterlassen, könnte man je nach Fallkonstellation wegen Beihilfe oder Strafvereitelung selbst belangt werden. Bei Banden- oder Serienkriminalität sowie bei Brandstiftung und ähnlich schwerwiegenden Delikten sollte auch bei jüngeren Schülern die Polizei eingeschaltet werden, da hier oft ältere Schüler oder sogar außerschulische Personen die Anstifter sind* [211]*“*.

6.6 Jugendgerichtsgesetz

Das Jugendgerichtsgesetz unterscheidet sich im Hinblick auf das Verfahren und die zu ergreifenden Maßnahmen wesentlich vom Strafgesetzbuch.
Zum Schutz der Jugendlichen finden Gerichtsverfahren unter Ausschluß der Öffentlichkeit statt.

---

[211] Gerda Reider, Personaljuristin, in: „Gewalt an Schulen", rechtliche Probleme, unveröffentlichtes Manuskript der Bezirksregierung Düsseldorf

Das Jugendgerichtsgesetz kennt folgende Maßnahmen:

○ **Erziehungsmaßregeln**
Erziehungsmaßregeln können beispielsweise sein: Sich um einen Ausgleich mit dem Opfer zu bemühen, an einem sozialen Trainingskurs teilzunehmen, den Verkehr mit bestimmten Personen oder an bestimmten Orten zu unterlassen usw.

○ **Zuchtmittel – die gelbe Karte**
Verwarnung, Auflagen (Wiedergutmachung, Entschuldigung, Arbeitsleistungen usw.), Jugendarrest (kurzfristiger Freiheitsentzug, Freizeiten, Dauerarrest bis zu vier Wochen).

○ **Jugendstrafen – die rote Karte**
Freiheitsentzug in einer Jugendhaftanstalt von mindestens sechs Monaten bis zu fünf Jahren, bei Mord bis zu zehn Jahren.

○ **Maßregeln der Besserung und Sicherung**
Unterbringung in einem Psychiatrischen Krankenhaus, einer Entziehungsanstalt, Anordnung der Führungsaufsicht.

6.7 Bedrohungssituationen beherrschen

Folgende Empfehlungen können gegeben werden:

1. Ruhig bleiben auch in Problemsituationen. Die eigene Ruhe überträgt sich auf den anderen.

2. Keine Opferrolle einnehmen, das ermutigt den Aggressor.

3. Blickkontakte suchen und dann halten.

4. Das Gespräch suchen.

5. Das „Sie" verwenden, es signalisiert Achtung des anderen, stellt jetzt notwendige Distanz her.

6. Drohungen meiden, weil sie Gegenwehr in Gang setzen.

7. Körperkontakt meiden, das kann – wie das Duzen zu „Grenzüberschreitungen" führen.

8. Etwas „Unerwartetes" tun oder sagen, kann die Situation auflösen.

7. ZUSAMMENARBEIT MIT DEM SCHULTRÄGER

„Die Schulträgerschaft versteht sich als kommunale Daseinsvorsorge für die jüngeren Bürger der Stadt und geht weit über die bloße Sachaufwandsträgerschaft hinaus.
Er ist in doppelter Weise in die Aggressivität in der Schule einbezogen. Die Stadt ist der soziale Ort der Schule. Schülerinnen und Schüler sind Bürger der Stadt.
Zum anderen werden als Ursachen für Gewalttätigkeit unter Schülerinnen und Schülern auch Defizite der Schulanlagen genannt, für deren Gestaltung der Schulträger zuständig ist"[212].

Ein gutes Einvernehmen zwischen Schule und Schulträger ist vorteilhaft für beide.

Schulträger sollten dafür gewonnen werden:

○ Stärkere Beteiligung der Kollegien bei Neu- und Umbauten; das fördert auch die Identifikation des Kollegiums mit der Schule.
○ Strukturierung von Räumen, damit kleine, zusammenhängende, überschaubare Einheiten entstehen.
○ Vermeidung uneinsichtiger Nischen, dunkler Ecken.
○ Keine Konzentration sozialer Brennpunkte in eine Schule; das kann sie überfordern.
○ Sensibles Vorgehen bei nötigen Schulzusammenlegungen[213].
○ Unverzügliche Beseitigung von Vandalismusschäden.
○ Busbegleiter in Problembereichen einzusetzen, damit sich Schülerinnen und Schüler sicherer fühlen. In mehreren Untersuchungen wird berichtet, daß Schulbusse und öffentliche Verkehrsmittel zu den bevorzugten „Tatorten" gehören. In Berlin, beispielsweise, stieg die Zahl der Gewalttaten in Verkehrsmitteln von 600 im Jahr 1991 auf 1.800 im Jahr 1995 an[214].
○ Schulformen nicht bevorzugen. Es lähmt das Engagement von Kollegien schon sehr, wenn deutlich wird, daß für eine Schulform viel und die andere kein Geld da ist. Mit solchen Strategien kann man – leider – auch Anmeldeverhalten steuern und Schulpolitik machen.

---

212) Schule und Gewalt, Hinweise des Deutschen Städtetages, Essen, 1993
213) Peter Bunke beschreibt eine „Schulzusammenlegung als Auslöser von Gewalt", vergl. Fußnote 76
214) Wilfried Seiring, Bettina Schubert, Schule gegen Gewalt, Handreichung des Berliner Instituts für Lehrerfort- und Weiterbildung und Schulentwicklung, Berlin, 1996

8. LEHRERFORTBILDUNG

Da sich eine lebendige Schule stets neuen Anforderungen und Herausforderungen stellen muß, ist eine berufsbegleitende Lehrerfortbildung unverzichtbar.

Im Hinblick auf die Thematik sollte Lehrerfortbildung organisiert werden als:
- fachliche Fortbildung
Beispiel:
Praxis eines identifikationsfördernden Deutschunterrichts

- fächerübergreifende Fortbildung
Beispiele:
Sexualkunde als Unterrichtsprinzip realisieren,
Projekte gemeinsam planen,
Meditative Phasen im Unterricht anbieten, durchführen.

- Kollegiumsinterne Fortbildung
Beispiele:
Mißerfolgsbetreuung an unserer Schule sichern,
Ermutigung als Lernhilfe einsetzen,
Partizipation im Unterricht ermöglichen,
Kollegiale Fallberatung organisieren und durchführen,
Qualitätssicherung organisieren.

An meinen Vorschlag, Lehrerfortbildung kollegiumsübergreifend – beispielsweise in Schulzentren – zu organisieren, erinnere ich in diesem Zusammenhang.

Völlig überflüssig, aber zwingend notwendig, ist die Lehrerfortbildung für neu eingestellte Lehrer: Da die Lehrerausbildung den aktuellen Bedürfnissen stets hinterherhinkt, anstatt Motor schulreformerischer Initiativen zu sein, müssen neu eingestellte Lehrer nachqualifiziert werden. Das bindet Ressourcen, die anderweitig besser eingesetzt werden könnten und zeigt, welchen Luxus wir uns in der Lehrerausbildung immer noch leisten.

Informationen über Lehrerfortbildungsmaßnahmen sind bei den Bezirksregierungen, den Oberschulämtern und den Schulämtern erhältlich.

8.1 Themenvorschläge im Hinblick auf die Thematik

○ Strukturelle Gewalt − Formen und Möglichkeiten des Abbaus von Berufsaggressionen
○ Wahrnehmung von Konflikten, Bewältigung von Konflikten
○ Das Konstanzer Trainingsmodell
○ Individualpsychologische Strategien in Schule und Unterricht
○ Ermutigen lernen
○ Kollegiale Fallberatung
○ Vom Rivalitätsprinzip zur Kooperation mit Hilfe der „Themenzentrierten Interaktion − TZI"
○ Supervision
○ Interventions- und Entspannungstraining (Autogenes Training, Meditationen) (Gemeint sind Bild- und Musik-Bildmeditationen mit Schweige- und Aussprachephasen. Sie bringen steigende Konzentration, Zunahme der Lernbereitschaft und reduzieren aggressiven Stau, Streß.)
○ Erziehungs- und Ordnungsmaßnahmen der Schule − pädagogische und schulrechtliche Aspekte

8.2 Lehrer-Selbsthilfegruppen

Lehrer werden ermutigt, in Selbsthilfegruppen[215] gemeinsam eine Erweiterung ihrer pädagogischen Handlungskompetenz − ihrer professionellen Identität − anzustreben. Selbsthilfegruppen haben den Vorteil, daß spontan für aktuelle und konkrete „Fälle" Handlungsalternativen entwickelt werden können. Sie vermitteln Ermutigung, Solidarität, befreien aus der Isolation und ermöglichen Probe-Handeln.

8.3 Hinweise zu einzelnen Themenvorschlägen

○ Konstanzer Trainingsmodell:
Kurt-Christian Tennstädt, „Das Konstanzer Trainingsmodell (KTM), Einführung", Huber, Stuttgart, 1987

---

215) Beispiel: Lehrerselbsthilfemodell Fachunabhängiger Ausgleichsunterricht, FUA, in: Montessori-News, Montessori-Hauptschule, Düsseldorf, FUA bieten beispielsweise auch die GHS Blücherstraße, Düsseldorf und die Heinrich-Heine-Gesamtschule, Düsseldorf, an.

ders., Das Konstanzer Trainingsmodell (KTM), Die Deutsche Schule, Nr. 3, 1988
Michael Spreiter, Waffenstillstand im Klassenzimmer, vergl. Fußnote 133 beschreibt das KTM.

○ Kollegiale Fallberatung:
Kollegiale Beratung in: Sucht- und Drogenvorbeugung in der Schule, Baustein 5, Soester Verlagskontor, 2. Auflage, 1991
O. Ludwig, B. Priebe, R. Winkel, Unterrichtsstörungen, Jahresheft V, Friedrich-Verlag, Velber.
B. Priebe, Unterrichtsstörungen als gemeinsame Aufgabe – die kollegiale Fallberatung, in: pädagogik, Nr. 12, 1991. Dieser Aufsatz ist auch im Reader des Landesinstitutes für Schule und Weiterbildung, Soest, 1993, enthalten.
Marita Bergsson, Ulrike Abendroth, Erziehungsplan mit Hilfe kollegialer Fallberatung, in: Neue Wege in der Erziehungshilfe, VDS, Landesverband NW, 1990.
Jörg Schlee, Kollegiale Fallberatung und Supervision in Unterstützungsgruppen, Veröffentlichung im Rahmen lokaler Lehrerfortbildung, Schulamt für die Stadt Aachen, 1992

○ Themenzentrierte Interaktion, TZI:
Vergl. Ruth Cohn, Fußnote 156
Postulate: Sei dein eigener Chairman!
Störungen haben Vorrang!
Das empfohlene Buch enthält viele prägnante, nachvollziehbare Beispiele.

○ Individualpsychologischer Berater:
Wer eine umfassende Ausbildung anstrebt, dem empfehle ich eine Ausbildung zum Individualpsychologischen Berater.
Die Deutsche Gesellschaft für Individualpsychologie e.V. (DGIP) bietet in ihren Alfred-Adler-Instituten in 27749 Delmenhorst, Bismarckstr. 26, 40211 Düsseldorf, Schützenstr. 32, 50935 Köln, Lindenthalgürtel 5 und 80638 München, Dall' Armi-Str. 24, diese Möglichkeit an.
Ich habe in den 80er Jahren zu meiner eigenen Kompetenzerweiterung von dieser Möglichkeit Gebrauch gemacht und kann sie daher nur wärmstens empfehlen.

○ Olweus-Programm
Dan Olweus entwickelte das nach ihm benannte Interventionsprogramm, das zu einer – wie Längs- und Querschnittsuntersuchungen ergaben – Senkung

des aggressiven Potentials von ca. 50% führte. Einen guten kurzen Einblick gibt Volker Krumm, Aggressionen in der Schule, in: Udo Schmälzle (vergl. Fußnote 7).
Wesentliche Aussagen sind:
Begegne Kindern mit Wärme, Zuwendung, Interesse!
Gib eindeutige Regeln und handle konsequent!
Schütze das Opfer und biete ihm Hilfe an!
Do not bully the bully!

○ Streit schlichten
Eine gute Einführung findet sich in: Heiner Wichterich, Das Streit-Schlichter-Programm, Arbeitsgemeinschaft Kinder- und Jugendschutz (AJS), 50676 Köln, Poststr. 15–23, Tel.: 02 21-9 21 39 20, FAX: 02 21-92 13 92 20
Förderung der Konfliktfähigkeit – Ein Programm für die Klassen eins bis 8, Heft 17, Landesinstitut für Schule und Weiterbildung, 59491 Soest, 1993

9. SCHLUSSWORT

„Wenn junge Menschen erleben, daß ihre Gefühle respektiert, ihre Leistungen anerkannt und ihre Gedanken ernst genommen werden,
wenn sie erfahren, daß ihnen zugehört und vertraut wird, daß sie geliebt werden,
wenn sie lernen, mit anderen zu kommunizieren, zu genießen und zu leben,
dann kann dies den Schritt in eine Sucht verhindern".[216]

In diesem Text ist das Wort „Sucht" ersetzbar durch das Wort „Gewalt".
Das zeigt mir, daß kultiviertes menschliches Handeln ein Abgleiten in
○ Suchtprobleme,
○ Gewaltprobleme,
○ Kommunikationsprobleme,
○ Lernprobleme usw. verhindern hilft.

Alle, nicht nur die Schule, die Lehrer und die Eltern, sind dafür verantwortlich, ein Umfeld zu schaffen, in dem diese positiven Erfahrungen – Liebe – Anerkennung und Lebensfreude – jungen Menschen möglich sind.

---

[216] Ministerium für Arbeit, Gesundheit und Soziales NW, Leitfaden zur Aktion Suchtvorbeugung, zitiert vom Schulamt für die Stadt Essen auf Einladungen zur Lehrerfortbildung zur Sucht- und Gewaltprävention in der Grundschule, Hauptschule und in der Sonderschule.

Anhang
Saarbrücker Erklärung zu Toleranz und Solidarität

1. Saarbrücker Erklärung der Kultusministerkonferenz zu Toleranz und Solidarität
– Beschluß der Kultusministerkonferenz am 9.10.1992 –

Angesichts der neuerlichen Eskalation von Gewalt in Deutschland gibt die Kultusministerkonferenz folgende Erklärung ab:
Die Würde aller Menschen ist unantastbar. Gewalttaten sind durch nichts zu rechtfertigen. Die jüngsten Gewaltakte richten sich gegen Ausländer, Minderheiten und Schwache in unserer Gesellschaft; sie treffen damit den Kern unseres demokratischen Rechtsstaates. Wer Asylbewerberheime anzündet, wer Schlägern und Brandstiftern heimlich oder offen Beifall spendet, verabschiedet sich aus der Gemeinschaft der Demokraten. Kein ungelöstes Problem und kein Mißstand rechtfertigen die Anwendung von brutaler Gewalt.
Die jüngsten gewalttätigen Ausschreitungen sind eine Herausforderung für Polizei und Justiz, aber auch für Bildung und Erziehung. Die Kultusminister und -senatoren sind daher entschlossen, Initiativen anzuregen und zu stärken, die in Schule und Gesellschaft ein mitmenschliches Verhalten fördern. Dazu gehört es vor allem,

- eine glaubwürdige Politik der Achtung vor anderen Kulturen und der Verantwortung für die eine Welt zu betreiben,
- Lebensräume zu erhalten und zu schaffen, die Kindern und Jugendlichen Geborgenheit und Perspektive vermitteln,
die Werte der Toleranz und Solidarität in der jungen Generation zu festigen.

Die Kultusministerkonferenz hat bereits am 29.11. 1985 Empfehlungen zur kulturellen Verständigung mit ausländischen Mitbürgern ausgesprochen. Sie hat in ihrer Plenarsitzung am 10./11.10.1991 in Dresden alle ausländerfeindlichen Tendenzen und damit verbundene gewalttätige Aktionen aufs schärfste verurteilt. Die Kultusministerkonferenz fordert erneut alle Lehrerinnen und Lehrer in Deutschland auf, ihren Einsatz für ein verständnisvolles Miteinander ausländischer und deutscher Kinder und Jugendlicher zu verstärken, um aufkeimenden Fremdenhaß und Gewalt abzubauen. Dabei stehen vor allem Maßnahmen im Vordergrund, die der Begegnung und der Vertiefung des Verständnisses dienen. Als Maßnahmen dieser Art eignen sich zum Beispiel:

- Klassen- und Schulfeste mit besonderem Schwerpunkt auf der Kultur ausländischer Mitschüler,
- Partnerschaften und Brieffreundschaften mit ausländischen Schulen und Schülern,
- Schulische Nachbarschaftshilfe für ausländische Mitbürger,

Anhang
Netzwerke gegen Gewalt an Schulen und im schulischen Umfeld

- Besuche in Asylbewerberheimen,
- Auszeichnung von Schülern und Klassen, die sich besonders um Toleranz und Solidarität bemühen.

Solche Maßnahmen helfen, auch vorhandene Formen leiser Gewalt in der Schule abzubauen.
Die Länder werden ihre Erfahrungen und Materialien in diesem Bereich gegenseitig austauschen.
Allein ist die Schule allerdings mit dem Abbau von Fremdenhaß und Gewalt überfordert. Die im Grundgesetz formulierten ethischen Prinzipien unseres Staatswesens müssen auch im Elternhaus gelebt werden und Maßstab politischen Handelns sein. Eine besondere Verantwortung kommt den Medien zu; Funk und Fernsehen haben gerade bei Jugendlichen vielfältige Möglichkeiten, für Toleranz und Solidarität zu werben. Die Kultusministerkonferenz wird alle Initiativen unterstützen, durch gezielte Information und Aufklärung gegen Fremdenfeindlichkeit und Gewalt zu wirken.

(aus: Sammlung der Beschlüsse der Kultusministerkonferenz der Länder der Bundesrepublik Deutschland, Luchterhand, Neuwied).

2. Netzwerke gegen Gewalt an Schulen und im schulischen Umfeld; Einrichtung von Arbeitsgemeinschaften bei den Kreisen und kreisfreien Städten
Gemeinsamer Runderlaß des Kultusministeriums und des Innenministeriums vom 16.2.1994 (GABl. I S. 38, BASS 12-21 Nr. 10)

An zahlreichen Schulen in Nordrhein-Westfalen findet seit Jahren eine engagierte Auseinandersetzung mit dem Problembereich statt, der generalisierend mit „Gewalt an Schulen" überschrieben wird. Zwar müssen die Schulen sich auch damit auseinandersetzen, daß sie selbst möglicherweise Strukturen aufweisen, die aggressives Verhalten unter den Schülerinnen und Schülern begünstigen können. Aber die Ursachen für die verschiedenen Erscheinungsformen von Gewalt sind überwiegend in außerschulischen Lebensbereichen angelegt und dringen wie andere gesellschaftliche Einflüsse in die Schule ein. Um ihnen wirksam zu begegnen, bedarf es über den Schulbereich hinausgehender Anstrengungen in gemeinsamer Verantwortung für Kinder und Jugendliche.

Vor diesem Hintergrund bitten wir, bei den Kreisen und kreisfreien Städten dafür zu werben, daß Arbeitsgemeinschaften eingerichtet werden, in denen Vertreter aller Schulformen, der Schulträger, der Polizei, der Jugendhilfe und weiterer Träger mit vorbeugenden Aufgaben im Jugendbereich zusammenkommen. Auf diese Weise soll insbesondere die Zusammenarbeit zwischen Schulen und Organisationen, Einrichtungen und Behörden, die im Bereich der Gewaltprävention Aufgaben der Jugendhilfe oder in sonstiger Weise Aufgaben im Kinder- und Jugendbereich wahrnehmen, verbessert werden.

Zur Minderung von Jugendproblemen, insbesondere zur Gewaltvorbeugung an Schulen und im schulischen Umfeld, sollen im einzelnen folgende Aufgaben wahrgenommen werden:
- Bündelung und Auswertung eingebrachter Erfahrungen,
- Erarbeitung von Vorschlägen für schulinterne und schulübergreifende Vorhaben,
- Vermittlung von sachkundiger Beratung für die Schulen,
- Förderung einer engeren Zusammenarbeit zwischen Schule und Jugendhilfe,
- Durchführung gemeinsamer Fortbildungsmaßnahmen von Lehrkräften und Fachkräften der Jugendarbeit,
- Entwicklung eines Informations- und Multiplikatorensystems,
- Mitwirkung bei der Dokumentation beispielhafter Projekte.

Organisatorische Entscheidungen (z.B. Leitung, Geschäftsführung, Teilnehmerkreis im einzelnen, Häufigkeit der Sitzungen) sollten in jeweils eigener Zuständigkeit getroffen werden. Sofern bei den Kreisen und kreisfreien Städten bereits Gremien mit vergleichbarer Aufgabenstellung und / oder Zusammensetzung bestehen, ist zu prüfen, ob diese Gremien die oben angeführten Aufgaben in ihre Arbeit einbeziehen können.
Dieser Gemeinsame Runderlaß des Kultusministeriums und des Innenministeriums ergeht mit Empfehlung der kommunalen Spitzenverbände und des Ministeriums für Arbeit, Gesundheit und Soziales. Das Ministerium für Arbeit, Gesundheit und Soziales wird im Rahmen seiner Zuständigkeit den Trägern der freiwilligen Jugendhilfe, vor allem den in der Jugendarbeit tätigen Verbänden und Organisationen mit der Bitte um Unterstützung zur Kenntnis geben.

3. Empfehlenswerte Literatur

Albers, Wolfgang, Schulfeste und Schulfeiern, Essen, Wingen, 1993

Bärsch, Walter, Erziehungskonflikte, Königstein, 1981

Bachmair, Sabine, u.a., Beraten will gelernt sein, Weinheim, 1985

Bauriedl, Thea, Wege aus der Gewalt, Freiburg, 1992

Bosch, Doris/Fischer, Reinhard, Wohin geht die Schule?, Wingen, 1985

Bründel, Heidrun, Hurrelmann, Klaus, Gewalt macht Schule, München, 1994

Cohn, Ruth, Von der Psychoanalyse zur themenzentrierten Interaktion, Stuttgart,

Dinkmeyer, Don/Dreikurs, Rudolf, Ermutigung als Lernhilfe, Stuttgart, 1978

Feltes, Thomas, Gewalt in der Schule, Sondergutachten in: Gutachten der Anti-Gewaltkommission, Berlin, 1990

Gordon, Thomas, Die Neue Familienkonferenz, Hamburg, 1993

Gräser, Hannelore/Lederer, Margarete, Störende Schüler, unruhige Klasse, München, 1982

Hentig, von, Hartmut, Die Menschen stärken, die Sachen klären, Stuttgart, 1985

ders, Die Schule neu denken, München, 1993

ders., Was ist eine humane Schule?, München, 1977

Junker, Helmut, Konfliktberatung in der Schule, München, 1976

Olweus, Dan, Gewalt in der Schule, Was Lehrer und Eltern wissen sollen und tun können, Huber, Bern, 1995

Petri, Horst, Erziehungsgewalt, Frankfurt, 1991

Röhrich, Rüdiger, Individualpsychologie in Erziehung und Unterricht, München, 1976

Rumpf, Horst, Unterricht und Identität, München, 1976

Scheller, Ingo, Erfahrungsbezogener Unterricht, Königstein, 1981

Schmälzle, Udo, Mit Gewalt leben, Frankfurt, 1993

Schmidt, Rainer, Die Individualpsychologie Alfred Adlers, Stuttgart, 1982

Anhang
Empfehlenswerte Literatur/Empfehlenswerte Handreichungen und Materialien

Schwind, Hans-Dieter, Gewalt in Familie und Schule, Das Gutachten der (Anti-) Gewaltkommission der Bundesregierung, in: Schwind, H.-D./Baumann, J. Ursachen, Prävention und Kontrolle von Gewalt, 4 Bände, Berlin, 1990

Singer, Kurt, Lehrer-Schüler-Konflikte gewaltfrei regeln, Weinheim, 1993

Spinner, Kaspar H., u.a., Identität und Deutschunterricht, Göttingen, 1980

Steinweg, Reiner, Gewalt in der Stadt – Das Grazer Modell, Münster, 1994

Struck, Peter, Erziehung gegen Gewalt, Neuwied, 1994

ders., Die Kunst der Erziehung, Darmstadt, 1996

ders., Schul- und Erziehungsnot in Deutschland, Neuwied, 1992

Thurau, Ute/Grütjen, Johann, Gib die Kreide weiter, Oberhausen, 1993

Empfehlenswerte Handreichungen und Materialien

Ministerien und Landesinstitute

Projekt Lebensorientierungen, Kultusministerium Sachsen-Anhalt, Breiter Weg 31, 39104 Magdeburg

Gewalt, Intoleranz, Fremdenfeindlichkeit. Wie gehen Schulen damit um?, Landesinstitut Mecklenburg-Vorpommern für Schule und Ausbildung, Von-Flotow-Str. 20, 19059 Schwerin

Miteinander und voneinander lernen, Bayerisches Staatsinstitut für Schulpädagogik und Bildungsforschung, Arabellastr. 1, 81925 München

Gruppengewalt und Schule, Senat für Schule, Berufsbildung, Sport, Bredtschneiderstr. 5-8, 14057 Berlin

Gewalt von Kindern und Jugendlichen in Hamburg, Behörde für Schule, Jugend und Berufsbildung, Hamburger Str. 31, 22083 Hamburg

Gegen Haß und Vorurteile, Ministerium für Kultus und Sport, Landeszentrale für politische Bildung, Stafflenbergstr. 38, 70184 Stuttgart

Gewalt an Schulen in Schleswig-Holstein, Ministerium für Bildung und Wissenschaft, Düsternbrooker Weg 64, 24105 Kiel

Reader zu Rechtsextremismus, Gewalt und Gewaltprävention, Landesinstitut für Schule und Weiterbildung, Paradieser Weg 64, 59494 Soest

Gewalt, Fremdenfeindlichkeit, Rechtsextremismus, Pädagogisches Landesinstitut Brandenburg, Heinrich-Mann-Allee 107, 14460 Potsdam

Anhang
Empfehlenswerte Handreichungen und Materialien

Gewalt hat viele Gesichter, Hessisches Institut für Bildungsplanung, Postfach 3105, 65021 Wiesbaden
Friedenserziehung in der Schule, Saarländisches Landesinstitut für Pädagogik und Medien, Beethovenstr. 26, 66125 Saarbrücken
Ernstfall Grundschule, Frieden schaffen in den Klassen, Niedersächsisches Kultusministerium, Am Schilfgraben 12, 30159 Hannover
Gewaltakzeptanz, Sächsisches Kultusministerium, Postfach 100910, 01076 Dresden
Schulische Projekte zur Gewaltprävention, Ministerium für Bildung und Kultur, Mittlere Bleiche 61, 55116 Mainz
Schule als sozialer Lebensraum, Thüringer Institut für Lehrerfortbildung, Im Hopfengrund 1, 99310 Arnstadt

Sonstige

- Gewalt unter Kindern und Jugendlichen – Info-Mappe für Lehrerinnen und Lehrer. Diese kostenlose Mappe enthält Projektideen und gibt eine Übersicht über das Medienangebot zu diesem Thema. Herausgeber: Bundesarbeitsgemeinschaft Kinder- und Jugendtelefon im Deutschen Kinderschutzbund, Domagkweg 8, 42109 Wuppertal.

- Gewalt und Rechtsradikalismus – Handlungsansätze für Schule und Jugendarbeit, Herausgeber: Arbeitsgemeinschaft Kommunale Jugendarbeit Bergisch Land, Solingen. Diese kostenlos beim Jugendamt Solingen erhältliche Broschüre enthält neben theoretischen Grundlagen Empfehlungen zu präventiven Maßnahmen und eine kommentierte Literaturliste.

- Gewalt gegen Mädchen an Schulen, Senatsverwaltung für Arbeit und Frauen, Klosterstr. 47, Berlin. Die kostenlos erhältliche Broschüre enthält neben Literaturempfehlungen zum Schwerpunktthema auch Literaturempfehlungen zur Prävention, Selbsthilfe, Beratung und Adressen von Mädchenprojekten in Berlin.

- „Gewalt fängt im kleinen an" – Aggressionen in der Schulklasse (Videofilm, 14 min) in: Medienkatalog „Gewalt" der Kreisbildstelle Paderborn, Gruniger Str. 13, 33102 Paderborn, Tel. 05251-308553, FAX 05251-310012. Der Katalog mit detaillierten Beschreibungen der Medien wird gegen Voreinsendung eines mit 3,– DM frankierten DIN-A5-Umschlages zugesandt.

Anhang
Empfehlenswerte Handreichungen und Materialien

- Gewalt und Aggression, Landeszentrale für politische Bildung, Baden-Württemberg, 1993.

- Gewaltfreie Aktionsgruppe, DÜNE, Neuss, Neuenbaumer Str. 17a (Training gewaltfreier Handlungsmöglichkeiten gegen Ausländerfeindlichkeit und Rassismus).

- „Der Gewalt keine Chance" Sammlung von Literatur, audiovisuellen Medien, Aktionsideen, Kontaktadressen, Lernorten für Kindergarten, Jugendarbeit und Schule, zusammengestellt und kommentiert von Schülerinnen und Schülern der Sophie-Scholl-Kollegschule, Dahlmannstr. 26, 47169 Duisburg, herausgegeben vom Verein für Kinderhilfe und Jugendarbeit e.V. Duisburg und der RAA Duisburg.

- Kindesmißhandlung, Erkennen und Helfen, eine praktische Anleitung, Bundesministerium für Familie und Senioren, Bonn, 1979.

- Das Medienprojekt der Stadt Wuppertal hat aktuell Jugendvideoproduktionen zum Thema „Sexuelle Gewalt" herausgebracht. Die in medienpädagogischen Modellprojekten entstandenen Dokumentationen, Kurzspiel- und Trickfilme setzen sich mit der Thematik auseinander. Adresse: Medienprojekt der Stadt Wuppertal, 42103 Wuppertal, Tel. 02 02-5 63-26 47, FAX: 02 02-5 63-81 37.

- Medien und Gewalt, Bundesministerium des Innern, Bonn, 1996.

- Netzwerke spannen gegen Gewalt, Materialien zum Schulmanagement von Ralf Schmidt, Dieter Reich, Sabine Schröder und Helmut Witte, Herausgegeben vom VBE, 44141 Dortmund, Westfalendamm 247, Tel. 02 31-43 38 61-63.

- betrifft: Schulverweigerung, Dokumentation eines Kongresses, herausgegeben vom Landschaftsverband Rheinland, 50633 Köln, Tel. 02 21-8 09 61 55, FAX: 02 21-8 09 62 52, 1995.

- Prävention von sexuellem Mißbrauch und sexueller Gewalt an Mädchen und Jungen, Dokumentation einer Fachtagung, Landesinstitut für Schule und Weiterbildung, 59494 Soest, 1994, Tel. 0 29 21-68 31.

- Schulprogramm, Geschwister-Scholl-Schule, Neuss
  Sonderdruck erhältlich bei: Geschäftsstelle des VBE, Westfalendamm 247, 44141 Dortmund, Tel.: 02 31-43 38 61, FAX: 02 31-43 38 64.

Anhang
Empfehlenswerte Handreichungen und Materialien

- Zart war ich, bitter wars, Ursula Enders, Handbuch gegen sexuelle Gewalt an Mädchen und Jungen, Förderverein Zartbitter e.V., Köln, 1995.

- Verstehen und trotzdem nicht einverstanden sein, Pädagogische Handlungsmöglichkeiten im Umgang mit gewalttätigen und rechtsextremistischen Jugendlichen, Landschaftsverband Rheinland, Köln, 1994.

- WAAGE, Verein für Konfliktschlichtung und Wiedergutmachung, 30161 Hannover, Lärchenstr. 3, Tel.: 05 11-3 88 35 58, FAX: 05 11-3 48 25 86.

4. Rechtliche Fragen

Frage 1: Wie ist es mit der Verschwiegenheitspflicht des Beamten, wenn ich mit anderen Institutionen (Jugendamt, Beratungsstellen, Jugendrichter, Polizei) zusammenarbeiten möchte?

Jede allgemeine Zusammenarbeit mit anderen Institutionen (Entwicklung von Konzepten, Beratung über gemeinsam zu entwickelnde Aktivitäten) kann als im dienstlichen Interesse liegend angesehen werden und bedarf daher in Nordrhein-Westfalen keiner besonderen Genehmigung. In den anderen Bundesländern dürfte es entsprechende Vorgaben geben.
Werden dagegen persönliche Verhältnisse eines Schülers besprochen, so kann der Lehrer nur durch eine Aussagegenehmigung, die in Nordrhein-Westfalen das Schulamt erteilt, von der Verschwiegenheitspflicht entbunden werden; diese kann in dringenden Fällen auch fernmündlich eingeholt werden. Zum eigenen Schutze sollten man sich diese schriftlich bestätigen lassen.

Frage 2: Wie ist es mit den Datenschutzbestimmungen, wenn ich mit anderen Institutionen zusammenarbeiten möchte?

Bei jeder Besprechung konkreter Einzelfälle müssen die Bestimmungen des Datenschutzgesetzes beachtet werden. Das heißt, daß schulinterne Daten nur weitergegeben werden dürfen, wenn das Einverständnis der Erziehungsberechtigten – am besten schriftlich – vorliegt.

Frage 3: Was kann ich unternehmen, wenn die Erziehungsberechtigten ihr Einverständnis nicht geben?

Das Verhalten der Erziehungsberechtigten ist in der Regel zu akzeptieren: „Da das Elternrecht Verfassungsrang genießt, sind auch pädagogisch unbefriedigende Situationen hinzunehmen. Eine Ausnahme kann nur in Betracht kommen, wenn das Wohl oder die Entwicklung des betroffenen Kindes akut gefährdet ist und damit der Schutz- und Erziehungsauftrag der Schule tangiert sind. In diesen Fällen hat eine Abwägung zwischen dem Auftrag der Schule und den Rechten der Eltern stattzufinden. Als Maßstab kommen nur objektive oder objektivierbare Gesichtspunkte in Betracht. Lediglich pädagogische Wertungen des elterlichen Erziehungsstiles („Das Kind wird schlecht erzogen'.) reichen nicht aus".[217]

---

217) Gerda Reider, vergl. Fußnote 211

Anhang
Rechtliche Fragen

„Objektivierbare Gründe" sind:
1. eine drohende Verwahrlosung des Kindes (beide Eltern sind Alkoholiker und kümmern sich nicht um das Kind),
2. häufiges Alleinlassen des Kindes über mehrere Tage hinweg,
3. bei Anzeichen von Mißhandlungen oder sexuellem Mißbrauch durch die Erziehungsberechtigten und schließlich
4. Gefahr, Eltern könnten durch ihre Zugehörigkeit zur gewalttätigen Szene ihre Kinder dieser Szene zuführen.

Frage 4: Was macht die Schule, wenn andere Institutionen Informationen über einen Schüler erbitten?

Nach den Datenschutzgesetzen ist „die Übermittlung personenbezogener Daten an öffentliche Stellen u.a. dann zulässig, wenn sie zur rechtmäßigen Erfüllung der Aufgaben des Empfängers erforderlich sind". Die übermittelnde Stelle muß also prüfen, ob das Übermittlungsersuchen im Rahmen der Aufgaben des Empfängers liegt. Die Rechtmäßigkeit des Ersuchens wird nur geprüft, wenn im Einzelfall dazu Anlaß besteht. Es dürfen in jedem Falle nur die angeforderten Daten übermittelt werden. „Sie kann im Rahmen einer grundsätzlich zulässigen Datenanforderung die Weitergabe der Daten verweigern, die erkennbar nicht zur Aufgabenerfüllung bzw. Problemlösung des Empfängers beitragen. Die Übermittlung von Daten an Stellen außerhalb des öffentlichen Bereiches sollte möglichst ganz unterbleiben; jeder Einzelfall ist mit der Schulaufsicht vorher abzustimmen". Die Datenschutzgesetze der anderen Bundesländer dürften entsprechende Regelungen enthalten (Gerda Reider, ebenda).

Frage 5: Wie verhalte ich mich, wenn sich zwei Schüler raufen?

Ein körperlicher Einsatz zum Trennen der beiden Kampfhähne ist erlaubt, jedoch sollte jedes Übermaß vermieden werden.

Frage 6: Wie soll ich mich als Lehrer verhalten, wenn ich dann angegriffen werde?

Jedermann – also auch der Lehrer – darf sich zur Wehr setzen. Aber auch hier ist jedes Übermaß zu vermeiden.

Anhang
Rechtliche Fragen

Frage 7: Was mache ich, wenn ich Lehrer in einem Schulzentrum bin und Schüler einer anderen Schule schlagen sich?

„Es ist unerheblich, ob es sich um einen Schüler der eigenen Klasse bzw. Schule handelt oder um einen Schüler auf dem gemeinsamem Schulhof eines Schulzentrums. Hier kommt bei Wegsehen oder Nichteingreifen unter Umständen sogar eine Strafbarkeit des Lehrers wegen unterlassener Hilfeleistung in Betracht" (Gerda Reider, ebenda).

Frage 8: Wie verhalte ich mich in einem Dauerkonflikt mit einem Jugendlichen?

Es wird geraten, den Schulleiter möglichst frühzeitig über die Problematik zu informieren. „Damit werden Vorsorgemaßnahmen möglich, und der einzelne Lehrer trägt das Problem nicht mehr allein. Wenn es trotzdem zur Eskalation kommt, steht diese nicht isoliert im Raum, was für die dienstrechtliche Beurteilung von entscheidender Bedeutung sein kann" (Gerda Reider, ebenda).

Frage 9: Was ist zu tun, wenn Schüler Waffen zur Schule mitbringen?

Die Schule ist berechtigt, die Waffe unverzüglich einzuziehen („Gefahr im Verzuge") und für die Dauer des Unterrichtes einzubehalten. Sollte es sich um Eigentum der Eltern handeln, so ist die Waffe diesen persönlich auszuhändigen. Sollte die Herkunft der Waffe nicht geklärt werden können, ist sie der Polizei zu übergeben. Reider: „Das Einziehen von Waffen durch die Schule ist kein Eigentumsdelikt. Drohungen betroffener Schüler mit Strafanzeige wegen Diebstahls können gelassen hingenommen werden".
Beachtet werden sollte, daß der Waffenbegriff weit gefaßt ist und sich nicht nur auf Schußwaffen bezieht. Auch Hieb- und Stichwaffen sowie Gegenstände, die geeignet sind, durch Körperkraft Verletzungen herbeizuführen, zählen als Waffen. Der Besitz von Waffen ist nur beim Vorliegen behördlicher Genehmigungen (Waffenbesitzkarte, Waffenschein) erlaubt.

Verzeichnis der Abbildungen
(Ganzseitige Abbildungen sind mit * gekennzeichnet)

1* Erziehungsstile und kindliche Aggression nach W. Damon
2 „Rückläufer" in der Stadt Köln im Schuljahr 1994/95
3 Vorstellung von Jugendlichen davon, was Schule ihnen vermitteln sollte
4 Von Jugendlichen bevorzugte Berufszweige
5 Werte unserer Jugendlichen
6 Weiterbildungsbereitschaft unserer Jugendlichen
7 Die 10 wichtigsten Problemfelder aus der Sicht Jugendlicher
8 Ergebnis einer Medienanalyse
9 Wie man einer Schulform Gewalt antun kann
10 Frustrationen
11* Aggressionen, Aggressivität und Gewalt „entziffern"
12* Faktoren, die Aggressionen, Aggressivität und Gewalt verursachen können
13* Die vier zentralen Maßnahmen
14 Ergebnis einer Umfrage der Humboldt-Universität
15 Vier Ziele provokativer Grenzüberschreitung (Alfred Adler)
16 Ein Vorschlag zur Gewaltprävention
17* Bandbreiten fördern die Profilbildung einer Schule
18 Eine erforderliche Balance
19* Kegel der Bedürfnisse nach A. H. Maslow und V. E. Frankl
20* Mit „Ermutigung als Lernhilfe" den Kreislauf stoppen
21 ICH-Identität als Balance zwischen persönlicher und sozialer Identität
22 Modell des erfahrungsorientierten Lernens
23 Wie in einer guten Schule gehandelt wird
24 Akzeptanz einer Schule und Anmeldeverhalten der Eltern
25 Wer hat angefangen? Was ich sehe hängt von vielen Faktoren ab.
26 Die Friedenstheorie Martin Luther Kings
27 Johannes Paul II im April 1997 in Sarajewo
28 Gerrits Einsicht
29 Der Teufelskreis
30 Abwertung des anderen erhöht mein Ich
31* Auf dem Wege zu einem Schulprogramm (Verlaufstruktur)
32 Aus einer mir vorliegenden Umfrage an einer Schule
33* Schulen müssen reagieren. Aber wie?

Der Schüler, Gedicht, Seite 35
Zehn Gebote für den Umgang mit Kindern, Seite 154
Was ist eine gute Schule?, Seite 185
Nieman kan mit gerten ..., Gedicht, Seite 107
10 Artikel für eine Schule ohne Mobbing und Schikane, Seite 142

Doris Bosch

Ausländer- und Aussiedlerkinder im Unterricht der Grundschule

1995 · 174 Seiten · DIN A 5 · Polyleinen · DM 24,–

Die wichtigsten Argumente für eine interkulturelle Erziehung. Unterrichtspraktische Hilfen für die Bewältigung der sprachlichen und sozialen Probleme in multi-ethisch zusammengesetzten Klassen.

Leitziel „Integration":
Begriff, Phasen, Integrationsprobleme und -hilfen, Identitätsprobleme, Identitäsbalance

Leitziel „Interkulturelles Lernen":
Begriff, Modelle, Maßnahmen, Chancen und Grenzen

Leitziel „Soziales Lernen":
Unterrichtsklima, Sozialreformen des Unterrichts

Unterrichtsentwürfe
Planungsmuster, Unterrichtsentwurf: Soziales Lernen, Unterrichtsentwurf: Interkulturelles Lernen, Unterrichtsentwurf: Deutsch

WINGEN VERLAG ESSEN
Alfredstraße 32 · 45127 Essen
Tel.: 02 01/22 25 41 · FAX: 02 01/22 96 60

Udo W. Kliebisch

Beraten kann man lernen
Ein Trainingshandbuch für Lehrerinnen und Lehrer

256 Seiten · DIN A 5 · Taschenbuch · DM 22,–

Warum mißlingen Beratungsgespräche mit Schülern und Eltern trotz großen persönlichen Engagements?

Es fehlt häufig ein Beratungskonzept;
auf notwendige Gesprächsvoraussetzungen wird nicht geachtet,
Beratungstechniken werden nicht oder falsch genutzt.

Diesen Teil der Beratung kann man lernen:

*Voraussetzungen für das erfolgreiche Beraten.
Welche Gesprächstechniken gibt es?
Wann, welche Technik?
Über 100 Übungen, um Ihr Verhalten
und Ihre Reaktionen zu trainieren.*

WINGEN VERLAG ESSEN

Alfredistraße 32 · 45127 Essen
Tel.: 02 01/22 25 41 · FAX: 02 01/22 96 60